사회복지현장실습 교과목

사회복지실습세미나

김혜성 · 박화옥 · 임정원 · 천덕희 공저

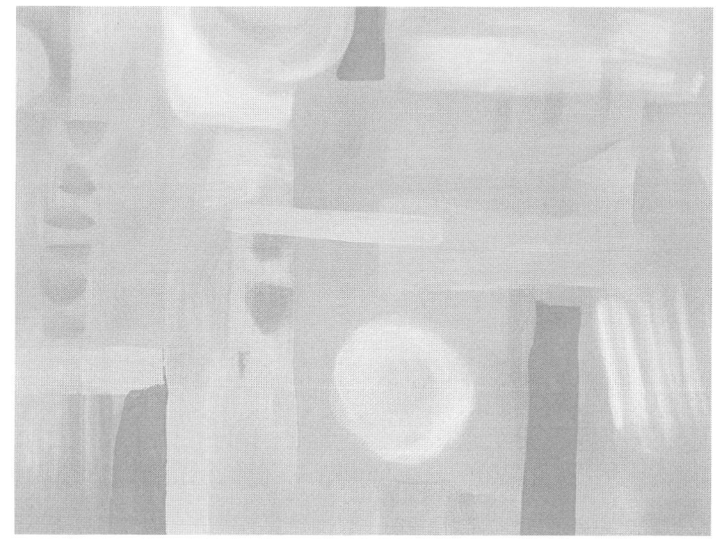

SOCIAL WELFARE PRACTICUM SEMINAR

학지사

머리말

사회복지현장실습은 사회복지 교육과정에서 가장 중요한 교과목 중의 하나이다. 사회복지현장실습은 사회복지사 국가시험이 시행되면서 법정 필수과목이 되었고, 최근 「사회복지사업법」의 개정으로 사회복지현장실습 기준 및 대학에서의 사회복지실습세미나가 강화되었다. 한국사회복지사협회에서는 실천 현장에서 활용할 수 있는 『사회복지현장실습 지침서』를 마련하였고, 한국사회복지교육협의회에서는 「사회복지현장실습 교과목 지침」을 제공하였다. 하지만 기관에서 사회복지현장실습을 완료한 이후 학교에서 진행되는 실습세미나에서는 수업이 어떤 내용으로, 어떻게 진행되는지 등을 구체적으로 담은 지침이나 교과서는 매우 부족한 상태이다.

이에 저자들은 강남대학교 사회복지학부에서 2011년부터 다년간 수행해 온 실습세미나 수업을 기반으로 학생들이 현장에서 배운 경험을 세미나를 통해 어떻게 지식과 통합하고 그들의 역량을 증진하도록 하는지 그 방법을 소개하고자 이 책을 집필하게 되었다. 이 책을 집필하기에 앞서 사회복지현장실습 교과목을 담당했거나 담당하는 교수가 중심이 되어 2018년, 2021년, 2024년 총 3회에 걸쳐 강남대학교 교수학습지원센터의 교수혁신공동체 활동을 통해 사회복지현장실습 교과목 실습세미나의 표준화 작업이 이루어졌고, 그 결과의 성과물로 2025년 2월 이 책이 완성되었다. 이 책에서는 실습세미나에서 이루어질 수 있는 강의 계획과 내용, 다양한 활동 등을 소개하고자 한다.

이 책은 총 2부 14장과 부록으로 구성되어 있다. 제1부에는 사회복지현장실습을 준비하는 학생들에게 필요한 실습 오리엔테이션과 지침이 포함되어 있다. 제2부는 주차별 실습세미나에서 진행되는 내용을 중심으로 집필하였다. 특히 제2부에서는 이론적인 학습내용은 물론 학생들이 실습 현장에서 경험한 내용을 Response Paper라는 과제를 통해 현장과 이론을 연계하는 과정을 각각의 주제에 따라 다양하게 제시하였다. 이 외에 타 기관에서의 경험 공유, 부족했던 이론에 대한 재학습, 학생들의 예시와 함께 공유할 수 있는 활동들, 지도교수와 동료 학생들을 통한 슈퍼비전 등 실습세미나의 재료가 되는 다양한 내용과 활동이 담겨 있다. 마지막으로, 부록에는 현장실습에서 활용되는 양식들 및 사회복지현장실습과 실습세미나 교과목 이수 후 사회복지사 자격취득 방법에 관한 서류를 제시하였다.

사회복지현장실습에 관한 교재는 다양하고 무수히 많다. 그러나 대학의 실습세미나 내용과 과정을 심층적으로 다루는 교재는 거의 찾을 수 없다는 현실에 저자들은 이 책의 집필 동기를 다잡게 되었다. 이에 저자들은 실습세미나의 방향성을 명확하게 하고, 실습 경험에서 얻은 지식과 교훈, 그리고 사회복지 역량을 실습세미나를 통해 한층 더 성장할 수 있도록 사회복지 지식과 기술, 윤리, 법과 제도 등 사회복지 이론과 실천의 연계에 초점을 두고 이 책을 집필하였다. 제2부 제6, 12, 13장은 김혜성 교수가, 제1부와 제2부 제5, 14장은 박화옥 교수가, 제2부 제4, 7, 11장과 부록은 임정원 교수가, 제2부 제2, 3, 8, 9, 10장은 천덕희 교수가 각각 담당하였다. 활동 및 예시는 강남대학교 사회복지학부 학생들이 실습세미나 수업을 통해 제출한 과제들을 그대로 사용한 것도 있고 각색 및 수정하여 사용하기도 하였다.

사회복지현장실습 교과목은 현장실습과 실습세미나가 하나의 교육과정으로 연동되어야 하며, 실습세미나는 현장에서의 경험을 기반으로 전문적 역량을 체계적으로 쌓아가는 과정이 되어야 한다. 그런 의미에서 실습세미나에 참여하는 학생은 물론 담당하는 교수자들에게도 이 책이 도움이 되길 바라며, 이 책이 향후 사회복지현장실습 교과목의 표준화를 위한 첫걸음이 될 수 있기를 기대한다. 추후 지속적인 개정 작업을 통해 부족한 부분을 보완하고자 한다. 마지막으로 출판을 맡아 주신 학지사 김진환 사장님과 직원분들께 감사를 드린다.

2025년 2월

저자 일동

차례

제6장 사회복지실천과 실습 기록 / 97

제7장 사회조사와 지역사회 / 115

제8장 사회복지실천, 정책, 행정, 법규 및 제도와의 연계 / 129

제9장 사례개입 및 사례관리 / 139

제10장 사회복지프로그램(프로그램, 프로포절, 사업계획서) / 153

제11장 사회복지현장실습 슈퍼비전의 이해와 활용 / 167

제12장 사회복지현장실습과 윤리 / 177

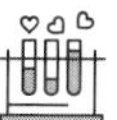

제13장 사회복지현장실습에서 사회복지사의 정체성과 자기인식 / 189

제14장 실습세미나 관련 다양한 학습 활동 / 201

부록

제1부

사회복지 현장실습 이해

제1장

사회복지현장실습에 대한 이해

학습목표

1. 사회복지현장실습 교과목의 목적과 목표, 실습의 전 과정을 이해한다.
2. 현장실습 교육의 체계와 구성 요건, 실습의 유형별 장단점을 설명할 수 있다.
3. 사회복지현장실습의 단계에 따른 주체별 역할과 과업을 설명할 수 있다.
4. 실습생의 태도와 기본적 자세를 갖출 수 있다.

1. 사회복지현장실습 개요

1) 사회복지현장실습의 개념 및 필요성

사회복지현장실습은 사회복지교과과정을 이수한 뒤, 강의실에서 이론적으로 학습한 내용을 실천 현장의 실제 상황에 적용해 보는 교육과정이다. 학생은 실습 현장에서 실천적 경험을 획득하면서 사회복지사로서의 정체감을 성찰하고, 획득하는 계기를 갖게 된다. 또한 클라이언트, 동료, 그리고 지역사회 전문가와 직간접적인 만남의 기회를 가지게 된다. 이러한 전문적 만남을 통하여 사회복지의 문화, 규범, 그리고 가치를 익힌다.

사회복지현장실습 교과목은 사회복지실천 현장에 학생이 파견되어 일정 기간 동안 사회복지기관에서 실제 현장 교육을 받고, 학교에서는 실습세미나에 참여하도록 설계되어 있다. 학생은 현장과 학교에서의 학습 활동을 연계하여 이론과 실천을 통합하고, 사회복지사로서의 전문적 가치, 태도, 행동의 내면화를 통해 전문적 자질을 연마하며, 사회복지기관의 자원체계와 사회복지실천에 관련된 이슈들을 탐색한다.

사회복지실습기관에는 사회복지법인 및 이용시설(종합사회복지관, 노인종합복지관, 장애인종합복지관, 아동복지 기관, 청소년복지 기관, 의료 기관, 정신건강 기관), 생활시설(아동, 장애인, 노인 시설), 공공기관(지방자치단체, 중앙정부, 자원봉사센터) 등이 있으며, 학생은 자신이 관심을 갖는 세부 영역의 업무를 체험하는 과정을 통해 자신의 직업적 진로를 체계적으로 탐색해 볼 수 있는 기회를 갖는다.

2) 사회복지현장실습의 목적과 목표

사회복지현장실습은 사회복지 전문가를 양성하는 데 목적을 둔다. 다시 말해, '사회복지현장실습의 목적은 학교에서 학습한 사회복지실천의 가치 및 윤리, 지식, 그리고 사회복지실천 과정 및 기술을 사회복지실천 현장에 실제로 적용하는 현장실습을 통해 전문직의 사명감과 실천 능력을 겸비한 사회복지사로 양성하고자 교육, 훈련'하는 데 있다(한국사회복지사협회, 2024). 구체적인 하위목표는 다음과 같다.

- 실천 현장의 문제해결 과정에 사회복지 가치 및 윤리강령의 내용, 지식 및 기술을 적용할 수 있는 능력을 키운다.
- 클라이언트 체계의 문제 확인, 정보수집, 사정평가, 개입 계획 및 개입 수행, 그리고 평가 과정을 통해 문제해결에 대한 새로운 지식과 기술을 터득한다.
- 지역사회 내 위험집단 및 표적집단의 강점 및 특성과 자원에 대한 지식을 활용할 수 있는 능력을 기른다.
- 사회복지시설, 기관 및 조직의 사명, 정책 및 행정을 연구하고 파악한다.
- 실천 현장 관련 국가 및 지역(지방자치단체)의 사회복지정책 및 전달체계를 분석하고 실천에 적용한다.
- 사회복지사로서의 자아인식을 증진시키고 전문적 정체감을 형성한다.

3) 사회복지현장실습의 주체

실습의 주체는 학생, 기관, 학교이며, 이들 각 주체는 미래의 전문사회복지사를 양성한다는 목표로 각 주체의 입장에 따라 [그림 1-1]과 같은 목적을 갖는다.

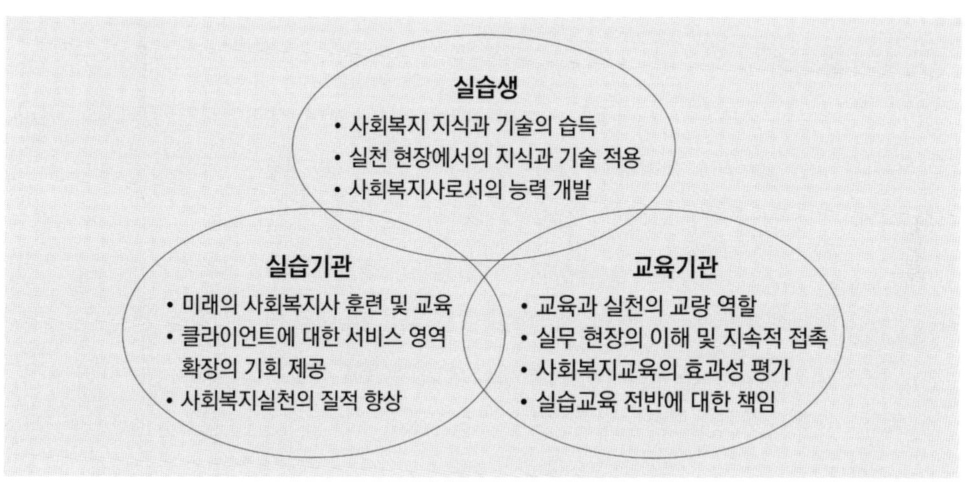

그림 1-1 현장실습의 주체와 각 주체별 목적

사회복지현장실습의 각 주체별 입장에 따라 학생, 기관, 학교에서는 [그림 1-2]와 같은 역할 과업을 수행한다.

진행 과정	실습생	기관	학교
실습 전 단계	실습기관 신청 방문과 면접 실습 전 재학습 행정 서류 제출	행정처리 실습지도 기획 오리엔테이션 공통 교육	기관 선정 지원 행정 지원 오리엔테이션
실습 초기 단계	실습 계약 실습업무수행	실습생 개별 면담 실습 계약 부서별 교육 실습업무 실시	실습 계약 지원 실습세미나 운영
실습 중간 단계	실습과제의 수행 실습과제의 기록 중간평가서 작성	실습업무 점검 중간평가	실습 상황 점검
실습 종결 단계 평가 단계	실습의 종결 종결평가서 작성	실습생 평가 실습지도 평가 행정처리	성적 부여 실습교육평가

그림 1-2 사회복지현장실습의 각 주체별 역할 과업

4) 사회복지현장실습의 유형

일반적으로 우리나라에서의 사회복지실습은 학기 중 실습과 방학 중 실습의 두 가지 형태로 진행되고 있다.

(1) 학기 중 실습

학기 중 특정한 요일(들)을 지정하여 하루 최소 4시간에서 최대 8시간, 총 20회 이상, 총 160시간 최초 실습에 참여하는 것을 의미한다. 학기 중 실습은 사회복지 교육이 실시된 이래 가장 널리 활용되어 온 실습 형태이다. 현재 학기 중 실습은 매주 화요일에 실시하는 것이 관행이다. 하지만 학생과 실습기관의 사정에 따라 실습하는 요일을 조정할 수 있다. 단 대학원생에게 보다 심도 있는 실습을 위하여 주 2회 실습을 요구하기도 하며, 의료 및 정신건강 분야에서는 학부생에게도 주 2회 실습을 요청하기도 한다.

(2) 방학 중 실습

방학 기간 동안 일반적으로 4~6주 동안 최소 160시간 이상 실습에 참여하는 것을 의미한다. 주로 방학 중 실습 시간은 주 5일씩(월~금요일까지)이며 매일 최소 4시간에서 최대 8시간 실습을 하게 된다. 최근 5년간 방학 중 실습을 선호하는 학생과 기관이 증가하는 추세이다.

표 1-1 실습 형태에 따른 장단점

구분	장점	단점
학기 중 실습	① 실습이 학기 중에 이루어짐으로써 실습기관에서 어려움에 봉착할 때 실습 지도교수에게서 즉각적인 피드백을 받을 수 있다. ② 학기 중에 배우는 사회복지 관련 과목의 이론을 바로 현장에 적용할 수 있다. ③ 실습과 실습세미나가 동시에 이루어져 매주 실습한 내용을 다른 기관에서 실습을 하고 있는 동료 학생들과 실습 경험을 나눌 수 있다.	① 학업과 병행해야 하기 때문에 중간고사, 기말고사와 같이 학업 부담이 증가되는 시기에는 실습에 전념하지 못하는 어려움이 있다. ② 실습지도자가 매우 바쁜 요일 혹은 기관에서 학습의 기회가 거의 제공되지 않는 요일이 실습일이 될 수 있다. ③ 주 1회씩 기관에 파견되어 근무하기에 클라이언트와 실습기관 내 직원과 충분한 접촉이 부족하여 피상적인 관계 이상을 경험하기 어렵고, 업무수행의 책임성도 부족할 수 있다.

	④ 장기간에 걸쳐 사회복지기관의 모습을 관찰할 수 있고, 일정 기간에 걸쳐 클라이언트와의 소통 및 개입 과정을 경험할 수 있다.	④ 주 1회씩 근무하는 이유로 업무가 단절이 되어 지속적인 업무를 실습하는 데 제약을 받을 수 있다.
방학 중 실습	① 방학 중 실습은 학업이 없는 시기이므로 실습에만 전념할 수 있다. ② 단기간이지만 방학동안 지속적으로 기관 업무에 참여함으로써 단위 업무의 진행 흐름을 연속적으로 체험할 수 있다. ③ 실습생이 업무에 대한 일정 정도의 책임을 맡을 수 있는 기회가 주어질 수 있다. ④ 클라이언트 및 다른 직원들과의 관계형성이 비교적 용이하다.	① 기관에서의 슈퍼비전은 가능하지만 방학 중인 관계로 교육기관에서의 슈퍼비전이 일일 단위로 이루어지는 데 어려움이 있을 수 있다. ② 다른 사회복지기관에서 실습하는 학생들과 정보를 교류할 수 있는 기회가 축소될 수 있다. ③ 규칙적으로 집중적으로 실습에 참여함에 따라 소진하기 쉽다. ④ 실습기관의 분기별 업무 양상이나 클라이언트의 중·장기적 변화 과정을 경험하기 어렵다.

2. 사회복지현장실습 교육과정

1) 사회복지 실습교육의 단계

사회복지실습교육은 사회복지교육의 핵심 과정이라 할 수 있다. 학부에서 사회복지교육의 목적은 학생들이 개인, 가족, 집단 및 지역사회를 대상으로 활동하는 일반주의 실천가(generalist)로서의 능력을 갖추도록 하는 것이다. 이를 위해 다음과 같은 3단계의 교육이 실시된다.

(1) 1단계(기초 교육과정)

학부 1학년과 2학년에 걸쳐 사회복지개론 등 사회복지에 대한 기초적 교육과정을 이수하면서 사회복지기관을 방문하고 자원봉사활동에 참여하면서 이루어진다. 사회복지기관에서의 자원봉사활동은 학생들이 인간행동과 사회환경에 대한 기본적 이해와 함께 인간복지 서비스의 자원체계, 기관의 구조, 지역사회 서비스, 그리고 사회복지사의 자격요건 등에 탐색하고, 익숙해지는 데 유익하다.

(2) 2단계(핵심 심화과정)

사회복지교육의 핵심적 교과과정, 즉 사회복지실천, 사회복지실천기술, 지역사회복지, 사회복지정책, 사회복지행정 등 방법론의 교육과정, 그리고 아동복지, 청소년복지, 노인복지, 장애인복지, 가족복지, 여성복지 등 다양한 분야론의 교육과정을 이수하도록 한다.

(3) 3단계(통합과정)

현장에 파견 근무하는 형태로서 3학년 2학기에 실습을 시작하여 한 학기 또는 두 학기에 걸쳐 진행된다. 실습 학기 이전 또는 늦어도 실습 학기와 동일한 학기까지는 기초교육과정과 핵심 심화과정에 편성된 교과목을 충분히 이수하여야 하며, 교육기관에 따라서는 최소 8개 이상의 해당 교과목을 이수한 학생에게만 실습생 자격을 부여하기도 한다. 이는 사회복지에 대한 기초지식 없이 실습에 파견될 경우 교육효과를 기대하기 어려울 뿐 아니라 클라이언트와 사회복지기관에 피해를 줄 수 있기 때문이다.

2) 사회복지현장실습의 주요 내용

실습교육 내용은 필수공통, 필수선택, 자유선택으로 구분되며 세부 내용은 다음에 제시된 바와 같다.

(1) 필수공통: 모든 실습교육에 필수적으로 구성

구분	실습 내용	과제물
필수 공통 내용	1. 오리엔테이션 1) 기관소개 및 지역소개 2) 대상 집단의 이해 3) 실습생의 자세와 역할 4) 실습 일정과 과제 안내	각 내용에 따른 보고서 및 일지 작성 제출
	2. 행정업무 1) 훈련목적하의 각종 기안서(공문, 품의, 지출결의 등) 작성 및 결재 과정 참여 2) 기관운영과 관련된 규정 검토 3) 예 · 결산서 작성 연습	실습 내용에 대한 실습생의 의견서 및 관련서식 작성 제출

(2) 필수선택: 3개 내용 중 최소 1개 내용을 선택하여 구성

구분	실습 내용	과제물
필수 선택 내용	1. 사례관리 1) 접수(intake) 2) 욕구 및 자원 사정 3) 서비스 계획 4) 계획 수행과 점검 5) 평가와 종결, 사후관리	각 내용 중 실습 내용에 해당되는 자료와 기록을 작성 제출
	2. 집단실천 1) 소집단 지도(집단 역동성 중심의 프로그램) 2) 대집단 운영(프로그램 개발과 운영, 캠프, 자원봉사 관리)	집단 프로그램 계획서와 집단 지도 및 활동기록을 작성 제출
	3. 지역복지 및 정책개발 1) 지역사회조직(지역자원개발, 주민조직화, 주민교육, 복지 네트워크 구축 등) 2) 정책개발 및 평가 3) 사회행동, 홍보, 옹호 등	과정 기록, 계획서 및 평가서 등을 작성 제출

(3) 자유선택내용: 기관 여건에 따라 필요한 부분을 선택하여 구성

구분	실습 내용	과제물
자유 선택 내용	1. 개별상담	사례에 대한 전체 과정 기록 3회 이상 작성 제출
	2. 가족 상담 및 치료	3대 이상 가계도, 전체 과정 기록 1회 이상 작성 제출
	3. 사업계획서 작성	해당 단체 양식에 부합하여 1개 이상 작성 제출
	4. 사회조사	설문지 작성, 조사 참여, 코딩과 분석 과정 참여 및 보고서 작성 제출
	5. 타 기관 방문	실습목적에 맞춰 2개 이하 기관 방문 및 보고서 작성 제출
	6. 지역탐방	지역의 특성과 자원에 대한 사정 및 분석 보고서 작성 제출

3) 사회복지현장실습 관련 기준

(1) 실습지도자

실습지도자는 일정 기간 동안 사회복지기관에서 실습생에게 현장에서 필요로 하는 업무수행 능력을 지도하는 이를 말한다.

① 법적 기준:「사회복지사업법 시행규칙」제13조

> 제13조(사회복지사의 채용 및 교육 등) ② 보건복지부장관은 사회복지사의 자질 향상을 위하여 필요하다고 인정하면 사회복지사에게 교육을 받도록 명할 수 있다. 다만, 사회복지법인 또는 사회복지시설에 종사하는 사회복지사는 정기적으로 인권에 관한 내용이 포함된 보수교육을 받아야 한다.

② 실습지도자 자격 기준

다음의 기준 중 [기준 1] 또는 [기준 2]의 조건을 우선적으로 충족하고, 추가적으로 [기준 3]의 조건을 충족할 경우에 한해 실습지도자 자격이 부여됨

- [기준 1] 사회복지사 1급 자격증을 교부받은 후 3년 이상 사회복지 실무 경험이 있는 자
- [기준 2] 사회복지사 2급 자격증을 교부받은 후 5년 이상 사회복지 실무 경험이 있는 자
- [기준 3] 실습 기간 중 실습교육기관에 재직하는 사람으로서 전년도에 법 제13조에 따른 보수교육을 이수한 자

※ 보수교육이란? 사회복지사업법 시행규칙 제5조에 따른 법정의무교육으로 한국사회복지사협회 보수교육센터에서 세부 내용 확인 가능

※ 보수교육 적용기준: 2024년 실습을 지도하기 위해서는 2023년 보수교육 이수가 필요하며, 매년 보수교육 이수 필수

③ 지도학생 수

실습지도자 1명이 동시에 지도할 수 있는 학생 수는 5명 이내로 한다.

④ 실습지도자 윤리

- 실습지도자는 개인적인 이익 추구를 위해 자신의 지위를 이용해서는 안 된다.
- 실습지도자는 전문적 기준에 의해 공정하게 책임을 수행하며, 실습생에 대한 평가는 실습생과 공유해야 한다.
- 실습지도자는 실습생에게 인격적, 성적으로 수치심을 주는 행위를 해서는 안 된다.
- 실습지도자는 내실 있고 전문적인 실습 지도를 위해 한국사회복지사협회 등 관련 단체에서 진행하는 실습지도자를 위한 교육을 통해 실습지도자로서의 전문지식과 기술, 능력을 향상시킬 수 있도록 노력해야 한다.

(2) 실습 시간 기준

실습기관과 학생의 상황에 따라 다음 방법 중 한 가지 선택 가능하다. 실습지도자의 근로 시간 내에 실시하며, 1일 최소 4시간 이상 최대 8시간 이하로 시행한다.

- [학기 중 실습] 주당 8시간 이상 실습기관에 출석하여 최소 160시간 이상(중간, 기말 시험 기간 포함) 실습 시행
- [방학 중 실습] 1일 최대 8시간 주 5회 실습기관에 출석하여 최소 160시간 이상 실습 시행

※ 참고: 생활시설에서 실습할 경우, 인정될 수 있는 시간은 1일 8시간으로 최소 160시간 이상 실습 시행 실습기관 및 실습생의 상황에 따라 공휴일, 주말 등을 이용하여 실습 가능

(3) 실습기관

① 법적 기준:「사회복지사업법 시행규칙」

다음 각호에 해당하며 실습지도자 자격을 가진 사회복지사가 2명 이상 상근하고, 보건복지부 장관이 지정 · 공고하는 실습기관

- 제2조 제1호 각목의 법률에 따른 사회복지사업을 위해 설립된 법인 · 시설, 기관 및 단체
- 사회복지사업을 목적사업으로 하며 개별 법률에 따라 설립된 비영리 법인 · 시설, 기관 및 단체

② 실습기관 기준

- 사회복지사업을 위해 설립된 법인 · 시설, 기관 및 단체
- 사회복지법인 및 사회복지시설을 제외한 비영리법인, 비영리민간단체, 공공기관 등
  가) 사단법인 · 재단법인: 관청의 허가를 받은 단체로 사회복지사업을 목적으로 하는 비영리 단체
  나) 공공기관: 지방자치단체, 중앙정부, 국회, 자원봉사센터 등
  다) 사회복지 서비스를 제공하는 병원, 상담소, 학교, 교정기관, 조사연구기관, 시민사회단체 등

※ 2020년 1월 1일부터 사회복지현장실습을 운영하기 위해서는 기관 선정 요건을 갖춘 후 보건복지부장관의 인증을 받아야 함. 이를 위해 한국사회복지사협회(보건복지부 위탁)를 통해 서류 신청 절차를 거쳐야 함

※ 실습기관에는 반드시 법적 기준에 따른 실습지도자 자격을 가진 사회복지사 2명 이상이 상근해야 함(실습지도자 기준 참고: 실습교육 지원 시 반드시 슈퍼바이저의 1급 자격증 및 사회복지 실무 경험을 확인 필요)

(4) 교육기관: 실습세미나 및 실습지도교수

① 법적 기준: 「사회복지사업법 시행규칙」

- 실습세미나 시간: 30시간 이상(단, 온라인 교육을 제공하는 교육기관의 경우 실습세미나에서 온라인 또는 오프라인 대면 수업을 3주 이상 실시)
- 실습지도교수 자격: 학사, 석사, 박사 학위 중 2개 이상 사회복지학을 전공하고 사회복지학 교육경력 또는 사회복지 실무경력이 3년 이상인 교수
- 지도학생 수: 1강좌당 수강 학생 수는 30인 이내

② 교육기관 기준

- 본 지침에 준하여 실습지도가 가능한 교육기관
- 사회복지현장실습 전담 실습지도교수가 배치되어 있는 교육기관

③ 실습세미나 기준

- 실습세미나는 사회복지현장실습 교과목의 일부로 운영된다. 사회복지현장실습 3학점 부여 기준은 현장실습 160시간+실습세미나 30시간으로 한다.
- 실습세미나는 1회당 2시간 이상 총 15회 실시한다.
- 한 세미나에 참여하는 학생 수는 30명 이내로 한다.
- 온라인 교육을 실시하는 교육기관의 실습세미나는 대면 방식의 세미나를 3회 이상 실시한다(주 1회 초과할 수 없음).

④ 실습지도교수 기준(※ 다음 2개 기준을 모두 충족해야 함)

- 학사, 석사, 박사 학위 중 2개 이상의 사회복지학 전공
- 사회복지학 교육경력 또는 사회복지 실무경력이 3년 이상인 교수

※ 사회복지학 교육 경험: 고등교육법 제2조에 따른 학교 또는 학점인정 등에 관한 법률 시행령 제3조에 따른 교육훈련기관에서의 사회복지학 교육 경험

※ 사회복지사업 실무 경험: 사회복지사 자격증을 취득한 이후의 사회복지사업 실무 경험

(5) 학점 부여

① **법적 근거:「사회복지사업법 시행규칙」**

실습지도에 따른 교과목 이수 여부는 기관실습지도자와 실습지도교수의 평가 결과를 합산하여 산정한 점수를 실습지도교수가 최종적으로 부여한다.

(6) 실습생 기준

① 교육기관에서 지정하는 실습 전 선수과목을 이수하되, 법정 필수 교과목 중 4과목 이상 이수할 것을 권장한다.

> 사회복지개론, 인간행동과사회환경, 사회복지실천론, 사회복지실천기술론, 지역사회복지론, 사회복지정책론, 사회복지행정론, 사회복지조사론, 사회복지법제와실천

② 실습기관의 분야와 기준에 따라 다음 과목 중 2과목 이상 이수할 것을 권장한다.

> 아동복지론, 청소년복지론, 노인복지론, 장애인복지론, 가족복지론, 학교사회복지론, 정신건강론, 정신건강사회복지론, 의료사회복지론, 사례관리론, 사회복지윤리와철학 등

③ 이 외에도 '프로그램 개발과 평가'는 기관실습 내용의 연관성 및 기관실습지도자의 요구도가 높은 교과목으로 실습 전 필히 수강을 권고한다. 또한 기관 특성에 따라 실습 이전에 수강할 것이 요구되는 과목이 있으므로 실습생은 사전에 이를 확인하는 것이 중요하다.

> <예>
> - 정신건강 영역: 정신건강론, 정신건강사회복지론
> - 의료 영역: 의료사회복지론

④ 관련 과목을 수강하지 않아 실습을 신청하지 못하거나 실습기관 확보에 어려움을 겪는 경우가 발생하므로 실습생은 사전에 확인하도록 한다(예: 지역사회 활동을 활발하게 하는 종합복지관의 경우, 지역사회복지론을 수강하지 않은 실습생을 선발하지 않을 수 있음).

3. 사회복지현장실습 절차

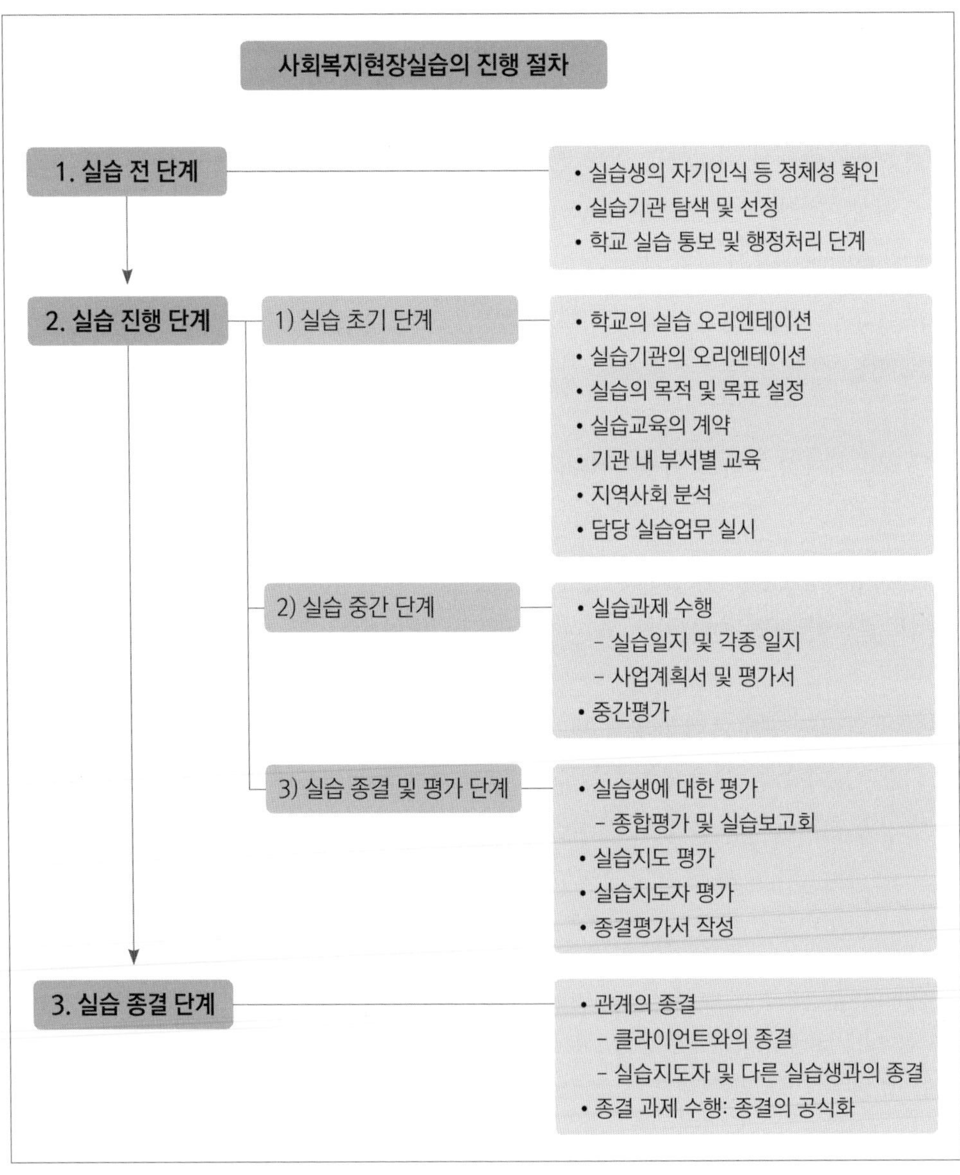

1) 실습 전 단계

(1) 실습기관의 선정 절차

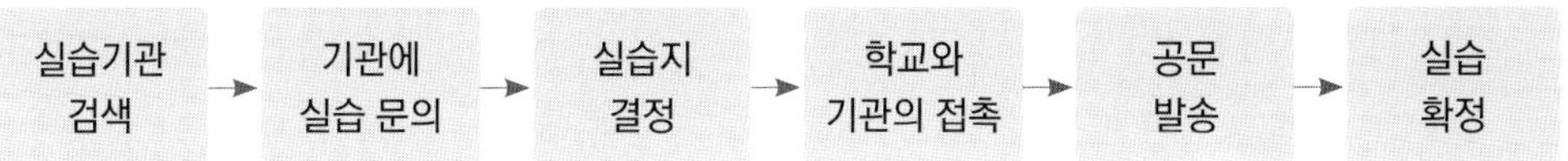

① 실습기관 검색

- 평소 수행하고 있는 자원봉사기관이나 직장체험기관을 활용한다. 이러한 경우, 기관에 대해 사전 정보를 얻기 용이하고 직원과 이미 관계 형성이 되어 있기 때문에 좋은 실습지가 될 수 있다. 또한 다른 학생이나 선배 등을 통해 기관에 대한 평가를 듣는 것도 좋은 방법이다.
- 인터넷 검색을 활용한다. 한국사회복지사협회(www.welfare.net) 현장실습센터나 사회복지 관련 사이트를 활용하면 다양한 실습지에 대한 정보를 얻을 수 있으며, 각 교육기관의 사회복지학과에서 운영하는 실습 관련 사이트를 활용할 수도 있고, 관심 있는 기관의 홈페이지를 방문하여 기관에 대한 정보를 얻을 수 있다.

② 기관에 실습 문의

관심이 있는 기관의 실습생 모집 내용을 살펴보고 보다 궁금한 사항은 전화로 정중히 문의하여 실습지에 대한 정보를 구체적으로 탐색해 볼 수 있다.

③ 실습기관 선택 요령

학생들이 실습기관을 선택할 때 자신의 관심 문제 영역이나 관심을 가진 서비스이용자 대상을 염두에 두고 특정 기관을 선호하는 경향이 있다. 그러나 실습기관을 선택할 때는 관심 영역 외에도 다양한 관점에서 고려해야 하므로, 가능한 한 많은 정보를 활용하여 충분히 검토한 후 신중하게 선택해야 할 것이다. 다음은 학생들이 실습기관을 선택하기 전에 고려해야 할 사항들이다.

- **관심 영역:** 실습기관을 선택할 때 고려해야 할 가장 중요한 요소 중의 하나는 전문적 관심 영역으로 자신의 관심, 능력, 장래 계획 등과 일치되는 곳을 찾는 것이 바

람직하다. 이러한 점들을 충분히 살릴 수 있을 때 학습의 효과가 극대화된다.

- **자신의 교육이나 경험**: 실습생이 비교적 구체적인 관심 영역을 갖고 있더라도(예: 알코올 및 약물 중독) 기관에서 실습하는 데 필요한 교과목을 수강하지 않았거나, 자원봉사 등 관련 분야의 경험이 부족한 경우에는 다양한 서비스 이용자를 만날 수 있는 기관(예: 종합사회복지관)을 고려할 필요가 있다. 예로, 1차 실습은 종합사회복지관에서, 2차 실습은 알코올 질환 전문병원에서 수행하는 전략을 세우고 점진적으로 관련 분야의 전문 훈련을 받을 것을 권장한다.
- **개인적 요소**: 실습기관의 특성에 따라서 실습생의 인구사회학적 요소가 중요할 때가 있다. 남성 사회복지사가 절대적으로 부족한 청소년 기관(예: 남자 청소년을 위한 쉼터) 등에서 남성 실습생을 필요로 할 수 있다.
- **지리적 위치**: 실습기관의 프로그램에 따라서 야간 또는 주말에 근무해야 할 경우가 있다. 이런 경우 기관이 실습생의 주거지와 너무 먼 거리에 있는 경우 교통 문제도 중요한 고려 사항이 될 수 있다. 그러나 근거리가 기관 선택을 위한 우선적 고려 사항은 되지 못한다.
- **실습 일과 실습 시간**: 실습기관에서 정한 실습 기간이 학교의 학사일정 및 학생의 개인 스케줄과 부합하여야 한다. 방학 중 실습의 경우에는 실습생 개인의 사정이 없는 한 큰 어려움은 없으나 학기 중 실습은 해당 실습 요일에 기관에서 별다른 학습 경험을 제공할 만한 프로그램이 진행되지 않거나 실습지도자가 업무로 인해 실습 교육을 할 수 없는 경우도 있으므로 신중을 기해야 한다.
- **슈퍼비전**: 기관의 실습지도감독의 형태와 질을 고려해야 한다. 실습지도자의 자격 유무, 적절한 지도감독 시간의 확보 여부, 적절한 실습과제의 유무 등이 이에 해당한다. 교육기관에서 실습 전 제공받은 자료와 정보를 바탕으로 판단하는 것이 필요하다.

TIP 1-1

① 자신의 진로와 연계하여 탐색할 것을 권장함(취업과 연계될 수도 있음)
② 학과 게시판에 실습생을 모집하는 기관의 공문서 또는 한국사회복지사협회 현장실습센터 내 실습생모집 정보를 지속적으로 활용함
※ 실습교육 관련 유명한 기관일수록 경쟁률이 높음, 사전 조사 및 정보수집이 필요함

③ 기관에 직접 문의 및 탐방도 좋은 방법임
- 해당 연도의 방학 중 또는 학기 중에 실습생 지도 계획의 유무
- 있다면, 실습 내용이 무엇이고, 실습 기간은 언제인지, 실습생 모집 인원은 몇 명인지, 실습생 모집절차는 언제부터 시작되는지 등

※ 전통적인 사회복지 현장이 아닌 경우: 실습생 지도감독을 담당할 실습지도자가 있는지 최대한 공손하게 문의

④ 사전에 자원봉사 학생이 기관 실습으로 연계되는 경우가 많음

⑤ 충분한 시간을 가지고 조사 및 탐색이 필요함

⑥ safety plan(1지망, 2지망, 3지망 등)이 있어야 함

⑦ 실습기관을 최종 선택한 후에는 심사가 진행 중인 타 기관에 신속히 연락하고 신청을 철회함

⑧ 첫 번째 실습을 하는 학생은 직접적 서비스를 제공하는 기관을 중심으로 선정할 것을 권장함

④ 실습지 결정

- 기관에서 공고한 실습 모집 내용을 바탕으로 실습기관 선정 기준을 참고하여, 자신의 실습 목표와 일치하는지를 검토하여 실습기관으로 선정한다.
- 실습지를 결정할 때, 이미 실습을 실시한 학생들의 보고서나 자료집을 참고할 수 있으며, 해당 실습담당직원 또는 실습조교에게 문의할 수 있다.
- 실습기관에서는 실습생 선발을 위한 면접을 실시하는 경우가 일반적인데 이러한 면접은 실습생과 실습지도자가 실습에 대하여 가지고 있는 욕구가 상호 일치되는지를 확인하는 과정이 된다. 이를 위해 준비해야 할 사항은 다음과 같다.

TIP 1-2 실습생의 실습기관 면접 시 준비 사항

① 기관의 구조와 목적, 제공하는 서비스, 서비스 이용자 등에 대한 정보를 사전에 알아 둔다.

② 단정한 복장을 갖추고 면접 과정 동안 가능한 한 여유를 갖는다.

③ 특정 업무에 대한 준비와 개인적 혹은 전문적 관심에 대한 질문에도 대비한다.

④ 기관과 담당업무에 대한 자신의 질문을 준비한다.

⑤ 교육기관과 실습기관 간 현장실습교육의 공식적 의뢰 절차

- 실습지 선정이 완료되면, 교육기관의 실습지도교수의 승인을 얻는다.
- 실습생은 교육기관에 정확한 실습기관의 명칭, 연락처, 실습기관과 내용을 알리고 교육기관으로부터 실습기관에 해당 실습생의 현장실습교육을 의뢰하는 공문을 발

송하도록 요청한다.

- 학기 중 실습생은 해당 학기의 현장실습 교과목을 수강 신청하고, 방학 중 실습생은 실습이 완료된 방학 직후 학기의 현장실습 교과목을 수강 신청한다.

TIP 1-3

Q. 실습기관 배정 후 필요한 서류들은 무엇인가?

실습기관이 결정되면, 이를 공식화하는 작업을 진행해야 한다. 학생들은 실습을 확정하는 정식 공문의 초안을 작성하여 제출하는데, 여기에는 학생명, 실습지도교수명, 실습 기간 등이 기재된다. 이때 실습공문 외에 실습 신청서와 함께 자신의 인적 사항, 이수 과목, 자원봉사 경험, 기타 특기사항을 기록한 학생신상서(자기소개서)를 작성한 후, 행정인력을 통해 이를 실습기관에 송부한다.

Q. 실습기관 배정 후 학생들의 준비 자세는?

실습기관이 결정되면, 학생들은 개별적으로 실습기관과 접촉을 하며, 필요시 기관을 방문할 수 있다. 학생들은 언제부터 실습이 시작되는지, 기관의 위치는 어디에 있는지, 기관에 가서 누구를 만나야 하는지, 기관의 실습 오리엔테이션은 어떤 방식으로 진행되는지, 그리고 실습 첫날 어디로 모여야 하는지 등을 알아보도록 한다. 기타 문의 사항은 예의를 갖추어 질문하도록 한다.

2) 실습 진행 단계

(1) 교육기관에서의 실습 오리엔테이션

교육기관에서는 기관에서의 실습이 시작되기 전 실습에 관한 오리엔테이션을 제공하는데, 여기서는 실습 과정 전반에 필요한 기본적인 정보와 실습과 관련한 주의 사항을 공지한다. 학생들은 이를 통해 실습에 대한 준비 자세를 갖추게 되며 자신의 관심사에 맞는 실습지를 탐색할 수 있게 된다. 오리엔테이션에서 논의되는 구체적인 내용들은 다음과 같다.

- 실습에 대한 개요, 실습의 목적, 실습세미나의 일정, 실습과제와 실습평가 등 실습에 관한 전반적인 내용
- 실습생의 자세와 역할 등의 주의 사항을 다루게 된다. 학생들은 실습 과정에 적극적으로 참여하는 자세를 갖추도록 요구되며, 예비 사회복지사로서의 복장과 행동, 출근 시간 엄수 등의 기본 자세 관련 내용이 강조된다. 그리고 실습 기간 중에 발생

할 수 있는 실습지도자와의 갈등이나 기관 내 대인관계의 문제, 혹은 뜻밖의 사고 등에 대해서 실습지도교수와 상의하여 대처해 나가는 방법에 대하여 안내한다.

(2) 실습기관에서의 실습 오리엔테이션과 실습지도

① 기관에서의 오리엔테이션

- 오리엔테이션은 학생들에게 실습 과정 전반에 대한 안내, 직면하게 될 문제점과 어려움들, 기관의 기대, 적절한 행동 지침 등에 대하여 충분히 알리고 철저히 교육함으로써 실습생들의 실무 현장 적응도를 높이고 적응 기간도 단축하는 효과를 가져온다.
- 기관에서 학생들에게 제공해야 할 오리엔테이션 자료의 목록은 다음과 같다. 오리엔테이션 안내자료, 실습지도계획서, 서약서, 실습생 출근부, 실습 계약서, 실습일지 및 각종 양식, 기타 실습에 필요한 자료.

② 공통 교육

공통 교육은 실습생 모두가 참여해야 하는 교육 프로그램으로 대부분 오리엔테이션 과정 중에 실시된다. 교육 내용은 상황에 따라서 달라질 수 있지만 실습생의 자세와 역할, 기관 소개, 실습 계약, 프로그램 계획과 평가 등의 기본적인 교육이 실시된다.

③ 기관에서의 실습지도

- 기관에서는 슈퍼바이저를 정하여 실습을 지도하며, 경우에 따라서는 전체 실습을 총괄하는 슈퍼바이저가 있고(일부 기관에서는 실습의 행정적 업무를 총괄하는 담당자를 두기도 함), 부서별 실습은 부서장이 담당하기도 한다.
- 실습지도는 학생들의 레코딩(실습일지, 과정 기록)을 토대로 진행되는데, 매주 시간을 정해 놓고 개인 또는 집단 지도를 하거나 사례회의를 통해 슈퍼비전을 주는 방식을 택하기도 하며, 기관에 따라 이 두 가지 방법을 병행하기도 한다.

(3) 교육기관에서의 실습지도

교육기관에서의 실습지도는 실습세미나를 통한 집단지도, 실습 파일을 토대로 한 지도, 그리고 실습기관 방문의 세 가지 방식으로 이루어지는 경향이 있다.

- **실습세미나를 통한 실습지도**: 전통적이면서도 효과적인 집단지도 방법이다. 실습세미나 시간은 사회복지기관의 자원체계를 이해하고, 실습 경험을 다른 학생들과 나누며, 사회복지 현장의 실무와 관련된 여러 이슈를 심도 있게 논의할 수 있다. 또한 실습에서 애로 사항이 발생할 경우, 해결점을 모색할 수 있는 시간이다.
- **실습 파일을 토대로 한 지도**: 학생들은 실습한 내용을 기록하여 각자 파일로 보관하여 두고 그 기록물을 주차별로 정리하여 지정된 게시판에 올려 제출한다. 여기에는 실습 일정표, 실습일지, 과정 기록, 기타 모든 실습 내용이 정리되고, 실습지도교수는 실습 파일을 검토하고 필요시 개별지도를 하게 된다. 추후 실습보고서를 제본하여 제출한다.
- **실습기관 방문**: 실습지도교수와 기관 간의 접촉을 통해서 이루어진다. 실습지도교수는 기관의 슈퍼바이저를 방문하여 학생의 실습이 원활하게 진행되고 있는지를 확인한다. 그러나 실습을 지도하는 학생 수가 많고 기관과의 방문 일정을 조율하기 어려운 경우 등 현실적인 어려움으로 방문이 여의치 않다면 전화, 비대면 회의를 통해 기관 실습지도자와 소통하며 학생의 실습 상황을 확인하기도 한다.

3) 실습평가 및 종결 단계

실습평가는 실습기관에서 실습지도자에 의한 평가와 학교의 실습지도교수에 의한 평가의 두 가지 방식으로 이루어진다.

(1) 실습기관에서의 평가

실습기관에서는 대체적으로 중간평가와 종결 평가를 실시하고 있으며, 이 결과는 실습평가에서 반영된다.

① 중간평가

중간평가는 실습 시작 단계에서 설정한 목적이 어느 정도 달성되었는지를 평가하고 앞으로 남은 실습 기간 동안의 실습 방향을 조정한다는 점에서 의의가 있다. 이는 부서별로 실습의 중간 시점에 목표 달성 정도, 배운 점, 실습지도자에 대한 건의 등을 발표하고 의논하는 시간을 갖는 평가 방법이다. 이를 통해 달성도가 낮은 목표를 점검하여 해결 방안을 모색하고 적절하지 못한 목표를 수정・보완한다. 또한 실습지도자뿐만 아니라 해당 부서의 직원들도 참석하여 실습생들을 지지하고 평가하는 시간을 갖게 된다. 중간평가서에 기록해야 할 주요 내용은 다음과 같다.

- 수행한 실습 내용 및 역할의 요약
- 실습을 통해서 배운 점 및 실습 목표 성취도에 대한 평가(실습 계약서에 의거)
- 실습 과정상 어려웠던 점
- 남은 기간을 통하여 배워야 할 점 또는 배우고 싶은 점, 개선 사항
- 실습지도자에게 바라는 점

② 종결평가

실습의 종결 시점에서 부서별로 가능한 모든 직원과 실습생이 모여 실습의 전 과정에 대한 간략한 보고와 평가, 배운 점, 목표 성취 정도, 그리고 기관에 대한 제언 등에 대하여 발표하고 평가하는 시간을 갖는다. 종결평가는 일정한 평가서를 중심으로 진행하며 그 내용은 중간평가와 동일하다.

③ 실습보고회

실습보고회는 실습을 종결하는 시점에서 학생들이 미래의 사회복지사로서 용기와 비전을 가질 수 있도록 지지하고 격려하는 차원에서 실시된다. 실습보고회는 실습생과 실습지도자는 물론 가능한 한 기관장 이하 전 직원이 모두 참여하여 진행하는 것이 바람직하다. 전체적인 준비는 실습생들이 계획하고 준비하여 실행한다. 이때 이루어지는 주요 내용은 다음과 같다.

- 실습생 경과 보고
- 대표인사
- 실습생 보고
- 기관에 대한 제언과 건의
- 총평(기관장)
- 기념 촬영 및 다과회

④ 실습평가서

공식적인 실습평가 항목에 기반한 평가이다. 일부 기관에서는 자체적으로 개발한 실습평가서를 사용하기도 한다.

(2) 교육기관에서의 평가

교육기관에서는 실습지도교수가 학생들의 현장실습과 실습세미나를 총괄하여 평가를 수행한다. 실습보고서(실습일지, 사례기록, 집단지도보고서 등의 과제 수행 결과물)와 담당교수의 피드백, 실습세미나를 통한 수업 발표 및 기관평가서 등을 종합하여 이루어진다.

TIP 1-4

① 실습기관에서의 평가와 실습지도교수에 의한 평가를 반영하는 비율은 대학에 따라 다소 차이가 있으나, 일반적으로 사회복지현장실습 교과목은 기관 70%와 학교 30%의 비율을 합쳐서 평가한다.

② 현재 실습평가는 기관의 특별한 평가양식이 있는 경우 이를 따를 수 있고, 그 외에는 한국사회복지교육협의회의 '기본평가서'와 '전문(추가)평가서'로 평가한다. 또한 실습지도교수는 실습 현장지도, 실습보고서, 실습수업 발표의 내용 등을 종합하여 평가한다.

4) 기타 고려 사항

(1) 실습비

실습기관의 기준에 따라 책정하되 다음의 사항을 참조할 수 있다.

구분	평균 실습비
전문대학, 대학	100,000~150,000원

※ 주의: 실습기관은 후원금 등의 명목으로 실습생에게 과도하게 비용을 요구해서는 안 된다.

(2) 사회복지현장실습 확인서

사회복지사 자격증 신청 시, '사회복지현장실습확인서'를 자격증 신청서류(졸업증명서, 성적증명서 등)와 함께 제출한다.

※ 부록 4 '사회복지현장실습 확인서' 참조

(3) 실습기관과 교육기관 간담회 개최

학기당 1회의 간담회를 개최하여 실습지도교수와 실습지도자 간 의견 교환 및 소통의 기회를 마련하기도 한다.

4. 실습생의 역할과 자세

1) 실습생의 역할

(1) 실천 현장의 선 경험

사회복지실습을 준비하는 과정에서 가장 중요한 것 중의 하나는 자신이 희망하는 실천 분야의 현장과 관련된 장소에서의 '자원봉사활동'이라 할 수 있다. 이를 통해 사회복지 현장의 이해도를 높이고 실천 현장에 대한 선 경험을 해보는 것이 좋다. 그리고 사회복지현장실습에 임하기 전에 가능하면 선배나 동문을 찾아가 조언과 현장에 대한 경험을 듣는 간접 경험의 기회를 많이 가져 보는 것이 중요하다.

(2) 실습기관에서의 역할

실습생은 실습 기간 동안 다음과 같은 역할을 적극적으로 수행하려는 자세가 요구된다.

- **실습 목표와 욕구 구체화**: 실습하기에 앞서 실습생은 자신이 목표하는 실습 목표를 명확히 하고 자신이 원하는 실습 과제와 활동, 관심이 있거나 경험해 보고 싶은 내용에 대하여 실습계약서에 구체적으로 기술할 수 있어야 한다.
- **실습을 위한 준비**: 실습 기간 동안 계획된 목표와 실습 일정의 수행을 위하여 충분한 준비를 한다. 슈퍼바이저가 요구하는 과제에 최대한 부응하고 실습일지, 과정기록지, 프로그램 기획과 결과보고서, 평가서 등의 실습과제와 관련한 모든 문서 작성 및 기록을 충실하게 수행해야 한다.
- **출석과 적극적인 참여 활동**: 현장실습에서 실습생의 역할 가운데 가장 중요한 것 중의 하나가 출석이다. 특별한 일이 없는 범위 내에서 출석은 반드시 해야 한다. 또한 실습지에서 요구하는 행사나 프로그램 보조 등으로 참여를 요청받을 때는 적극적이고 긍정적인 자세로 호응하고 즐겁게 참여함으로써 보다 보람된 실습을 만들어

가야 한다.

2) 실습생의 자세

우리는 사회복지 실습생으로서 사회복지사 윤리강령과 다음 사항을 준수한다.

① 실습의 목적과 중요성을 충분히 이해하고 실습 계약 사항을 이행하기 위하여 최선의 자세로 실습에 임한다.
② 실습은 대학에서 학습된 이론을 구체적으로 적용하는 과정임을 인식하여 이에 최선을 다한다.
③ 실습교육기관의 구성원이라는 생각으로 타 구성원과 협력하며 친화적 태도를 취한다.
④ 기관의 정책을 이해하고 수용하며 실습 과정에서 준수한다.
⑤ 근무시간은 기관의 규정에 준하며 직원과 동일한 자세로 근무시간에 임한다.
⑥ 실습 시작 최소 10분전에 출근하여 출근을 확인하며, 업무에 관계된 사항을 사전에 준비한다.
⑦ 결근, 조퇴, 지각 등 근태와 관련된 사항은 반드시 실습지도자에게 사전에 보고하여 허락받는다.
⑧ 실습지도자의 지시뿐 아니라 타 직원의 지도를 잘 이행함으로써 실습 효과를 최대화한다.
⑨ 직무에 강한 책임감과 열의를 갖고 적극적으로 임하며 타인에게 책임을 전가하거나 태만하게 행동하지 않는다.
⑩ 실습으로 인하여 알게 된 클라이언트의 사적인 정보를 교육적 목적(대학실습지도 등) 이외에는 절대 발설하지 않으며, 교육적 목적이라 하더라도 가명을 사용하여 개인의 정보보호가 침해되지 않도록 한다. 실습 종료 후, 실습 관련 내용을 학회지 등에 게재하고자 할 때는 반드시 실습지도자와 상의하여 허락을 받아야 한다.
⑪ 실습지도자의 지도 혹은 타 실습생의 실습을 견학, 관찰할 경우 배우는 자세로 진지한 태도를 취한다.
⑫ 기관의 직원, 클라이언트 등에 대해 예의를 지킨다.
⑬ 복장, 소지품은 실습기관의 특성과 상황에 맞게 취하되 가능한 한 화려한 것을 피하고 검소하며 단정한 것으로 착용한다.
⑭ 안전사고에 만반을 기하도록 하며 안전사고와 관련된 기관의 규정을 사전에 숙지하여 그에 준해 처리한다.
⑮ 실습일지를 비롯한 각종 실습 기록은 사실에 근거하여 정확하고 구체적으로 정리하여 실습 시 실습지도자와 실습지도교수의 강평을 받는다.
⑯ 과제에 관하여 연구하고 그 결과물에 대해 실습지도자의 강평을 받는다.

⑰ 실습 과정 중 어떤 경우라도 사례금 등의 금품을 절대 주거나 받지 않는다.
⑱ 과제물은 정해진 기일에 제출하고 출근 전에 작성을 마친다.
⑲ 기관의 명칭을 사적으로 활용하지 않으며 실습생의 신분을 지킨다.
⑳ 기관을 대표한다는 자세로 실습교육기관의 직원들과 동일한 업무 태도와 자세를 취한다.

참고문헌

강남대학교 사회복지학부(2022). 사회복지 현장실습 매뉴얼.

한국사회복지교육협의회(2005). 사회복지 현장실습교과목지침서 연구보고서.

한국사회복지교육협의회, 한국사회복지사협회(2021). 사회복지 현장실습 운영 실태 및 개선방안 연구-사회복지사 인적자원 양성체계의 합리화 방안 개발을 중심으로. 보건복지부.

한국사회복지사협회(2024). 현장실습센터. https://www.welfare.net/prm/

제2부

사회복지실습 세미나

제2장

사회복지실습세미나[1]에 대한 이해

학습목표

1. 사회복지실습세미나의 목적 및 목표에 관해 설명할 수 있다.
2. 사회복지실습세미나의 운영 및 학습 활동에 따른 슈퍼비전을 활용할 수 있다.

※ 참고: 사회복지현장실습 및 실습세미나를 위한 사전지식 점검
〈사회복지실천 현장(분야)에 대한 개념과 사회복지시설에 대한 이해〉

이 장에서는 사회복지실습세미나 교과목에 대한 개괄로서 강의 계획의 전체 방향에 대한 전반적인 이해를 돕고자 한다. 실습세미나가 어떻게 진행되고 어떠한 것을 목표로 하고 있는지에 대한 오리엔테이션이라고 할 수 있다. 각 장에서 다루어질 내용에 앞서 사회복지실습세미나의 목적과 목표, 즉 실습세미나에서 다루어야 할 내용과 운영 방법, 그리고 슈퍼비전은 어떠한 방식으로 진행되어야 하는지에 대해 이해할 수 있다.[1]

---

1) 교과목명은 사회복지현장실습 또는 실습세미나 등을 대학마다 다르게 사용하며, 이 책에서는 사회복지실습세미나, 실습세미나로 혼용해서 사용하고자 한다.

1. 사회복지실습세미나 교과목의 이해

사회복지학 교과목인 사회복지실습세미나는 사회복지실천 현장에서 160시간 이상의 실습이 진행된 이후 또는 진행되는 동안 대학에서 사회복지현장실습(또는 실습세미나) 교과목으로 2시간 이상 및 15회 이상의 강의 계획을 갖추고 세미나 형식으로 진행되는 3학점 이상의 수업을 말한다. 사회복지실습세미나 교과목은 학생의 사회복지현장실습기관 선정 및 배치, 실습 오리엔테이션, 실습 목표 수립 등의 실습 이전에 진행되는 실습 선행 과정부터 교과과정에서 배운 사회복지 이론과 지식을 사회복지실천 현장에 적용하여 임상 실천을 경험하게 되는 실습 과정에서의 슈퍼비전, 그리고 실습 이후 사회복지현장실습 교과목인 실습세미나 수업을 통한 이론 및 임상 실천에 대한 슈퍼비전 및 실습평가(학점 부여)까지를 말한다. 다시 말해 실습세미나는 사회복지현장실습이 포함된 것으로 실습 이전의 과정과 현장실습, 그리고 실습 이후의 교과목 수업으로 이루어진 전체 과정이 집약된 것이다. 따라서 사회복지사로서의 전문성을 갖출 수 있도록 훈련하는 실습세미나는 사회복지실천 현장에서 경험한 임상 실천을 나누는 것 이상의 앞서 말한 일련의 전 과정에서 학생들의 관심과 실천 현장과의 연계, 이론적인 근거, 그리고 임상 실천에 대한 자문까지 이어지는 전체를 말한다. 그러한 이유로 사회복지학 교과목에 있어 사회복지실습세미나는 아무리 강조해도 지나치지 않다.

1) 실습세미나의 목적

사회복지현장실습은 사회복지실천의 가치 및 윤리, 지식, 그리고 사회복지실천 과정 및 기술을 사회복지실천 현장에서 실제로 적용하는 현장실습을 통해 전문직의 사명감과 실천 능력을 겸비한 예비 사회복지사를 교육, 훈련하는 것을 목적으로 한다. 현장실습에 대한 대학에서의 교과목으로 이루어진 사회복지실습세미나는 사회복지현장실습에서 부족하게 느꼈던 이론적인 근거를 통해 이론과 실천의 연계성을 일깨워주며 실습보고서 및 실습기관에서 실행해 보았던 프로포절, 사례관리 등의 자료들에 대해 실습세미나에서 슈퍼비전을 통해 학생들을 교육 및 훈련하는 것에 목적이 있다. 실습세미나는 주차별 강의 계획에 따라 이론적인 이해와 실제 경험한 실천이 어떻게 연결되어 있는지에 대한 통찰을 할 수 있도록 진행한다. 세미나에서 이론적인 지도도 중요하지만, 실습세미나를 어떻게 운영하고 담당교수에게 무엇을 어떻게 지도받았는가에 따라 학생들의 역량은 크게 다르게 나타나기 때문에 실습세미나 지도교수의 역량 또한 중요하다. 따라서 실습세미나를 담당하는 교수자는 표준화된 틀을 갖추고 학생들을 지도할 수 있도록 같은 세미나를 담당하는 교수자는 물론 연관된 교과목 수업의 교수자들과 소통하고 협력하는 과정 또한 필요하다. 실습세미나는 학생 개개인이 실습 현장에서의 직접 경험한 것을 실습세미나 수업에서 나누고 경험하지 못한 임상 실천은 다양한 기관에서 실습한 다른 학생들의 경험을 간접적으로나마 익힐 수 있는 장(場)이 되어 학생들의 역량 강화와 전문성을 향상시키는 데 목적이 있다.

2) 실습세미나의 목표

학생들이 사회복지 현장에서 실습에서 경험한 바를 한국사회복지교육협의회의 사회복지현장실습 교과목 지침서를 참고로 실습세미나에서 다룰 내용을 목표로 정해 강의계획서에 반영한다. 실습세미나에서의 목표는 다음과 같다.

- 실습 과정에서 드러난 학생의 강점과 약점을 점검하고, 사회복지사로서의 역량을 강화할 수 있다.
- 현장에서의 경험, 즉 사회복지 현장 실천 방법 및 기술을 정리하여 학교에서 배운 지식과 통합할 수 있다.
- 실습 현장에서 직간접적으로 경험한 사회복지실천 과정이 다양한 클라이언트 체계에 미치는 영향에 대해 탐색할 수 있다.
- 사회복지조직으로서 실습기관의 조직, 정책, 행정적 절차 및 기능과 역할에 대해 이해할 수 있다.
- 기관이 속한 지역사회 욕구를 파악하고 이를 기반으로 서비스를 수행하고 있는지에 대해 분석, 평가할 수 있으며 지역사회기관 간의 연계 활동에 관해 설명할 수 있다.
- 실습 내용을 사회복지정책, 사회복지법규 및 제도와 연계할 수 있다.
- 사회복지실천 현장에서 직면하는 윤리적 딜레마에 대해 토의를 통해 대안을 도출할 수 있다.
- 사회복지사로서의 전문적 자아인식 및 전문성을 수립할 수 있다.

- 실습생이 자신의 실습 과정에 대한 반성적 고찰을 통해 반영적 실천을 경험할 수 있다.

2. 사회복지실습세미나의 운영 및 학습 활동에 따른 슈퍼비전의 활용

1) 사회복지실습세미나의 운영

대학에서 실습세미나는 일반적으로 학기당 3학점으로 사회복지(사업) 현장실습 또는 실습세미나 교과목으로 사회복지전공에서는 필수 교과목으로 진행한다. 이론 수업과는 다르게 학생들이 실습을 경험한 후 대학에 제출한 사회복지현장실습에서 이루어진 각종 보고서[2)]가 수업의 재료가 되어 15주 동안 실습세미나 수업의 목표 달성을 위해 사용된다. 매주 실습세미나 수업의 목표에 맞게 기관별, 지역별, 분야별 3~4명의 소집단으로 팀 미팅과 토의를 통해 실습에서의 경험과 활동에 대해 분석하며 팀 슈퍼비전을 진행한다. 팀 모임을 마친 후에는 전체 학생들과 팀에서 나눈 경험을 발표를 통해 공유한다. 이러한 방식은 실습세미나 강의 계획서의 목표에 따라 개인발표, 소집단 미팅, 주제별 토의, 프로포절 및 사례관리, 실습기관 분석 등 다양한 방법으로 운영한다.

2) 사회복지실습세미나의 학습 활동 및 슈퍼비전 활용

사회복지현장실습 교과목인 실습세미나 수업에서의 슈퍼비전은 강의 계획서의 주제에 따라 주차별로 진행한다(강의 계획서 참조). 학생들은 각 주차별 주제에 맞게 집단토의를 할 수 있도록 사회복지현장실습기관에서 실행해 왔거나 슈퍼비전을 받은 자료들을 준비하여 수업 시간에 집단토의를 진행할 수 있도록 Response Paper를 준비한다. Response Paper 작성은 실습에서 경험했던 것들을 이론과 실제와 연결시키고 자신의 생각을 정리할 수 있도록 지도한다. 한 페이지 분량으로 작성하지만, 내용과 주제에 따라 실습기관에서 사용한 틀을 그대로 가져오기도 한다. 학생들은 강의 계획서의 토의

2) 실습일지, 사례 기록, 집단 활동, 프로포절, 사업계획서, 기관분석보고서 등이 포함된 실습보고서

내용을 근거로 Response Paper를 작성하여 이러닝에 업로드한다. 담당교수는 수업 전 학생 개개인의 Response Paper에 대해 잘된 부분 또는 수정해야 하는 부분에 대한 피드백 자료를 준비하고 수업 시작 시 학생들은 개인별 피드백을 받은 후 집단 토의에 임할 수 있도록 지도한다. 세미나에서 집단은 학생의 실습기관에 따라 같은 분야로 팀을 구성하기도 하고 각각의 분야의 한 기관씩 골고루 섞이게 하기도 하여 보통 3~4명이 토의할 수 있도록 하며 매주 주제에 따라 집단의 크기는 조정한다. 학생들의 집단 토의 시간(20~40분) 동안 담당교수는 한 팀의 일원으로 참석하여 토의할 수도 있고 전체에 대해 질문 사항들에 대한 슈퍼비전을 줄 수도 있다. 6~7집단으로 이루어진 학생들의 팀 토의를 마친 후에는 팀에서 다룬 내용을 모든 학생이 함께 나눌 수 있도록 전체 발표를 통해 집단에서 다룬 내용들을 소개한다. 이때 기관에서 이루어진 슈퍼비전 내용, 집단 토의 중 학생들의 경험을 통해 이루어지는 동료 슈퍼비전, 교수자의 슈퍼비전이 함께 어우러져 학생들은 다양한 인식의 전환을 가져온다. 따라서 학생들은 실습 기간 동안 과제에 얽매여 부족했던 이론적인 근거를 수업에서 재학습하는 기회가 되고, 실습기관에서 경험한 임상 실천과 이론의 연계를 통한 전문성을 확보하게 되며, 매 주차 강의 계획서의 주제를 통해 학생들의 역량을 증진시키는 장(場)이 사회복지실습세미나 수업인 것이다.

3) 강남대학교 사회복지학부 실습세미나 강의 계획서[3)]

강의 계획서는 세미나에 참석하는 학생들에게 나침판과도 같다. 따라서 교수자는 실습 목표에 따라 주제를 설정하고 그에 따른 개인 또는 집단으로 토의할 내용(Response Paper)에 대해 지침을 마련한다. 과제물과 발표에 대해 학생들은 주차별로 어떤 것을 준비해야 하는지 알려 주고 한 학기 동안 실습세미나의 주제에 따른 목표를 통해 궁극적으로 예비 사회복지사로서의 전문성이 향상될 수 있는 목적을 달성할 수 있도록 안내한다.

3) 천덕희(2024a). 사회복지 현장실습 강의 계획서. 강남대학교 사회복지학부.

주차	주제	집단 토의* 및 슈퍼비전 내용	강의 형식 및 과제물
1	수업 전반에 대한 오리엔테이션	오리엔테이션(사회복지현장실습의 이해와 세미나 OT) - 실습세미나 수업운영 안내 - 실습기관 및 실습 상황에 대한 검토 - 실습평가서 및 확인서 제출 점검 - 실습보고서 제출 안내	- 과제 1 ① 교과목이력서 ② 실습기관 소개(양식지) ③ 실습계획서 또는 일정 (①, ②, ③을 하나의 파일로 묶어서 PDF 파일로 제출) - Response Paper 1
2	실습 과정에 대한 강점 및 개선점	실습기관 선정 이유와 자신의 현장실습 목표, 달성도? * 실습기관과 실습 과정이 자신의 실습 목표를 달성하기에 최적의 선택이었는가? * 본인이 실습생으로서 갖춘 강점 및 개선점은 무엇인가? #. 토의자료_실습기관 소개 & 실습계획서(과제1), Response Paper 1	강의, 발표 및 토의 - Response Paper 2
3	지식과 경험의 통합 (현장에서 적용한 사회복지실천 방법 및 기술을 이론적으로 정리)	현장에서 적용한 사회복지실천의 전문기술과 이론은? * 강의 이수(사례관리, 프로그램 개발과 평가, 분야론 등) 여부가 실습에 미친 영향은 어떠했는가? #. 토의자료_Response Paper 2	강의, 발표 및 토의 - Response Paper 3
4	사회복지실천 과정 [미시(직접)실천 & 거시(간접) 실천 & 클라이언트 체계 영향]	실습 현장에서 경험한 사회복지실천 과정과 다양한 클라이언트 체계에 미치는 영향에 대하여 탐색 * 미시(직접)실천의 예: 초기면접-욕구 및 강점 사정-계획-개입-점검-평가-종결 거시(간접)실천의 예: 자원개발, 서비스 연계 및 조정, 옹호, 사회조사 등 #. 토의자료_Response Paper 3	강의, 발표 및 토의 - Response Paper 4
5	사회조사와 지역사회	실습기관이 속한 지역사회의 주요 욕구는 무엇인가? 욕구 조사 * 사회복지 서비스 조직으로서 실습기관의 기능과 역할, 타 기관과의 연계 탐색 #. 토의자료_Response Paper 4	강의, 발표 및 토의 - 과제 2 실습기관 분석 및 실습 프로그램 분석

6 7	실습 활동 발표 및 분석	- 기관분석보고서 - 실습 일정(프로그램) 및 활동 - 실습 경험 분석 * 기관은 실습하기에 적합하였는가? 슈퍼비전은 적절하였는가? * 자신의 어떠한 역량 계발에 대한 도움인가? * 어떻게 도움이 되었는가? 등등	강의, 발표 및 토의 - Response Paper 5
8	(중간고사 기간: 시험은 따로 보지 않고, 필요시 대체 과제 부여)		
9	실습 박람회 또는 동문 특강(비대면 영상 수업으로 대체_코로나19 시기)		
10	사회복지실천, 정책, 행정, 법규 및 제도의 연계	실습 내용을 거시실천, 중시실천, 미시실천과 연계 * 개인, 가족, 집단, 지역사회에 대한 실천을 사회복지 정책, 제도에 대한 분석을 통한 연계 #. 토의자료_Response Paper 5	강의, 발표 및 토의 - 과제 3 사례관리(사례개입) or 프로포절(프로그램)
11 12	사례관리 및 프로포절	실습 기간에 작성한 사례관리 또는 프로포절 발표와 피드백	강의, 발표 및 토의 - Response Paper 6
13	사회복지와 윤리 & 사회복지사 정체성과 기인식	사회복지사의 윤리강령 검토 * 사회복지실천 현장에서 직면하는 윤리적 딜레마 * 실습 과정에서 느낀 사회복지사로서의 전문성 인식 * 사회복지사로서의 정체성 확인 및 반영적 실천 경험 #. 토의자료_Response Paper 6	강의, 발표 및 토의 - 과제 4 Mind-Map 작성
14	현장실습 Mind-Map	Mind-Map 발표 * 실습과 실습세미나(수업)를 통해 습득하게 된 역량을 중심으로 작성	
15	(기말고사 기간: 시험은 따로 보지 않고, 필요시 대체 과제 부여)		

〈비고〉 법정 공휴일이 있는 주는 학교 방침에 따라 비대면 수업(영상녹화); 이전 동문 특강 또는 사례관리 특강 등 탑재 예정

3. 학습 활동

※ 방법: 3~4명으로 팀을 나누고, 30~40분 동안 주제별 토의 내용을 요약하여 LMS 게시판에 업로드하여 모든 학생이 볼 수 있도록 한다. 이후 팀에서 토의한 내용을 팀원 중 한 사람이 발표하고 동료 피드백 및 지도교수 슈퍼비전을 실시한다.

- 토의 1: 학생 본인의 사회복지현장실습기관 소개(법적 근거 및 시설 종류)
- 토의 2: 실습기관명, 실습 기간, 실습 슈퍼바이저, 실습기관에서 경험한 주요 내용 소개
- 토의 3: 실습세미나에서 함께 나누거나 도움받고 싶은 내용

1) Response Paper 작성을 통한 사회복지실천 현장 이해

첫 수업 시간은 전체적인 개괄로 사회복지현장실습을 했음에도 불구하고 이후 대학에서 다시 실습세미나가 필요한 이유에 대해 함께 나눈다. 실습세미나는 앞서 다룬 목적과 목표에도 잘 나타나 있지만 다양한 사회복지실천 현장에서 실습한 학생들의 다양한 경험을 서로 나누어 사회복지 현장에 대한 지평을 넓히는 데 장(場)으로서 중요한 사회복지학의 교육환경이 되고 있다는 것이다. 학생이 한 번의 실습으로 사회복지 현장을 이해하기에는 한계가 있기 때문에 자신이 경험하지 못한 다른 사회복지실천 현장을 사회복지세미나에서 간접 경험하고 현 실정을 이해하는 데 실습세미나가 중요한 것이다. 따라서 학생 자신이 실습기관에서는 우리 대학의 대표 학생이었다면 실습세미나에서는 실습한 기관의 대표로서 이 수업에서 자신이 경험한 임상 실천을 동료 학생들에게 내어 주어 서로가 경험하지 않은 부분에 대해 지도교수의 슈퍼비전하에 채워지는 수업이 된다. 이 장에서는 Response Paper(사회복지현장실습기관 소개) 작성을 해 보면서 자신이 실습한 기관에 대해 개괄적으로 소개하고 사회복지실습세미나 수업에 대한 기대를 함께 나눈다.

2) 학습 활동을 통한 동료와의 생각과 느낌 공유 및 차이 인식

학생들은 자신의 사회복지현장실습기관 소개에서 2번 항목인 실습기관의 법적 근거 및 시설 종류에 대해 법인명을 작성하거나 기관명을 그대로 작성(예: 학교법인 ○○종합

사회복지관, ○○재단 ○○센터 등)하는 등 사회복지시설 분류에 대한 사전지식 점검이 필요하다. 예를 들면, ○○종합사회복지관의 법적 근거 및 시설 종류는 영구임대아파트 단지 내에 있으므로 사회복지사업법과 주택법에 의한 법적 근거와 지역주민의 이용시설이라고 설명할 수 있도록 사회복지실습세미나에서 이론적인 근거를 토대로 사회복지 현장에 대한 이해를 돕는 과정이 필요하다.

3) 주제 토론 방법

학생들에게 첫 학습 활동이 되기 때문에 오리엔테이션이 주를 이루면서 세미나를 이끄는 것이 바람직하다. 무작위로 3~4명씩 집단을 나누어서 양식지를 근거로 토의하고 각 팀 내에서 발표할 수 있는 대표를 선정하여 전체 학생들에게 팀 내 토의한 바를 공유하도록 한다.

4. 학습 활동 예시

1) 양식지를 통한 학습 활동

사회복지현장실습기관 소개

(※ 학기중 실습 학생은 5, 6번 문항에 대해 실습기관의 일정을 참고하여 기술하세요.)

학부(학과)		____학년(학번)	__학년( )	성명	
사회복지학부 복수전공 및 편입 여부		________년도 복수전공( ), 편입( )		이전(복수) 전공	
1. 실습기관명					
2. 법적 근거 및 시설 종류					
3. 실습기관 방학중(학기중) 기간(요일 및 기간) 실습기관, 순환(집중)실습 등					
4. 실습 슈퍼바이저(직위/성명)					
5. 실습기관에서 자신이 경험한 주요 내용(20줄 이상)					
6. 세미나 수업에서 함께 나누거나 도움받고 싶은 내용(10줄 이상)					

2) 사전지식 점검

이미 사회복지실천론 교과목에서 다루었지만, 사회복지현장실습 및 실습세미나에서 필요한 사전지식으로 사회복지실천 현장(분야)에 대한 개념과 사회복지시설에 대해 지식적인 이해가 필요하기 때문에 첫 주 세미나에서 학생들에게 지식적인 근거를 제공한다.

(1) 사회복지실천 현장의 개념

사회복지실천 현장은 기본적으로 다음과 같이 나뉜다.

분류 기준	목적(기능)	주체	전달 방식	주거	이윤
유형	1차 현장	공공기관	서비스기관	생활시설	영리기관
	2차 현장	민간기관	행정기관	이용 시설	비영리기관

사회복지실천 현장은 전통적으로 사회복지실천이 이루어지는 장소나 기관, 사회복지실천의 대상자, 사회문제의 종류, 사회복지실천의 방법론을 기준으로 분류되어 왔다. 예를 들면, 사회복지실천이 이루어지는 장소나 기관에 따른 분류는 지역사회복지관 사업, 의료사회복지, 학교사회복지, 정신건강사회복지, 교정사회복지 등이 있으며, 사회복지실천의 대상자에 따른 분류는 아동복지, 노인복지, 장애인복지, 여성복지 등을 들 수 있다. 또한 사회문제에 따른 실천 분류는 아동학대나 알코올 및 약물 중독 등을 위한 실천 분야가 있으며, 실천방법론에 따른 분류로는 개인상담, 가족 및 집단 상담, 지역사회조직사업 등이 있다.

(2) 사회복지시설에 대한 이해[4)]

사회복지시설이란 **법 제2조에 따른 '사회복지사업'**을 할 목적으로 설치된 시설을 의미한다.

- 「사회복지사업법」은 사회복지사업에 관한 기본법으로 「노인복지법」「아동복지법」 등 개별 법령에 별도의 규정이 있을 경우 해당 법령 우선 적용

※ 참고: 사회복지사업의 범위(근거: 「사회복지사업법」 제2조)

법제처 해석(15-0247, '15. 6. 23.): 「사회복지사업법」에 따른 사회복지사업은 원칙적으로 같은 법 제2조 제1호 각 목의 법률에 따른 복지사업과 이와 관련한 사업 등으로 한정됨

「사회복지사업법」 제2조 제1호에 규정된 개별법령에 의한 "보호 · 선도 또는 복지에 관한 사업"과 "사회복지상담 · 직업지원 · 무료 숙박 · 지역사회복지 · 의료복지 · 재가복지 · 사회복지관 운영 · 정신질환자 및 한센병력자 사회복귀에 관한 사업" 등 각종 복지사업과 이와 관련된 "자원봉사활동 및 복지시설의 운영 또는 지원을 목적으로 하는 사업"을 말함

개별 법령

①「국민기초생활보장법」, ②「아동복지법」, ③「노인복지법」, ④「장애인복지법」, ⑤「한부모가족지원법」, ⑥「영유아보육법」, ⑦「성매매방지 및 피해자보호 등에 관한 법률」, ⑧「정신건강증진 및 정신질환자 복지서비스 지원에 관한 법률」, ⑨「성폭력 방지 및 피해자 보호 등에 관한 법률」, ⑩「입양특례법」, ⑪「일제하 일본군위안부 피해자에 대한 생활안정지원 및 기념사업 등에 관한 법률」, ⑫「사회복지공동모금회법」, ⑬「장애인 · 노인 · 임산부 등의 편의증진보장에 관한 법률」, ⑭「가정폭력방지 및 피해자보호 등에 관한 법률」, ⑮「농어촌주민의 보건복지증진을 위한 특별법」「식품등 기부 활성화에 관한 법률」「의료급여법」「기초연금법」「긴급복지지원법」「다문화가족지원법」「장애인연금법」「장애인활동 지원에 관한 법률」「노숙인 등의 복지 및 자립지원에 관한 법률」「보호관찰 등에 관한 법률」「장애아동복지지원법」「발달장애인 권리 보장 및 지원에 관한 법률」「청소년복지지원법」「그 밖에 대통령령으로 정하는 법률」[5)]

4) 보건복지부(2023). 사회복지시설관리 안내.

5)「건강가정기본법」「북한이탈주민의 보호 및 정착지원에 관한 법률」「자살예방 및 생명존중문화 조성을 위한 법률」「장애인 · 노인을 위한 보조기기 지원 및 활용촉진에 관한 법률」

표 2-1 소관부처별 사회복지시설의 종류

소관부처	시설 종류	세부 종류		관련법
		생활시설	이용시설	
보건복지부	노인복지시설	• 노인주거복지시설 • 노인의료복지시설 • 학대피해노인전용쉼터	• 재가노인복지시설 • 노인여가복지시설 • 노인보호전문기관 • 노인일자리지원기관	「노인복지법」
	복합노인복지시설	농어촌에 지역에 한해 「노인복지법」 제31조 노인복지시설을 종합적으로 배치한 복합노인복지시설을 설치 · 운영 가능		「농어촌주민의 보건복지증진을 위한 특별법」
	아동복지시설	• 아동양육시설 • 아동일시보호시설 • 아동보호치료시설 • 자립지원시설 • 공동생활가정	• 아동상담소 • 아동전용시설 • 지역아동센터 • 아동보호전문기관 • 가정위탁지원센터	「아동복지법」
	장애인복지시설	• 장애유형별 거주시설 • 중증장애인 거주시설 • 장애영유아 거주시설 • 장애인단기 거주시설 • 장애인공동생활가정	• 장애인지역사회재활시설 • 장애인직업재활시설 • 장애인의료재활시설 • 장애인생산품판매시설	「장애인복지법」
	어린이집		• 어린이집	「영유아보육법」
	정신보건시설	• 정신요양시설 • 정신재활시설 중 생활시설	• 정신재화시설 중 이용시설	「정신건강증진 및 정신질환자 복지서비스 지원에 관한 법률」
	노숙인시설	• 노숙인자활시설 • 노숙인재활시설 • 노숙인요양시설	• 노숙인종합지원센터 • 노숙인일시보호시설 • 노숙인급식시설 • 노숙인진료시설 • 쪽방상담소	「노숙인 등의 복지 및 자립지원에 관한 법률」
	사회복지관 결핵 · 한센시설	• 결핵 · 한센시설	• 사회복지관	「사회복지사업법」
	지역자활센터		• 지역자활센터	「국민기초생활 보장법」
	다함께돌봄센터		• 다함께돌봄센터	「아동복지법」

여성가족부	성매매피해지원 시설	• 일반지원시설 • 청소년지원시설 • 외국인지원시설 • 자립지원공동생활시설	• 자활지원센터 • 성매매피해상담소	「성매매방지 및 피해자보호 등에 관한 법률」
	성폭력피해보호 시설	• 성폭력피해자보호시설	• 성폭력피해상담소	「성폭력방지 및 피해자 보호 등에 관한 법률」
	가정폭력보호시설	• 가정폭력피해자보호 시설	• 가정폭력사담소 • 긴급전화센터	「가정폭력 방지 및 피해자 보호 등에 관한 법률」
	한부모가족복지 시설	• 모자가족복지시설 (기본, 공동, 자립) • 부자가족복지시설 (기본, 공동, 자립) • 미혼모자가족복지설 (기본, 공동) • 일시지원복지시설	• 한부모가족복지상담소	「한부모가족지원법」
	다문화가족지원 시설		• 다문화가족지원센터	「다문화가족지원법」
	건강가정지원센터		• 건강가정지원센터	「건강가정기본법」
	청소년복지시설	• 청소년쉼터 • 청소년자립지원관 • 청소년치료재활센터 • 청소년회복지원시설		「청소년복지 지원법」

표 2-2 대상자별 세부 분류

대상자	형태	시설 종류		소관부서	관련법
노인	생활	주거	양로시설, 노인 공동생활가정	요양보험운영과	「노인복지법」 제31조
			노인복지주택		
		의료	노인요양시설		
			노인요양공동생활가정		
		학대피해노인전용쉼터		노인정책과	
	이용	재가	재가노인복지시설(방문요양, 주 · 야간보호, 단기보호, 방문목욕, 재가노인지원, 방문간호)	요양보험운영과	
		여가	노인복지관	노인지원과	
			경로당, 노인교실		
		노인보호전문기관		노인정책과	
		노인일자리지원기관		노인지원과	
아동	생활	아동양육시설, 공동생활가정		아동복지정책과	「아동복지법」 제52조
		아동일시보호시설			
		아동보호치료시설			
		자립지원시설			
		공동생활가정(학대피해아동쉼터로 지정된 곳에 한함)		아동권리과	
	이용	아동상담소, 아동전용시설, 가정위탁지원센터		아동복지정책과	
		지역아동센터		인구정책총괄과	
		아동보호전문기관		아동학대대응과	
		다함께 돌봄센터		인구정책총괄과	「아동복지법」 제44조의2
장애인	생활	생활시설	장애유형별 거주시설	장애인권익지원과	「장애인복지법」 제58조
			중증장애인 거주시설		
			장애영유아 거주시설		
			장애인단기 거주시설		
			장애인공동생활가정		
	이용	지역사회재활시설	장애인복지관		
			장애인주간보호시설		
			장애인체육시설, 장애인수련시설, 장애인생활이동지원센터		
			수화통역센터, 점자도서관, 점서 및 녹음서 출판시설		

		장애인의료재활시설		장애인정책과	
		직업재활시설	장애인보호작업장, 장애인근로사업장, 장애인직업적응훈련시설	장애인자립기반과	
		장애인생산품판매시설			
영유아	이용	어린이집	국공립, 법인, 직장, 가정, 부모협동, 민간	보육기반과	「영유아보육법」 제10조
정신질환자	생활	정신요양시설		정신건강정책과	「정신건강증진 및 정신질환자 복지서비스 지원에 관한 법률」 제22조 및 제26조
		정신재활시설 중 생활시설			
	이용	정신재활시설 중 이용시설			
노숙인 등	생활	노숙인자활시설		자립지원과	「노숙인 등의 복지 및 자립지원에 관한 법률」
		노숙인재활시설			
		노숙인요양시설			
	이용	노숙인종합지원센터			
		노숙인일시보호시설			
		노숙인급식시설			
		노숙인진료시설			
		쪽방상담소			
지역주민	이용	사회복지관		사회서비스자원과	「사회복지사업법」
기타 시설	복합	결핵 · 한센시설		질병관리본부 (결핵 · 에이즈관리과)	「사회복지사업법」
	이용	지역자활센터		자립지원과	「국민기초생활보장법」

참고문헌

한국사회복지교육협의회(2022). 사회복지학 교과목 지침서.

보건복지부(2023). 사회복지시설관리 안내.

제3장

사회복지현장실습 과정에 대한 점검 및 사회복지사로서의 역량

학습목표

1. 사회복지현장실습의 목적 및 목표에 대해 설명할 수 있다.
2. 사회복지현장실습 기관 선정과 실습 목표에 따른 적용에 대해 설명할 수 있다.
3. 사회복지현장실습 과정에서 나타난 강점 및 개선점에 대해 설명할 수 있다.

이 장에서는 사회복지현장실습 과정에 대한 점검을 통해 학생들의 어떠한 목표 달성을 이루었는지 살펴보고자 한다. 사회복지현장실습의 목적 및 목표를 이해하고 실습 목표를 세웠는지, 그에 따른 적절한 실습기관을 선정하였는지, 실습기관이 선정된 이후 목표 설정은 어떠한 과정으로 진행되었는지 점검하고자 한다. 이러한 과정을 통해 학생들이 학교에서 배운 이론들을 사회복지현장실습에서 적용하고 학생 스스로의 강점들이 사회복지실현장에서 어떻게 적용되었고, 약점에 대한 개선점은 어떻게 발전시킬 것인지에 대한 점검을 통해 예비 사회복지사로서 역량을 갖추는 데 이 장의 목적이 있다.

1. 사회복지현장실습의 목적 및 목표

1) 사회복지현장실습의 목적

① 대학에서 습득한 사회복지에 관한 가치, 지식 및 기술을 실천 현장에 적용해 본다.
② 사회복지실습현장에서 클라이언트 체계의 문제를 확인하고 정보를 수집하며, 조직화, 분석, 개입 계획의 수립과 이행, 개입 노력에 대한 평가 과정을 경험하게 함으로써 새로운 지식과 기술을 습득한다.
③ 지역사회 대상의 특성과 자원에 대한 지식을 활용할 수 있는 능력을 기른다.
④ 사회복지 시설 및 기관의 조직, 정책, 절차에 적응할 수 있는 경험적 이해를 증진시키고 능력을 함양한다.
⑤ 사회복지실천에 대한 자신의 적성을 점검해 볼 수 있는 기회를 제공한다.
⑥ 사회복지사로서의 자아인식을 증진시키고 전문직 정체감을 형성한다.

2) 사회복지현장실습의 목표

① 사회복지현장에서 예비 사회복지사로서 사회복지 가치 및 윤리강령, 지식 및 기술을 적용할 수 있다.
② 클라이언트 체계의 욕구와 어려움 확인, 정보수집 및 사정, 개입 계획 수립 및 실행, 그리고 평가의 모든 과정을 수행할 수 있다.
③ 지역사회 내 위험집단 및 표적집단의 특성, 그리고 강점과 자원을 파악하고 이를 활용할 수 있다.
④ 사회복지 시설 및 조직의 사명, 관련 정책 및 행정을 이해하고 이를 실천에 적용할 수 있다.
⑤ 실천 현장과 관련된 중앙정부 및 지방자치단체의 사회복지 정책 및 전달체계를 분석하고 실천에 적용할 수 있다.
⑥ 전문 사회복지 인력으로서 적성을 점검하고 자신에 대한 이해를 높이는 과정을 통해 전문적 자기인식과 전문가로서의 정체성을 형성한다.
⑦ 사회복지실천 현장 및 분야에 대한 이해를 높이고 실습한 내용을 학문적으로 이해하고 통합할 수 있다.
⑧ 사회복지사로서 자신의 진로를 결정하는 기회를 갖는다.

학생들은 목적(goal)과 목표(object)에 대해 혼동을 하곤 한다. 실습 목표에 대해 어떻게 설정했는지에 대해 질문을 던지면, 단순하게 학교에서 배운 내용을 현장에서 경험하게 하는 것이라고 대답하는 학생들, 실습 일정에 맞추어 오리엔테이션으로 그냥 진행했다는 학생, 슈퍼바이저와 함께 일주일 내내 고민하며 수정 · 보완을 거쳐 겨우 작성하였다는 학생 등 다양한 답을 들을 수 있다.

사회복지현장실습의 목적이 사회복지사가 되기 위해 학교에서 배운 지식을 현장에 적용해 보는 것이라면, 목표는 실습기관에서 구체적으로 어떠한 방법과 수단을 통해 적용해 볼 것인가에 대한 것으로 보다 구체적이고 정량적인 지표를 통해 계획되어야 실습 이후 달성도를 알 수 있다. 즉, 목적을 얼마나 이루었는지 측정할 수 있는 것이 목표이다. 따라서 실습세미나 수업에서 실습의 목적과 목표를 잘 이해하는 과정이 필요하고 실습 과정에서 목표 설정을 해 보지 못했다면 실습 일정을 다시금 돌아보면서 어떤 실습 목표가 되어야 실습 일정과 맞추어질 수 있는지에 대해서 고민할 수 있는 시간을 갖도록 한다.

2. 사회복지현장실습 기관 선정과 실습기관에서의 실습 목표에 따른 적용

1) 사회복지현장실습 기관 선정

학생들은 실습 전 단계로 어느 기관에서 실습을 받을 것인지에 관해 결정해야 한다. 실습기관 선정은 보건복지부 승인기관 중 자신의 적성, 관심 분야와 문제, 그리고 생애주기별 대상을 점검한 후 사회복지시설 유형에 따라 실습기관을 선택하여야 한다.

학생이 실습기관을 선택할 때 고려할 사항으로는 전문적 관심 영역(관심사, 능력, 장래계획 등), 자신의 경험(수강 경험, 자원봉사 경험 등), 실습기관의 지리적 위치, 실습 일정, 실습기관의 실습지도 감독의 형태와 질 등이다(서진환, 2001). 이러한 고려를 통해 실습기관을 선정하였는지에 대해 점검해 보는 과정이 필요하다.

2) 사회복지현장실습 기관에서의 실습 목표에 따른 적용

실습 목표는 학생이 실습 전 단계인 실습 신청을 위해 실습기관에 제출한 실습생 프로파일의 6번 항목인 '실습을 통해 성취하고자 하는 목표', 7번 항목인 '실습을 마친 후 목표 달성 정도를 파악할 수 있는 기준'을 작성할 때부터 고려하여야 한다(부록 p. 226, 236 참조). 실습 목표는 실습기관이 확정된 후 기관의 실습지도자와 함께 논의하여 최종적으로 결정한다. 실습 목표는 실습의 필수 내용과 희망하는 내용을 고려하여 실습기관의 상황과 특성이 반영된 내용을 중심으로 실습을 통해 배우고자 하는 것을 구체적으로 기술하여야 한다. 이러한 목표 설정은 실습 중간평가와 종결평가에서 구체적이고 적절한 목표 설정 여부, 목표의 달성 여부로 측정이 가능하며, 실습 종결 이후 학교로 발송되어 학점으로 부여되는 실습평가서에서 결정적인 영향을 미친다.

3) 장애인종합사회복지관의 실습 목적과 목표 설정 예시[1)]

2014 여름방학 사회복지실습 진행 계획

1. **사업명:** 2014년 여름방학 사회복지실습
2. **목적:** 사회복지현장실습의 기회를 제공하여 교육 현장과의 연계를 통한 전문적 재활 인력 양성을 지원한다.
3. **목표:** 2014년도 여름학기 사회복지 실습을 통해서 예비 사회복지사들이 현장 경험을 증대함으로써 개인의 전문성을 향상시킬 수 있는 기회를 제공하고, 이를 바탕으로 역량 있는 사회복지사로의 성장을 지원한다.

목표	산출 목표	성과 목표
1. 현장 경험을 증대하기 위해 이론교육과 기관 방문을 실시한다.	1-1. 이론교육 6회 실시 1-2. 기관방문 1회 실시	이론 습득 및 경험 체득
2. 예비 사회복지사로서 프로포절 작성 능력을 향상한다.	2-1. 프로포절 발표회 1회	프로포절 작성 능력 향상
3. 예비 사회복지사로서 개인의 역량을 점검한다.	3-1. 자신의 강점 발견 시간 1회 3-2. 중간평가서 작성 1회 3-3. 종결평가서 작성 1회	개인의 전문성 점검 및 향상

1) 한국사회복지사협회(2014). 표준실습 매뉴얼-장애인복지관, p. 45에서 재인용.

4) 사회복지현장실습의 목표 설정 예시[2)]

목표 측면	세부 목표	목표 성취 전략
1. 전문적 발달 측면	1-1. 「사회복지사업법」, 국민기초생활보장제도 등 파악하기	관련 법조문, 정책, 제도, 문서를 읽는다.
	1-2. 사회복지사 윤리 인식하기	사회복지사 윤리강령을 읽는다.
2. 사례관리 측면	2-1. 인테이크 배우기	사례대상자 관리카드를 10개 이상 숙지하고, 실습지도자의 인테이크 장면을 관찰한다.
	2-2. 인테이크 하기	인테이크를 5개 사례 이상 진행한다.
	2-3. 인테이크 기록하기	작성한 기록에 대해 슈퍼비전을 받는다.
	2-4. 자원 연결하기	사례 회의에서 슈퍼비전 받은 내용을 토대로 2개 사례 이상의 자원을 연결해 본다.
3. 행정적 측면	3-1. 기관사업 파악하기	기관 분석 보고서를 1회 작성한다.
	3-2. 프로그램 계획서 작성하기	프로그램 계획서를 1회 작성한다.
	3-3. 팀별 사업에 참여하기	• 기획연구팀의 '지역주민 만남의 날'에 참여한다. • 노인복지팀의 '데이케어센터 여름캠프'에 참여한다. • 지역보호팀이 재가복지사업(도시락 배달, 이동목욕 서비스, 수지침 서비스, 경로식당 체험 등)에 참여한다.
4. 지역 사회파악 측면	4-1. ○○로의 인구사회학적 특성 파악하기	지역 관내도 등을 통해 숙지한다.
	4-2. ○○로의 역사적 · 문화적 · 사회적 특성 파악하기	지역 조사를 통해 특성을 파악한다.
5. 대인관계 측면	5-1. 실습지도자 및 직원과 원만한 관계 형성하기	먼저 인사하고, 적극적으로 질문하며, 책임감 있게 행동한다.
	5-2. 동료 실습생들과 협력적 관계 형성하기	온 · 오프라인을 통해 실습생 모임을 갖고 정보를 공유한다,

2) 오창순, 장수미, 김수정(2020). 사회복지 현장실습 지침서. 학지사. p. 75에서 재인용.

3. 사회복지현장실습 과정에서 나타난 강점 및 개선점

실습 신청을 위한 실습생 프로파일 8번 항목은 사회복지를 실천하는 데 있어 자신의 강점과 약점을 사회복지 지식 및 기술 측면과 개인적인 특성 측면으로 나뉘어 작성하게 되어 있다(부록 p. 226 참조). 학생들은 실습 전 단계부터 고려한 자신의 강점 및 약점이 실습 과정 동안 어떻게 적용되었고, 실습 이후 필요한 역량들을 어떻게 개선하여야 할 것인지에 대해 고려하여야 한다. 세미나 수업에서 이 과정을 살펴보는 이유는 실습 이후 자신의 강점은 지속적으로 발전시키고, 약점은 남은 학기 동안, 그리고 앞으로 보완하는 자세를 통해 예비 사회복지사로서의 전문성을 갖추도록 준비하는 데 목적이 있다.

1) 사회복지 지식 및 기술 측면

사회복지학 교과목에서 익힌 전공과목과 연계하여 대학에서 배운 이론적 지식, 기술을 토대로 사회복지실천 현장에서 적용하며 어려웠던 부분이나 적합했던 내용들을 살펴보는 것이다. 예를 들면, 실습기관에서 사례관리팀으로 실습 배정을 받았는데 사례관리론을 수강하지 않은 상태에서의 어려움을 통해 실습 이후 다음 학기에 수강하여 보충하고자 하는 개선점을 스스로 알게 하는 것 등이 해당한다.

2) 개인적 특성 측면

학생 자신의 성격, 태도, 특기 등이 실습 현장에서 어떻게 적용되었는지 살펴본다. 여기에서는 사회복지실천 현장에서 실제 적용된 자신만의 자원봉사, 동아리 경험 등을 통해 발휘된 경험을 알아보는 것이다. 많은 학생은 SNS, 카드뉴스, 동영상 홍보자료 만들기 등과 같은 실습 이전 여러 방면의 경험을 통해 가능해진 상태에서 실습에 임하면서 다양한 역할을 수행해 내는 경험을 한다. 이러한 과정을 살펴봄으로써 사회복지실천 현장과의 지속적인 관계를 통해 전공영역에서 사회복지사로서의 전문성에 대해 개인적 특성이 영향이 있음을 인식하고 발전적인 노력을 할 수 있게 된다.

4. 학습 활동

※ 준비: Response Paper 1 _ 실습 과정에 대한 점검
(실습기관 선정 이유와 자신의 현장실습 목표 및 달성도, 강점과 개선점)

- 토의 1: 실습기관 선정 이유와 자신의 현장실습 목표는?
- 토의 2: 실습기관과 실습 과정이 자신의 실습 목표를 달성하기에 최적의 선택이었는가?
- 토의 3: 실습생으로 갖춘 강점과 개선점은?

1) Response Paper를 통한 실습 과정 점검(실습기관 선정 이유와 자신의 현장 실습 목표 및 달성도, 강점과 개선점)

학생들은 전문적 발달 측면, 행정적 측면, 기본적 대인관계 기술 측면, 클라이언트 체계 개입 기술 측면의 네 가지 측면에서 목표를 수립한다. 소수의 학생이지만 실습기관 선정에 있어 여러 가지를 고려하지 않고 지리적으로 가까운 거리로 근처의 작은 규모의 센터를 실습기관으로 선택하여 실습 일정이 단순하고, 실습 목표를 설정한 적도 없으며, 학교에서 배운 내용을 적용해 볼 수 없었고, 슈퍼비전이 거의 없이 불만족스러운 경우도 있었으나, 세미나 수업을 통해 다른 기관에서 실습한 친구의 경험을 간접적으로나마 알 수 있는 시간이 되었다는 소감도 있다. 자신의 강점과 약점은 주로 자원봉사의 경험과 교내외에서의 동아리 활동 등의 경험이 실습기관에서 강점으로 적용된다. 실습 과정을 거치면서 사회복지 현장에 대한 이해를 통해 앞으로 사회조사분석사 등 필요한 자격증 취득과 실습 이전에 수강하였으면 도움이 되었을 사례관리론, 프로그램과 평가, 각 분야론 등 미수강한 교과목 등에 대해 실습 이후라도 사회복지사로서의 역량을 갖추기 위해 남은 학기 동안 채워 나가야 할 전공지식을 구체적으로 이해하게 된다.

2) 학습 활동을 통한 동료와의 생각 및 느낌 공유

학생들은 학습 활동을 통해 자신의 실습기관과 다른 학생의 실습기관을 비교하게 된다. 서로의 실습기관의 장단점을 알게 되며, 사회복지실천 현장에서의 실습 과정이 얼

마나 중요한지, 그리고 실습지를 선택함에 있어 주의할 점 등에 대해 학생들이 서로의 의견을 주고받는 동안 사회복지실천 현장에서 실습생의 역할 및 사회복지사 또는 실습 슈퍼바이저의 책임성과 전문성에 대해 토의를 통해 자연스럽게 사회복지사로서 정체성을 익히게 되는 중요한 장(場)이 된다.

3) 주제 토의 방법

준비한 자료(Response Paper 1과 실습생 프로파일, 실습 계약서, 실습 중간평가서, 종결평가 내용을 참고하여 실습생과 실습 슈퍼바이저가 함께 계획한 실습 목표)를 통해 성격이 비슷한 분야별로 3~4명으로 집단을 나눈다. 지역사회 3종 복지관마다 종합사회복지관 집단, 노인복지관 집단, 장애인종합사회복지관 집단으로 나누거나 3종 복지관을 한 명씩 배당하는 집단으로 나누어 토의하게 한다. 이 외의 기관은 따로 집단을 만들어 토의할 수 있게 한다. 2주 차 진행이라 아직은 집단 토의가 익숙지 않아 복지관 유형별로 소집단을 나누고 이외의 기관은 유관기관으로 정해 토의하도록 한다.

5. 학습 활동 예시

1) 종합사회복지관 예시(Response Paper)[3]

실습기관을 선정할 때: 1. 지역사회복지관이며, 다양한 클라이언트를 만날 수 있다, 2. 주민과의 만남을 적극적으로 한다, 3. 담당자가 열정적인 피드백을 준다. 이와 같은 조건을 세웠고, 이에 따라 ○○종합사회복지관을 선정하였다. 본 복지관은 지역사회복지관이며, 고려인, 외국인이 많이 거주하고 있다는 특성이 있다. 이는 글로벌화가 되어 가고 있는 지역사회의 상황을 파악하고, 이에 대해 대응하는 기관의 모습을 경험할 수 있을 것으로 생각하였다. 또한 선배들의 실습 활동보고서에서 ○○종합사회복지관에 대한 자료를 검토하면서 담당자님이 열정적이라는 글을 보게 되었다. 그리고 200시간 동안 실습을 하며 많은 부분을 배울 수 있을 것 같아 ○○종합사회복지관을 실습기관으로 선정하게 되었다. 목표 설정과 달성도는 다음과 같다.

3) 강남대학교 2024-1 사회복지 현장실습(실습세미나) 수업 _ 최□□ 학생(○○종합복지관)

표적 목표	과제	평가	달성도
○○종합사회복지관의 사회복지사 업무와 역할을 파악한다.	사업 부서 소개와 직원분들과 대화를 실습일지에 기록한다.	지역 및 기관 분석 보고서에 작성한다.	100%
	사회복지사 실천 기록을 작성한다.	블로그에 일주일에 한 번씩 날짜별로 기록을 올린다.	100%
사례관리 사업에 대해 이해한다.	사례관리 시 발생하는 상황에 대해 파악한다.	도서 요약 및 분석을 실습 일지에 작성한다.	100%
	사례관리 시 발생하는 상황에 대해 파악한다.	보호 주민 안부 연락 상담일지를 작성하여, ○○○ 사회복지사님께 피드백을 받는다.	100%
주민과 마을 문제를 다루는 대화에서 필요한 능력을 알아본다.	'주민 만나기'를 통해 마을과 주민에 대해 이해한다.	주민 만나기 일지를 통해 성찰 부분과 향후 목표 실습일지에 기록한다.	100%
	소통 기술에 관한 도서 한 권을 학습한다.	나만의 방식의 소통 기술을 재정립, 실천하여 실습일지에 작성한다.	100%

2) 장애인종합사회복지관 예시(Response Paper)[4]

처음 사회복지에 관심을 가지게 된 것은 고등학교 시절 우연히 읽어 보았던『우리는 영원한 학교사회복지사이고 싶다』라는 책을 통해서이다. 이때 사회복지사라는 직업에 대해 흥미를 느끼게 되었고, 대학에 입학하여 사회복지에 대해 전문적인 이론 및 실천 지식을 쌓아 나가면서 학교사회복지 분야 외에도 다양한 분야가 있음을 알게 되어 진로에 대한 시각을 넓히고자 하였다. 그러던 중 강남대학교에는 많은 수의 장애학생이 재학하고 있다는 점과 그들을 위해 별도로 운영되는 부서(장애학생지원센터), 학생회(장애학우학생회), 장애학생도우미(학습지원 등) 등이 있음을 알게 되었고, 사람들과 소통하는 것을 좋아하던 나와는 조금 다르지만, 그들만의 이야기를 들어보고 싶었기에 장애학생과 비장애학생이 함께 학생회를 이루는 장애학우학생회의 임원으로 활동하면서 장애인이라고 해서 각자가 가진 어려움들에 대해 무조건 도움을 받는 것이 아니라 스스로 극복해 나가기 위해 노력하는 모습들을 볼 수 있었으며, 이를 통해 그들이 가진 삶에 대한 열망에 함께 동행하는 사회복지사가 되어야겠다고 생각하였다. 이러한 생각을 하던 중 '소통과 섬김으로 나눔을 실천한다'라는 ○○○장애인복지관이 추구하는 미션이 평소 사회복지학부생으로서 클라이언트와의 소통을 중요시 생각하였던 저의 가치관과 부합하였기에 본 기관을 실습기관으로 선정하게 되었다. 현장실습 목표는 다섯 가지를 선정하여 리커트 척도로 달성도를 점검하였다. 각각의 목표는 다음과 같다.

4) 강남대학교 2024-1 사회복지 현장실습(실습세미나) 수업 _ 박□□ 학생(○○장애인종합복지관)

	목표	점수				
1	학교에서 강의를 통해 습득한 사회복지의 이론적 관점과 기술들이 현장에서 적용되는 방식의 차이를 이해할 수 있다.	1	2	3	4	5
2	장애인 대상의 사회복지실천에서 필요한 기술을 습득하여 각각의 상황에 맞게 유용하게 활용할 수 있다.	1	2	3	4	5
3	각 사업팀이 추구하는 목표의 차이를 알고 사업별 특성에 따른 업무의 차이를 이해할 수 있다.	1	2	3	4	5
4	사회복지의 다양한 이론 및 관점과 기술을 대상과 상황에 맞게 적절히 활용할 수 있다.	1	2	3	4	5
5	클라이언트(이용인)와의 관계 속에서 클라이언트의 상호작용 방식을 파악하여 표현 속에 내재된 욕구를 파악하여 필요한 서비스를 연계할 수 있다.	1	2	3	4	5
평가 방법	위의 다섯 가지 항목에 관하여 실습 내용을 되돌아보고, 객관적인 판단(일일 평가 및 슈퍼비전 등)에 근거하여 평가한다. 총점 25점 중 20점 이상을 달성하면 목표를 달성한 것으로 평가한다.					

3) 종합사회복지관 예시(Response Paper)[5]

추후 타 지역의 사회복지사가 되었을 때, 타 지역의 특성 및 문제를 파악하기 위해서는 우선 지금 나 자신이 속한 지역사회의 특성에 대해 파악하는 경험을 해 보는 게 중요하다고 생각하였다. 특히 본 복지관에서 여러 번의 봉사 경험이 있어, 실습을 함에 있어서 적극적인 참여가 가능할 것이라 생각하여 지원하였다. 현장실습 목표 설정으로는 전문적 발달 측면의 목표, 행정적 측면의 목표, 기본적 대인관계 기술 측면의 목표, 클라이언트체계 개입기술 측면의 목표 네 가지 측면에서의 목표를 수립하였다. 각 목표별로 세부목표/목표성취 전략/달성도 평가 방법/배점으로 나누어 정리하였고, 요약한 내용은 다음과 같다. 첫째, 전문적 발달 측면의 목표에서 세부 목표는 '강점과 약점 파악을 통한 내적 성장' '사회복지 전문인으로서의 정체성 확립'으로 정하였다. 이를 달성하기 위한 성취 전략은 '실습일지 작성 중 주 2회 이상 강점과 약점을 찾아 정리한다.' '사회복지 이슈에 대한 내용을 정리하여 분석한다.'로 수립하였다. 둘째, 행정적 측면의 목표에서 세부 목표는 '기관의 운영/구조/예산/후원에 관한 이해' '전체 및 주력 프로그램 이해'로 정하였다. 이를 달성하기 위한 성취 전략은 '기관분석 보고서를 작성한다.'를 계획하였다. 셋째, 기본적 대인관계 기술 측면의 목표로는 '실습지도자, 동기, 직원, 이용자와의 협력적 관계 형성' '의사소통 기술 습득'으로 정하였으며, 성취 전략으로는 '협력하여 집단 과제를 수행하고, 친밀한 관계를 유지한다.'를 생각해 보았다. 넷째, 클라이언트 체계 개입기술 측면의 목표로는 '프로그램 개발 기술 습득' '여러 개입 모델별 사회복지실천 기술 적용 이해' '개입

5) 강남대학교 2024-1 사회복지 현장실습(실습세미나) 수업 _ 이□□ 학생(○○종합복지관)

기법에 대한 역량 강화'로 수립하였다. 이에 대한 성취 전략으로는 '사업계획서를 작성한다.' '사회복지실천론 과목을 복습하고, 개입 모델별 핵심 내용을 정리한다.' '사례관리 당사자와 상담을 진행하고, 초기상담지를 작성한다.'로 정하였다. 전문적 발달 측면의 목표 중 강점 및 약점 파악의 경우 목표한 달성치보다 절반 정도 이루었다. 그러나 이슈페이퍼 작성의 경우 각 분야별 주제 선정에 그치며, 달성하지 못하였다. 다음으로, 행정적 측면에서의 목표는 기관분석보고서 작성을 완료하여 목표한 바를 달성하였다. 그리고 기본적 대인관계 기술 측면에서는 목표한 바를 전부 달성하였다. 마지막으로, 클라이언트 체계 개입기술 측면의 목표 중 사회복지실천론 과목 복습을 통한 요약 정리본 작성은 달성하지 못하였으나, 사례관리 초기 상담지 작성은 완료하였다.

4) 노인종합복지관 예시(Response Paper)[6]

○○노인종합복지관을 실습기관으로 선정한 가장 큰 이유는 본 기관에서 자원봉사를 했던 좋은 기억이 존재하기 때문이다. 비록, 일회성 및 휘발성이 강한 봉사 활동이었지만, 이 봉사 경험을 통해 많은 것을 얻고 깨달았다. 또한 관심사 밖이었던 노인복지에 큰 관심이 생겼고, 지역사회복지실천의 중요성을 다시 한 번 짚어 볼 수 있던 계기가 되었다. 이처럼 본 기관에서 실시한 자원봉사 경험은 나에게 유의미한 배움과 좋은 추억을 안겨 주었고, 따라서 그 어느 기관보다 본 기관에서 사회복지현장실습을 진행하고 싶은 바람이 존재했기에 본 기관을 실습기관으로 최종적으로 선정하게 되었다. 현장실습 목표 설정과 달성도 점검은 크게 여섯 가지의 세부 목표를 설정했고, 그 목표와 달성도를 점검하면 다음과 같다.

목표	성취 전략	평가 방법	목표 달성률
사회복지사로서의 내가 가진 강점과 약점을 파악한다.	SWOT 분석 실시	SWOT 분석을 토대로 분석표 작성	100%
홍보와 관련하여 영상 기획 및 제작 능력을 향상한다.	노인을 대상으로 한 영상 직접 기획 및 제작	노인을 대상으로 한 설 명절 행사 영상 기획 및 제작	100%
기관의 사명과 구조, 기관이 진행 중인 업무와 이용자의 특성을 이해한다.	기관 홈페이지 및 단위 사업계획서를 통해 관련 내용 학습(미션, 비전, 조직도, 사업 등)	기관 분석보고서 작성(○○노인종합복지관)	100%
노인복지 관련 이슈를 파악한다.	노인복지 관련 이슈를 파악하기 위해 뉴스 기사 읽기	실습생들과 함께 노인 이슈 관련 토의 진행 후, 이를 실습일지에 작성	100%
실습생 및 직원과의 대인관계 기술 및 의사소통 기술을 향상한다.	실습생 및 직원에게 명함을 드리며 인사 나누기	실습생 및 직원(20명 이상)에게 명함을 드리며 인사 나누기	100%

6) 강남대학교 2024-1 사회복지 현장실습(실습세미나) 수업 _ 박□□ 학생(○○노인종합복지관)

참고문헌

서진환(2001). 사회복지실습의 길잡이. 학지사.

오창순, 장수미, 김수정(2020). 사회복지 현장실습 지침서. 학지사.

제4장

지식과 경험의 통합: 현장에서 적용한 사회복지실천 방법 및 기술, 이론

학습목표

1. 현장에서 적용한 사회복지실천 기술과 이론을 확인한다.
2. 사회복지 관련 교과목 강의 이수 여부가 실습에 미치는 영향력을 파악한다.
3. 사회복지실천 지식이 현장에 미치는 영향력을 지식과 경험의 통합적 접근을 통해 이해한다.

사회복지현장실습을 통해 학생들은 다양한 사회복지실천 방법 및 기술을 활용한다. 즉, 개인을 대상으로 사회복지 서비스를 제공할 경우, 클라이언트와 소통을 하기 위해 활용하는 기초 및 개입 기술에서 학생들은 특정 방법 및 기술을 사용하곤 한다. 하지만 현장에서 학생들이 사용하는 이러한 다양한 형태의 사회복지실천 방법 및 기술을 학교에서 학습했던 내용과 연결하지 못하는 학생들은 상당히 많다. 이는 실제 학생들이 '현장과 학교는 서로 연결되지 않는다.' '학교에서 배우는 것을 현장에서는 적용하기 어렵다.' 등의 생각을 하게 만든다. 따라서 현장에서 적용한 사회복지실천 방법 및 기술이 정확하게 어떤 것이었고, 이를 학교에서 언제, 어떻게 배웠는지, 학생들이 사용하는 방법들이 정확하게, 그리고 의미 있게 사용된 방법인지를 인식시켜 주는 것은 매우 중요하다. 이를 통해 학교와 현장에서의 간격을 줄이고, 학교에서 학습한 이론과 현장에서의 실천 경험이 서로 연결되어 있다는 것을 확인시켜 줄 필요가 있다.

이 장에서는 이러한 지식과 경험을 통합하는 과정을 실습세미나를 통해 풀어 나가는 방법을 소개한다. 첫째, 현장에서 적용한 사회복지실천 기술과 이론을 확인하고, 둘째, 사회복지 관련 교과목 강의 이수 여부가 실습에 미치는 영향력을 파악하며, 셋째, 사회복지실천 지식이 현장에 미치는 영향력을 지식과 경험의 통합적 접근을 통해 이해하는 것이다. 이러한 일련의 과정을 통해 실습세미나가 현장실습에서 얻은 다양한 경험을 학교에서 배운 실천 방법과 기술로 연결하는 소중한 장이 되기를 기대한다.

1. 현장에서 적용한 사회복지실천 방법 및 기술

현장에서 적용한 사회복지실천 방법 및 기술은 개인, 가족, 집단 등과의 실천을 통해 확인할 수 있다. 가령, 클라이언트를 대상으로 면담을 진행하면서 사용했던 다양한 기술들을 하나씩 되짚어 보게 할 수 있고, 사례관리를 통해 제공했던 기술과 방법을 생각하도록 할 수도 있다. 또한 집단 프로그램을 운영하면서 집단 간 역동성에서의 변화, 집단 운영을 원활하게 하려고 사용했던 방법들도 생각해 볼 수 있다. 상황에 따라 클라이언트와 직접적인 만남을 갖지 않은 경우에도 간접적 측면에서 학생이 했었던 활동들의 의미를 되새기는 시간을 갖는 것은 필요하다. 이처럼 사회복지 현장에서 학생이 제공했던 사회복지실천 방법 및 기술에 관한 확인은 자칫 특정 기술로 인식하지 않은 채 무의식적으로 제공했던 기술이 실제 사회복지 현장에서는 중요한 의미를 지닌 기술의 한 형태일 수 있고, 이러한 기술이 클라이언트에게 상당한 영향을 미칠 수 있다는 사실을 확인할 수 있는 중요한 활동이 될 수 있다.

이처럼 현장에서 적용한 사회복지실천 방법 및 기술은 개인과의 실천, 실천모델에 따른 개입 기술, 집단 대상의 사회복지실천 등을 통해 구현될 수 있으며, 이에 대한 인식은 학생이 사회복지 현장에서 적용한 기술이 구체적으로 무엇이었는지를 확인함으로써 시작할 수 있다. 일반적으로 클라이언트와의 직접적인 만남을 통해 사회복지 서비스를 제공하기 위해 사용하는 사회복지실천 방법 및 기술은 다음과 같다.

1) 개인과의 실천

개인과의 직접적인 만남이 이루어지는 과정에서는 면담 준비 기술, 면담 시작 기술, 면담을 수행하면서 활용하는 기초 기술, 사정 기술, 개입 기술 등 다양한 기술이 활용될 수 있다. 학생들의 대다수는 면담을 수행하면서 활용하는 기초 기술, 즉 라포 형성, 경청, 공감, 명료화 등을 활용했다고 이야기하는 경우가 많다. 하지만 이러한 기초 기술 이외에도 특정 상황에서 여러 가지 다양한 기술과 방법을 사용하지만, 이것이 사회복지 현장에서 사용하는 기본적인 기술이라는 것을 인식하지 못하는 경우가 많다. 실제 면담을 준비하는 과정부터 면담을 시작하고, 사정하며, 개입하기 위해서는 다양한 방법과 기술을 고려해서 적용할 필요가 있다. 따라서 각 단계에서 어떤 기술과 방법이 활용될 수 있는지를 다시 한 번 확인하도록 하는 과정은 학생이 실제 사회복지 현장에서 활용한 방법과 기술을 재인식하도록 하는 데 중요한 역할을 한다.

표 4-1 개인과의 실천에서 사용하는 기술

- **면담 준비기술**: 사전 검토, 사전 탐색, 사전 협의, 사전 정리, 사전 공감, 사전 자기탐색, 집중적 자기관리, 사전 계획 및 기록 등
- **면담 시작기술**: 불안 수용, 자기소개, 면담의 목적 설명, 역할 설명, 피드백 요청하기 등
- **면담 기초기술**: 의사소통기술, 질문기술, 라포 및 관계형성기술, 공감 및 동정의 기술, 경청기술, 탐색기술, 부연설명하기, 명료화기술, 초점유지기술 등
- **사정기술**: 사정단계의 주요 과업, 사정도구 방법 등
- **개입기술**: 조언, 정보제공, 설명, 지지, 환기, 재명명, 해석, 도전과 직면, 협상, 중재, 자기주장, 모델링, 사회성 기술 훈련, 권한부여 기술, 권익옹호, 네트워크 기술 등

출처: 엄명용, 노충래, 김용석(2014).

2) 실천모델에 따른 개입 기술

현장실습을 수행하는 과정에서 실천모델에 따른 개입 기술을 적용하는 경우는 대부분 사례관리 실습을 수행할 때 해당이 된다. 어떤 경우에는 사례관리를 처음부터 끝까지 수행하는 경우도 있지만, 상황에 따라 사례관리 부서에서 실습하면서 클라이언트를 1~2회 단기간 만나는 경우도 있다. 그럼에도 불구하고, 학생이 담당하는 클라이언트를 사정한 이후, 어떤 사회복지실천 모델을 기반으로 사례에 접근할지를 생각하는 것은 이론과 현장을 연결시키는 가장 중요한 방법이자 과정이 될 수 있다. 사회복지 현장에서

가장 많이 활용하는 실천모델로는 정신분석이론, 심리사회이론, 인지행동이론, 해결중심이론, 강점이론 등이 있다. 실제 사회복지현장실습을 하는 동안에는 이론의 복잡성과 난이도 등으로 인해 정신분석이론이나 인지행동이론을 사용하는 경우는 드물다. 하지만, 해결중심이론, 강점이론 등은 많이 사용하기 때문에 사회복지실천 현장에서 활용될 수 있는 이론에 대해 명확하게 이해하고, 현장에서의 적용 가능성을 탐색하는 것은 사회복지실천 역량을 높이는 데 도움이 될 수 있다.

표 4-2 사회복지실천에서 활용되는 실천 이론 및 모델

- **정신분석이론**: 개인의 행동과 감정, 생각 등이 우연히 일어난 것이 아니라 무의식적인 성적 · 공격적 충동에 의해 일어난 것이라고 보고, 대상자가 이러한 경험과 충동을 통찰력을 갖고 인식할 수 있도록 도와 현재의 문제를 이해하도록 하는 데 목적이 있다.
- **심리사회이론**: 개인은 가족과 집단 등 개인을 둘러싼 환경 안에서 이해되어야 하며, 인간의 성장과 발달을 위해 적절한 여건을 조성하는 것에 개입의 초점을 두고 있다.
- **인지행동이론**: 인간의 사회적 행동적 역기능이 사건이나 상황에 대한 대상자의 잘못된 생각이나 인지로 인해 발생한다고 보며, 이러한 인지 및 행동의 수정을 통해 부적응적인 문제와 행동을 치료하는 데 목적이 있다.
- **해결중심이론**: 문제 내용 자체보다는 문제해결 방안과 새로운 행동 유형을 시작하는 데 초점을 두는 것으로 대상자의 잠재력과 문제해결 능력, 그리고 그 가능성에 초점을 둔다.
- **강점관점이론**: 클라이언트가 지닌 문제와 결함을 없애기보다는 클라이언트의 강점을 강화하여 긍정적, 지속적인 변화가 일어나도록 도와주는 데 초점을 둔다.

출처: 엄명용, 노충래, 김용석(2014); 장수미 외(2013).

3) 집단 대상의 사회복지실천

현장실습에서 집단을 대상으로 사회복지를 실천하는 경우는 대부분 학생이 프로그램을 기획한 후 직접 프로그램을 운영하는 과정에서 일어난다. 따라서 집단을 대상으로 사회복지실천을 원활하게 수행하기 위해서는 프로그램 기획과 운영에 필요한 다양한 지식과 기술이 필요하다. 이는 〈프로그램 개발과 평가〉와 〈사회복지실천기술론〉 수업에서 배운 지식이 도움이 될 수 있다. 따라서 프로그램을 기획하는 과정에서 어떤 지식과 이론을 활용했는지, 프로그램을 실제 운영하는 데 있어 어떤 이론을 사용했고, 어떤 목표를 설정한 후 집단을 운영했으며, 집단 역학을 어떻게 확인했는지 등을 검토하는 것은 중요하다. 만약 이론을 적용하는 데 어려움이 있다면 적어도 집단 역동성과 역학에 대한 이해를 통해 집단 전체에 영향을 주는 요인이 무엇인지를 확인할 필요가 있다.

- **집단 역학을 이해하기 위해 고려할 요소:** 의사소통 유형, 목적, 대인관계, 지위와 역할, 가치와 규범, 긴장과 갈등, 집단응집력, 하위집단 등
- **집단을 운영하는 데 사용하는 모델:** 사회적 목표모델, 치료모델, 상호작용모델 등

2. 교과목 강의 이수 여부가 실습에 미치는 영향력

현장에서 사용했던 사회복지실천 방법 및 기술을 확인한 후에는 각각의 방법과 기술이 어떤 교과목을 통해 학습했는지 검토할 필요가 있다. 앞에서 언급했던 사회복지실천을 위해 기본적으로 활용하는 기술과 방법들은 1, 2학년 때 수강하는 〈인간행동과 사회환경〉〈사회복지실천론〉〈사회복지실천기술론〉 등의 수업을 통해 학습한 내용이다. 따라서 사회복지 현장에서 실습을 시작하기에 앞서 각각의 교과목을 필수 수강하고, 현장실습을 완료한 이후 다시 한 번 현장에서 활용했던 기술과 방법들이 무엇이었는지, 올바르게 그 기술들을 사용했는지 등을 확인하기 위해 앞의 교과목들을 복습하는 것은 이론과 경험을 연결하는 중요한 학습 과정이 될 수 있다.

앞의 기본 교과목 이외에도 사회복지현장실습에 앞서 먼저 수강할 것을 추천하는 교과목은 〈프로그램 개발과 평가〉와 〈사례관리론〉이다. 앞에서 언급한 것처럼, 〈프로그램 개발과 평가〉는 사회복지기관이 사회문제를 해결하기 위해 제공하는 프로그램에 대한 포괄적인 지식을 학습하고, 이를 기초로 프로그램 기획과 평가를 위한 제반 지식과 기술을 습득하는 것을 목적으로 하는 교과목이다. 따라서 〈프로그램 개발과 평가〉 수강 여부는 실제 현장에서 프로그램을 기획하고 운영하며, 평가하는 방법에 상당한 영향을 미치며, 필수 수강 교과목으로 추천하고 있다. 또한 〈사례관리론〉은 사회복지의 다양한 실천 영역에서 수행되고 있는 사례관리의 이론적 · 실천적 지식을 제공하고, 실천현장에서 적용 가능한 사례관리 연습을 수행하는 데 초점을 두고 있다는 점에서 현장실습에서 상당히 도움이 되는 교과목으로 알려져 있다. 실제 많은 학생이 실습하는 데 가장 도움이 되었던 교과목으로 앞의 2개 교과목을 언급하는 경우가 많이 있다.

한편, 학생들이 실습하는 사회복지 기관에 따라 수강 여부를 미리 확인해야 하거나, 실제 수강을 통해 도움을 얻는 교과목들이 있다. 이는 사회복지 관련 교과목 강의 이수 여부를 실습하고자 하는 기관의 종류와 별개로 생각하면 안 된다는 것을 의미한다. 즉, 의료기관에서 실습하기 위해서는 〈의료사회복지론〉이나 〈정신건강론〉을, 정신건강 관

련 기관에서 실습하기 위해서는 〈정신건강사회복지론〉을 필수 수강해야 각각의 영역에서 실습할 수 있는 자격이 생긴다. 따라서 실습하기에 앞서 어떤 교과목을 필수 수강해야 하는지 확인할 필요가 있다. 또한 특정 강의의 이수 여부는 실제 사회복지 기관에서 실습하는 데 상당한 도움이 된다. 예를 들면, 장애인 기관에서 실습할 경우 〈장애인복지론〉, 노인복지 관련 기관에서 실습할 경우 〈노인복지론〉, 의료기관에서 실습할 때는 〈의료사회복지론〉 등의 교과목이 각 분야에서 다루는 영역에 대한 특정 개념과 지식, 이론을 현장과 연결하는 데 상당한 도움이 될 수 있다.

실습세미나에서는 이러한 강의 이수가 실제 현장에서 어떻게 이용되었는지, 이수 여부가 나의 실습 활동에 미치는 영향력이 어땠는지를 다시 한 번 깨닫게 한다. 각각의 교과목이 어떤 측면에서 도움이 되었는지를 공유하는 과정을 통해 현장과 이론의 연계를 확인할 수 있다.

표 4-3 사회복지현장실습에서 도움이 되는 교과목과 주요 내용

- **〈인간행동과 사회환경〉**: 인간에 대한 이해와 각종 실천이론의 학습
- **〈사회복지실천론〉**: 사회복지실천 이론에 대한 현장에서의 적용
- **〈사회복지실천기술론〉**: 구체적인 실천 기술에 대한 학습
- **〈사회복지조사론〉**: 지역사회 욕구 조사, 기관 조사 평가 활용
- **〈사회복지행정론〉**: 사회복지서비스 전달체계, 행정이론, 사회복지조직의 구조
- **〈의료사회복지론〉**: 의료기관 및 환자에 대한 이해와 접근 방식, 질병에 따른 차이
- **〈정신건강사회복지론〉**: 정신건강 관련 기관과 환자의 행동적 특성에 대한 이해
- **〈사회복지정책론〉**: 사회복지 정책 방향에 대한 이해와 거시적 접근
- **〈청소년복지론〉**: 청소년에 대한 이해와 접근 방식
- **〈노인복지론〉**: 노인에 대한 이해와 서비스의 종류와 실태
- **〈아동복지론〉**: 아동에 대한 이해와 접근 방식
- **〈지역사회복지론〉**: 지역사회에 대한 이해와 서비스 제공 방식
- **〈사회복지자료분석론〉**: 지역사회 욕구 조사 후 자료 분석, 프로그램 평가 결과 분석
- **〈프로그램 개발과 평가〉**: 프로그램에 대한 기획, 평가, 분석
- **〈장애인복지론〉**: 장애인에 대한 이해와 접근 방식, 서비스 종류
- **〈사례관리론〉**: 사례관리에 대한 전반적인 이해와 접근이론

3. 지식과 경험의 통합적 접근

사회복지현장실습에서 지식과 경험의 통합적 접근은 현장에서 적용한 사회복지실천 기술과 이론을 실제 교과목에서 학습한 내용과 통합함으로써 현장에 적용 가능한 형태로 변환할 수 있음을 의미한다. 일반적으로 우리가 교과목 수강을 통해 학습한 내용은 이론이다. 이러한 이론은 현장에서 클라이언트에게 적용하기 전에는 어떤 식으로 변환해야 하고, 적용해야 하는지 알 수 없다. 학생들도 교과목 수강을 통해 얻은 내용을 클라이언트에게 적용하기 전까지는 그 내용은 단순히 이론으로 남아 있을 것이다. 하지만 이러한 이론이 클라이언트에게 적용하게 되면서 그 이론은 구체화할 수 있고, 활용 가능한 형태로의 변환이 일어나는 것이다. 한편, 실습을 하면서 학생이 클라이언트에게 특정 기술을 적용하지만, 그 기술이 이론을 통해 나왔다는 사실을 인지하지 못하는 경우가 있다. 따라서 지식과 경험의 통합적 접근을 위해서는, 첫째, 현장에서 내가 사용한 기술이 어떤 이론으로부터 도출되었는지, 둘째, 그 이론은 어떤 교과목에서 배운 내용인지, 셋째, 그 이론이 현장에서 클라이언트에게 적용될 경우, 어떤 구체성을 갖게 되는지를 순차적으로 학습할 필요가 있다. 사회복지현장실습은 이와 같은 지식과 경험의 통합적 접근을 통해 사회복지실천 역량을 확장할 수 있는 중요한 계기가 되는 것이다.

4. 학습 활동

사회복지현장실습세미나 수업에서는 학생들이 실습 과정에서 학습한 내용을 바탕으로 다양한 토론이 이루어진다. 특히 '지식과 경험의 통합'에 관한 세미나를 수행하는 데 필요한 학습 활동은 ① Response Paper 작성을 통한 사고의 과정과 ② 동료와의 생각과 느낌 공유이다. 이는 현장에서 경험한 내용을 학교에서 배운 이론과 지식을 통합하도록 돕는 데 중요한 활동이 될 수 있다.

※ 준비: Response Paper 2

- 토의 1: 현장에서 적용한 사회복지실천의 전문기술과 이론에는 어떤 것들이 있었는가?
- 토의 2: 사례관리, 지역사회조직, 프로그램 개발과 평가 등의 강의 이수 여부가 실습에 어떤 영향을 미쳤는가?

1) Response Paper 작성을 통한 사고의 과정

학생들에게 사회복지 실습을 하면서 어떤 이론과 기술을 활용했고, 이러한 이론과 기술을 어떤 수업을 통해 배웠는지를 즉석에서 물어본다면, 상당수의 학생이 이와 관련된 질문에 대답하지 못할 것이다. 이에 토론을 원활하게 수행하기 위해서는 실습 때 수행했던 활동을 되짚어 보고, 내가 사용했었던 기술과 활동이 어떤 수업에서 학습한 내용이었는지 교과서나 수업 내용을 통해 확인하는 일련의 숙고의 시간이 필요하다. 이러한 숙고의 시간을 글로 정리하는 것이 바로 'Response Paper'이다. 일정 시간 생각만 한다면 그것을 말로 표출하기는 상당히 어렵다. 따라서 학생이 생각하고 경험했던 것, 실제 현장실습을 통해 내가 배웠던 것, 활용했던 것들을 생각하고, 이를 짧은 글을 통해 정리하는 과정은 중요하다. 이러한 Response Paper 작성은 내가 경험했던 것들을 글로 정리함으로써 나의 경험을 이론으로 전환하는 하나의 중요한 과정이 될 것이다.

2) 동료와의 생각 및 느낌 공유

학생들이 작성한 Response Paper는 실습세미나에서 다른 학생들과 토론을 원활하게 하기 위한 하나의 도구로 활용될 수 있다. 첫째, Response Paper는 학생이 실습에서 활용했던 기술이나 이론이 무엇인지를 숙고하고, 이를 확인하는 과정을 거쳐 작성한 것이기 때문에 나의 것으로 만드는 과정이 있었다. 이는 토론을 하거나 다른 친구들과 함께 논의하는 과정에서 내 생각과 경험을 이야기하면서 활용될 수 있다. 충분한 숙고의 시간을 거쳐 작성한 것이기 때문에 다른 학생들에게 이와 관련해서 토론할 때 큰 망설임 없이 말할 수 있는 내용으로 구성된 경우가 대부분이다. 둘째, 사회복지현장실습에서 내가 경험한 것은 다른 학생들이 경험한 것과는 분명히 다르다. 따라서 각자 준비한 Response Paper 내용을 공유하고 이를 바탕으로 토론을 하는 과정에서 내가 생각하지 않았던 내용을 발견할 수 있다. 내가 경험했지만, 이것이 특정 기술이나 이론이라는 것을 생각하지 않은 학생들도 있고, 내가 실습하는 기관과 완전히 다른 기관에서 실습했기 때문에 나에게 익숙하지 않은 새로운 경험과 지식, 이론의 적용에 대해서도 들을 수 있다. 이처럼 동료와 함께 내가 생각하고 경험했던 것들을 공유하는 시간을 통해 사회복지 영역에서의 지식과 경험의 통합은 더 풍부해질 수 있다.

3) 주제 토론을 위한 방법

실습세미나에서 지식과 경험의 통합을 위해 동료와 생각과 느낌을 공유하기 위해 이루어지는 토론 방법은 다양할 수 있다. 토론 방법으로 유익한 몇 가지를 소개하면 다음과 같다.

첫째, 실습세미나를 수강하는 전체 학생을 대상으로 자신이 준비한 Response Paper 내용을 발표하도록 하고, 이 내용과 관련해서 자신의 의견을 말하면서 토론을 진행할 수 있다. 이 같은 경우, 다수의 학생이 토론에 참여하기보다는 소수의 몇 명의 학생만 토론에 참여하게 된다는 단점이 있다. 그럼에도 불구하고, 모든 학생의 경험을 들을 수 있다는 점은 장점이 될 수 있다.

둘째, 전체 학생을 소집단으로 구분한 후 소집단 내에서 우선 토론을 하고, 이후, 집단의 대표자가 전체 집단에서 소집단에서 다룬 내용을 요약해서 발표하도록 할 수 있다. 이때 소집단을 구분하는 방법도 다양할 수 있다. 예를 들면, 유사한 경험을 할 것으로 기대되는 기관 중심으로 나눌 수도 있고, 다른 경험을 할 것으로 기대되는 기관으로 소집단을 구분할 수도 있다. 즉, 전자는 종합사회복지관에서 실습하는 학생들을 하나의 소집단으로 묶는 경우이며, 후자는 종합사회복지관, 병원, 장애인복지관 등 다양한 기관에서 실습했던 학생들을 섞는 것이다. 소집단 내에서 어떤 의견을 듣는 것이 더 흥미로울지, 소집단 내의 역동을 더 잘 이끌 수 있는 집단 배정은 무엇일지를 고려하면서 구분하는 것은 필요하다. 소집단으로 구분해서 토론하는 경우에는, 소집단 내에 있는 학생들이 자신의 이야기를 더 개방적으로 함으로써 적극적인 토론이 이루어지는 경우가 많이 있다. 다만, 전체에서 대표자가 이야기할 때는 시간 관계상 각 조에서 이루어진 이야기를 요약해서 하는 경향이 있어 구체적인 의견을 들을 수 없다는 단점이 있다. 하지만 소집단 내에서는 학생들 간에 더 많은 토론이 이루어지기 때문에 전체 집단에서 이야기하기를 꺼리는 학생이 많으면 소집단 토론이 더 유익할 수 있다. 따라서 학생들의 성향과 세미나에 참여하는 학생들의 수 등을 통합적으로 고려해서 토론 방식을 결정할 필요가 있다.

5. 학습 활동 예시

1) Response Paper

(1) 예시 1: 복지관에서 실습하면서 사용했던 기술과 관련 교과목

- '질문' 기술: 복지관을 처음 이용하시는 클라이언트와 대화하며 필요한 정보를 얻거나 내용을 확인하기 위해 기술을 사용함. 여러 질문을 동시에 하지 않고 적당한 속도로 이끌어 갔으며, 최대한 클라이언트의 의견을 자유롭게 표현할 수 있도록 개방형 질문을 사용함
- 가장 기본적으로 적용되었던 것은 <사회복지실천기술론>에서 학습하였던 사회복지실천 기술인 것 같음. 현장에서 실습 계획 수립부터 실습 실행, 종결, 평가까지 전 과정에서 직접, 간접 자원 제공, 지역 조직화, 면접 기술 등 실천기술이 사용되었음
- 사례관리에서는 <사례관리론> 시간에 배웠던 사례관리의 구조에 대한 이해가 필요했고, 사례관리를 위한 자원 조달, 가계도를 통한 가정환경 이해 등을 적용할 수 있었음
- 중장년 1인 가구 대상 사업의 홍보, 모집 방안을 위해 대상층을 조사할 때, 지역사회분석보고서, 기관분석보고서 등을 작성할 때 <사회복지자료분석론>에서 학습했던 객관적으로 데이터를 바라보는 시각, 통계 프로그램을 이용하여 도출된 자료의 해석 등을 적용하여 실습을 수행함
- 실습하면서 프로그램을 진행해 볼 기회가 있었는데 <프로그램 개발과 평가> 수업을 들으면서 목적과 목표를 나누고 구체적으로 달성 가능하고 측정 가능한 지표를 통해 아동들의 목표의식과 프로그램의 질 자체도 높아졌다고 생각함

(2) 예시 2: 병원에서 클라이언트를 면담하면서 사용했던 이론과 기술

사례 회의를 진행하면서 개입 단계에서의 이론적 근거로서 심리사회모델과 생태체계이론을 적용하였음. 상담 과정에서 심리사회모델에 대한 직접적 영향 주기, 비언어적 표현, 지지하기, 격려, 탐색-기술-환기 등을 적용하였음. 생태체계이론에 대한 정신건강복지센터, 보건소 등 자원을 연계하고 환자의 환경체계를 증진하며 치료에 전념할 수 있도록 적용함

(3) 예시 3: 정신재활시설을 이해하는 데 도움이 되었던 이론

정신재활시설에서 실습을 했기 때문에 이와 관련된 분야론의 과목이 도움이 많이 되었음. 특히 내가 실습한 기관은 클럽하우스 모델을 바탕으로 운영되는 기관이었는데, <정신보건사회복지론> 수업에서 일 중심 일과를 바탕으로 회원들이 지역사회에서 살아갈 수 있도록 함께 한다는 클럽하우스 모델이 지향하는 관점과 회원 모두 강점을 가지고 있다는 강점관점 등에 대해 미리 배워 도움이 되었음

2) 토론 내용

- 학생들이 실습에서 가장 많이 활용했던 기술은 라포 형성, 경청, 공감 등이었으며, 이를 통해 클라이언트와 대화하는 방법을 배울 수 있었다고 언급하였다.
- 학생 대부분이 클라이언트와 개별 면담을 하면서 수행했던 방법 및 기술 등을 언급하는 경향이 있다. 또한 개별 면담을 처음 할 때 어떤 마음이었고, 어떤 준비 상태였는지를 이야기하지만, 이것을 〈사회복지실천기술론〉에서 배운 내용과 연결하는 경우는 드물었다.
- 학생이 실습하면서 적용했던 이론으로는 강점관점이론을 가장 많이 제시하였다. 이는 사회복지 실습기관에서 강점관점이론을 강조하는 경향이 많았으며, 이와 관련된 강의와 이를 실제 현장에서 적용하라고 요청하는 실습 슈퍼바이저가 있었기 때문으로 나타났다.
- 실습하면서 도움을 주었던 강의 중 가장 빈번하게 나왔던 것은 〈프로그램 개발과 평가〉였다. 특히 학생들이 실습하면서 클라이언트를 위해 새로운 프로그램을 기획하고 평가하며, 운영하는 제반 과정에 대한 이해가 필요했기 때문에 실제 〈프로그램 개발과 평가〉 수업의 수강 여부는 상당히 영향을 주었던 것으로 나타났다.
- 학생들은 실습하면서 도움이 되었던 교과목으로 최소 10개 이상의 교과목을 제시하였다. 이러한 교과목은 실제 어떤 기관에서 실습했는지, 실습하는 동안 어떤 활동을 했는지에 따라 다른 것으로 나타났다. 실제 실습과 관련이 없을 것으로 생각되는 〈자료분석론〉이나 〈법제론〉 등과 같은 수업도 현장의 특성에 따라 도움이 되었다고 언급하는 학생도 있었다.

참고문헌

엄명용, 노충래, 김용석(2014). 사회복지 실천기술의 이해. 학지사.

장수미, 최정숙, 박형원, 김주현, 홍현미라, 이혜경, 이영선, 한인영(2013). 사회복지 실천기술론. 학지사.

제5장

사회복지실천 과정:
직접 및 간접 실천이 클라이언트 체계에 미치는 영향

학습목표

1. 실천 과정에서 나타나는 직접 개입과 간접 개입을 구분하고 각 특징을 설명할 수 있다.
2. 실습 현장에서 관찰하고 수행한 직접 개입 전략이 클라이언트 체계에 미치는 영향에 대하여 설명할 수 있다.
3. 실습 현장에서 관찰하고 수행한 간접 개입 전략이 클라이언트 체계에 미치는 영향에 대하여 설명할 수 있다.

이 장에서는 실습교육과정에서 학생이 담당한 다양한 역할을 직접 개입과 간접 개입으로 구분하고, 이러한 역할들이 궁극적으로 클라이언트의 목표 성취를 위해 어떻게 연계되는지 검토하는 기회를 갖는다. 클라이언트 체계는 개인, 가족, 소집단, 조직, 또는 지역사회가 될 수 있으며 클라이언트 체계의 특성에 따라 직접 개입과 간접 개입의 비중이 달라질 수 있다.

이론적으로는 직접 개입과 간접 개입의 구분을 명확하게 이분화하여 논의할 수 있으나 실천 현장에서는 두 가지의 개입 전략은 동시적으로 수행되는 경우가 많다. 그러므로 학생이 자신의 수행 역할의 특성과 의미, 연계성을 면밀하게 살펴보고, 해당 실습

기관과 현장에서 만난 클라이언트의 목표 달성을 위해 무엇이 최선의 실천 방법(best practice)인지 성찰하도록 한다.

1. 사회복지실천 과정과 개입 전략

사회복지현장실습에서 학생이 수행하는 실천 과정은 실습기관이 속한 지역사회와 이용자의 특성, 운영 사업과 프로그램의 내용, 그리고 기관과 연계된 자원의 속성에 따라 다양하다. 사회복지실천론과 사회복지실천기술론, 지역사회복지론에서 학습한 클라이언트의 발굴과 의뢰, 초기 접수부터 평가와 종결까지 일련의 전 과정을 경험할 수 있도록 충분한 기간(예: 최소 1학기) 동안 실습이 이루어지면 가장 이상적이다. 그러나 우리나라 사회복지교육에서 최소한으로 권장하는 현장실습 시간은 160시간(4주 또는 한 달)으로 운영되는 것이 현실이기에 제한된 시간과 공간 속에서 얻은 현장 경험을 토대로 학생이 담당한 다양한 역할에 대하여 면밀하게 성찰하고, 어떤 역할이 각각 직접 개입과 간접 개입 전략에 속하는지 검토하는 과업은 매우 중요하다.

클라이언트와 사회복지사가 직접 접촉(direct contact), 그리고 직접적 상호작용과 의사소통을 기반하여 과업을 수행하였을 때 이를 직접 실천(direct practice)으로 구분한다. 주로 개인과 가족, 집단 구성원들과 상호작용을 통해 이들이 가진 신체-심리-사회적-관계적 욕구를 해소하기 위해 지원하는 과정에서 다양한 직접적 개입기술을 발휘하게 된다. 개인 면접과 상담, 가족 상담 및 치료, 정보 제공, 심리사회적 건강을 지원하는 집단 프로그램 등을 예로 들 수 있다. 한편, 클라이언트의 목표 달성을 위해서는 개인과 소집단의 변화뿐 아니라 그들을 둘러싼 다양한 환경체계의 변화를 도모해야 할 필요가 발생한다. 직접 개입 전략을 제외한 사회복지사의 모든 활동을 간접 실천(indirect practice)으로 구분해도 무방하다. 공식적 또는 비공식적 자원의 발굴 및 연계, 지원체계 간의 조정, 조사와 분석, 홍보와 모금활동, 행정 업무, 클라이언트의 욕구를 대변하는 옹호 활동이 이에 해당한다. 학생이 실습 현장에서 담당하고 수행했던 역할과 활동들을 검토하고, 이러한 활동들이 클라이언트와 그를 둘러싼 다양한 체계에 어떠한 영향을 미쳤는지 성찰하는 시간을 갖도록 한다.

2. 직접 개입 전략과 사회복지실천

직접 개입 전략(즉, 미시 실천)은 클라이언트와의 직접적 대면 접촉을 통해 변화를 촉진하는 다양한 방법을 말한다. 의사소통의 방법과 기술이 다양화되었기에 대면 접촉의 의미를 더욱 확장하여 이해할 필요가 있다. 대면 접촉뿐 아니라 비대면 접촉, 전화, 메일, 문자 및 소셜 네트워크 서비스(social network service: SNS)를 활용한 의사소통 모두 직접 실천에 포함한다. 직접적 개입은 클라이언트와 일대일로 소통하며 클라이언트의 생각, 감정, 행동의 변화를 이끌어 내는 방법으로, 사회복지사의 면접 및 상담기술이 핵심이 된다.

1) 개인과의 사회복지실천

3대 전통적 방법 중 개별사회사업으로 구분했던 개인과 함께 하는 사회복지실천은 개인이 갖는 심리내적 문제, 대처전략의 부재, 대인관계의 어려움, 위기 상황에서의 일시적인 무기력과 갈등 등을 다룬다. 첫 직접 만남은 위기 상황, 자발적 또는 비자발적 경로를 통해 다양한 방식으로 이루어질 수 있다. 첫 만남은 좋은 도움 관계를 형성하는 데 중요한 시점이므로 실습생은 클라이언트와 최상의 관계를 설정할 수 있도록 모든 유형의 첫 접촉에 대비해야 한다. 사회복지사는 클라이언트와 라포를 형성하고, 사고, 감정, 행동의 변화를 이끌기 위해 다양한 개입 전략을 사용하는데, 이는 클라이언트가 문제나 갈등 상황에 긍정적이고 효과적으로 대응할 수 있도록 돕는 데 초점을 둔다. 특히 클라이언트의 감정, 주관적 인식, 사고 체계와 행동적 반응 방식에 있어 당면한 문제 상황과 대인관계에 어려움을 야기하거나 증폭시키는 태도나 행동, 인식과 사고체계의 왜곡을 수정하는 데 목적을 둔다.

실습생은 클라이언트와의 초기 면접을 통해 라포를 형성하고, 정보를 수집하며, 욕구와 기존의 자원체계를 파악하고 다양한 욕구의 우선순위를 도출하여 서비스를 계획하는 단계까지 훈련받을 기회를 얻기도 한다. 이에 다양한 이론 및 의사소통 기술을 활용하여 개인의 심리내적 변화와 행동적 · 환경적 변화를 관찰하고 도모할 수 있는 역량을 키워야 할 것이다.

2) 가족과의 사회복지실천

가족사회복지실천은 가족 구성원 간의 관계를 개선하고 가족 전체의 복지를 증진시키는 것을 목표로 한다. 이는 가족이 직면한 문제를 스스로 해결하고 가족 구성원들이 서로 지원하며 기능할 수 있도록 돕는 데 궁극적인 목적을 둔다. 학부 수준의 실습생은 주로 개인과 함께 일할 때 개인을 둘러싼 미시적 환경체계로 가족을 파악하는 것이 일반적이지만, 심화된 실습교육에서는 가족 내 공동의 욕구가 존재하거나 전체 가족 구성원들 간 관계에 어려움이 파악되는 경우 가족을 개입의 대상으로 설정하여 직접 실천을 수행하게 되며 다음과 같은 직접 개입 전략을 활용하기도 한다.

- **가족 평가 및 진단:** 가족의 구조, 의사소통 패턴, 역할 분담, 그리고 가족 내 힘의 역학 등을 평가하고, 가족이 직면한 문제의 원인과 영향을 파악한다.
- **개입 계획 수립:** 가족의 필요와 목표에 맞는 개입 계획을 수립하고, 개별 가족 구성원의 필요와 가족 전체의 목표를 통합적으로 고려한다.
- **가족 상담 및 치료:** 가족 구성원 간의 의사소통을 개선하고 갈등을 해결하기 위해 가족상담을 진행하고, 가족치료 기법을 통해 가족 구성원의 역할과 책임을 명확히 할 뿐 아니라 건강한 상호작용을 촉진한다.
- **자원 활용 독려:** 가족이 외부 자원(예: 의료 서비스, 교육, 주거 지원 등)을 효과적으로 활용할 수 있도록 지원한다.
- **교육 및 훈련:** 부모교육 프로그램을 통해 양육 기술을 향상시키고, 가족 내 갈등 관리 기술을 교육하며, 가족 구성원이 필요한 생활 기술을 학습하도록 지원한다.
- **위기 개입:** 가정폭력, 자살 시도, 중독 등 가족이 급박한 위기 상황에 처했을 때 즉각적인 지원을 제공하고, 위기 상황에서 가족이 안정감을 찾고 적절한 대응을 할 수 있도록 지원한다.
- **지속적인 평가 및 피드백:** 개입 과정 중에 지속적으로 가족의 변화를 평가하고, 필요에 따라 개입 계획을 수정하며, 가족의 피드백을 반영하여 개입의 효과를 극대화한다.

3) 집단과의 사회복지실천

집단사회복지실천은 소수(15명 내외)의 사람들이 모여 있는 집단에서 개인과 집단의 복지를 증진하기 위해 진행하는 활동과 접근 방식을 의미한다. 구성원들에게 중요한 것은 집단 경험이며, 구성원은 집단 내 관계 및 상호작용을 통해 성장하고 변화한다. 집단의 역동이 구성원의 문제해결과 과업 달성에 기여하는 메커니즘을 활용하는 개입 전략이기에 유사한 어려움을 가진 구성원을 대상으로 집단 개입을 수행하면 집단 구성원의 공통적 목표를 달성하는 데 있어 효과성과 효율성을 함께 도모할 수 있는 장점이 있다.

집단 프로그램을 기획하고, 수행하고, 종결과 평가를 담당하는 과업은 다양한 현장에서 실습생에게 부과되는 실습 교육 콘텐츠이다. 3대 전통적 방법론 중 하나인 집단사회복지실천(group work)이 한국의 사회복지 교육과정에서는 사회복지실천기술론의 일부로 포함되고, 별도의 교과목으로 운영되지 않는 경우가 많기에 학생들은 이에 대한 이론적 지식과 정보를 제한적으로 학습하고 실습에 임하게 된다. 프로그램 개발과 평가에서 제시되는 학습 내용 또한 집단 프로그램과 연계되지만, 파편적으로 학습되기에 집단 개입 전략이라는 일련의 맥락을 인지하지 못하는 경우가 발생한다. 따라서 집단 개입을 수행하는 실습생은 집단을 단순히 개인들의 합으로 이해할 것이 아니라 집단 내 문화와 역동성 등 여러 측면의 요인을 종합적으로 고려해야 하며, 각 구성원에 대한 개별화 준비가 되어야 할 것이다.

- **집단의 유형과 목적:** 집단 개입은 다양한 집단 유형에서 이루어질 수 있다. 예를 들어, 서로 격려와 긍정적 영향을 주고받는 지원집단, 심리적 치료와 치유를 위한 치료집단, 지식과 기술을 교육하는 교육집단 등이 있으므로 실습생은 본인이 운영해야 할 집단의 유형과 목적을 명확하게 파악해야 한다.
- **집단 프로세스의 이해:** 실습생은 집단 내에서 일어나는 상호작용과 역동을 이해하고 이를 관리하는 데 중점을 두어야 한다. 집단 내 개별 구성원의 개인적 특성, 의사소통 방식, 갈등 관리, 결정 과정 등을 고려하여 효과적인 집단 프로세스를 촉진한다.
- **기술과 전략:** 실습생은 집단의 목표 달성을 돕기 위해 다양한 기술과 전략을 사용한다. 예를 들어, 집단 내 리더십 강화, 구성원 간의 신뢰 증진, 문제해결 및 목표 설정 프로세스 지원 등이 포함될 수 있다.

- **진단과 평가:** 집단의 필요와 상황을 평가하고, 효과적인 개입 계획을 수립하기 위한 진단 과업을 수행한다. 또한 개입의 결과와 집단의 진행 상황을 정기적으로 평가하여 필요에 따라 전략을 조정하는 것이 중요하다.
- **윤리적 고려:** 실습생은 집단 개입 과정에서 윤리적 원칙을 준수해야 한다. 개인 정보 보호, 동의 얻기, 공정성 유지 등의 윤리적 고려 사항을 준수하여 집단 구성원의 권리와 존엄을 존중하는 과정을 훈련한다.

3. 간접 개입 전략과 사회복지실천

간접 개입 전략(즉, 중시 또는 거시 실천)은 클라이언트의 환경에 대한 개입과 환경 내 포함된 다양한 체계와 상호작용하는 활동을 총칭한다. 클라이언트의 목표 달성을 위해서는 직접 개입과 함께 간접 개입이 필연적으로 함께 수행되어야 하는 경우가 많다. 예를 들어, 홀로 사는 치매노인을 위한 돌봄체계를 마련해야 하는 경우, 치매노인의 심리내적 안정을 도모하고, 인지적 기능수준이 더욱 악화되지 않도록 직접 개입 전략을 활용함과 동시에 치매노인의 거주 공간을 고령친화적으로 리모델링함으로써 안전사고를 예방하는 전략과 치매안심센터, 노인장기요양기관, 또는 노인응급안전알림 서비스 등 지역 내 돌봄서비스를 제공하는 자원과 연계하여 클라이언트가 일상생활에서 돌봄의 공백이 발생하지 않도록 간접 개입 전략을 수립하는 것이 필요하다.

간접 개입 전략은 조직, 지역사회 또는 더 큰 사회체계의 변화에 중점을 두는데, 클라이언트와 협력하여 클라이언트 개인뿐 아니라 유사한 욕구를 가진 클라이언트 집단에게 도움이 되는 활동을 포함한다. 예컨대, 중증장애인의 활동지원 향상을 위한 협의회 조직하기, 지역사회 연합 구성을 위한 외부 활동, 클라이언트와 함께 새로운 또는 개선된 서비스를 위해 입법 추진을 목적으로 하는 로비 활동을 생각할 수 있다. 또한 조사와 연구, 후원모금 활동, 정책 분석과 제안서 작성, 성명서 작성, 홍보 이벤트 기획, 일반 행정 등도 이에 해당한다.

실습생의 수행 과업 중에는 일반적으로 행정 업무, 후원모금 이벤트 참여, 프로그램 기획서 작성 및 평가, 지역사회 욕구 조사 및 사업 만족도 조사, 자원봉사자 관리, 지역사회보장협의체 참관 활동 등 다수 포함되는데 이와 같은 내용은 간접 개입 전략으로 구분될 수 있다. 한국의 사회복지현장실습에서는 드물게 운영되기는 하지만 사회정책

개발 및 사회 행정 실습은 기초 지자체 정부 또는 중앙정부 산하 기관, 주민센터의 사회복지 담당부서, 시(또는 국회)의원 사무실, 연구소나 협의회 또는 협회 등에서 이루어지며, 실습생들은 위원회 업무 참관 및 각종 세미나 기획과 운영, 조사연구, 정책 분석 및 글쓰기 능력을 개발하게 된다.

특정 간접적 실천 활동에는 문제 현황을 파악하고 평가하기 위한 데이터 수집, 프로그램 계획, 실행, 관리 및 평가, 자원 개발과 연계, 정책 수립 및 검토가 포함될 수 있다. 이러한 실천 영역에서는 자원봉사자, 클라이언트, 다른 전문가들과의 의사소통과 협력 및 조정의 역량을 발휘하는 것이 중요하다. 위원회, 이사회, 과제 단위, 지역사회 집단 및 기관 간 네트워크 또는 연합체와 같은 개인 및 집단과 원활하게 상호작용하는 기술을 훈련받는다.

1) 클라이언트의 지지체계 발굴 및 활성화

- **자연적인 지지체계:** 친구, 가족, 동료는 자연적인 지지체계로, 필요할 때 도움을 요청하는 첫 번째 대상이다. 실습생은 이들의 원조 능력을 존중하고 활용할 수 있도록 자문을 구하는 관계로 발전시켜야 한다.
- **자조집단:** 공통의 문제를 가진 사람들이 자발적으로 구성한 집단으로, 감정이입과 지지를 통해 상호 원조관계를 형성한다. 예를 들어, 알코올중독자 모임, 한부모가족 모임 등이 있다.
- **자원봉사자 활용:** 사회복지사는 클라이언트의 지지체계를 확대하기 위해 자원봉사자를 활용한다. 예를 들어, 대학생 멘토링, 이동 서비스 봉사, 통역, 법률 지원 등이 있다. 자원봉사자와 긍정적인 관계를 유지하며 교육과 슈퍼비전을 제공한다.
- **공식 지지체계:** 사회복지 기관, 병원, 공공기관 등이 포함한다. 실습생은 지역사회 내 공식적 기관들에 대한 이해와 정보를 바탕으로 클라이언트가 이들 기관의 서비스를 이용할 수 있도록 지원한다.

2) 자원 및 프로그램 개발

- **자원 개발:** 사회복지사는 클라이언트의 욕구를 충족시키기 위한 기존의 가용 자원이 부족할 때 적절한 자원을 개발해야 한다. 예를 들어, 다문화가정 아동을 위한 보

호 및 교육 프로그램을 기획할 수 있다.

- **클라이언트 참여 독려:** 자원 개발 과정에 클라이언트의 참여를 독려할 필요가 있다. 클라이언트가 개발 과정에 직접 참여할 때 자원의 유용성과 적합성을 높이고, 클라이언트가 자신의 역량을 체험하게 된다.

3) 서비스 조정과 의뢰

- **서비스 조정:** 다양한 서비스가 필요할 때 이들이 클라이언트에게 적절하게 제공되도록 조율하고 협력하는 과업을 수행한다. 예를 들어, 만성정신장애인의 경우 주거서비스, 의료서비스 모니터링, 직업재활이 동시에 필요할 때, 서비스 이용의 순서와 시기, 담당자들 간의 소통 채널 확보와 방법 등을 협의한다.
- **조정의 목적:** 클라이언트의 욕구에 반응하는 서비스 네트워크를 만드는 것이며, 이는 공식 및 비공식 자원을 포함한다.
- **조정의 기술:** 각 기관과 전문가의 입장 차이를 인정하고 협력하며, 상호 이익을 인식하도록 한다.

4) 옹호와 사회행동

- **옹호 활동:** 클라이언트가 필요한 자원과 서비스를 받을 수 있도록 지원하거나 불리한 정책을 수정하기 위해 앞장선다. 정치적 과정에 영향을 미치기 위한 로비 활동(예: 지역 내 의원 만나기, 국민 청원 올리기 등)과 제도 변화를 위한 사회행동(예: 캠페인이나 패널토론 기획, 지역사회 교육, 단체행동 참여, 성명서 작성 및 배포 등)이 있다.
- **옹호 기술:** 협의, 법적 행동, 정보 수집, 지역사회 교육, 청원 등 다양한 기술과 방법을 사용한다.

4. 직접 및 간접 실천이 클라이언트 체계에 미치는 영향

실습생이 수행한 활동을 검토하면서 자신이 담당한 클라이언트 체계의 특성을 구분하고 파악할 필요가 있다. 실습교육을 제공하는 기관과 조직에 따라 다양한 클라이언트를 만날 수 있는 기회가 제공되거나(예: 종합사회복지관) 특정 연령과 욕구를 가진 클라이언트 집단을 주로 만나기도 한다(예: 노인종합복지관-노인과 가족, 장애인종합복지관-장애인과 가족, 지역아동센터-아동과 가족, 노인보호전문기관-학대피해노인과 관련자 등). 학부 수준의 현장실습에서는 욕구 수준이 심각하지 않은 개인 클라이언트와 소집단을 대상으로 실습교육을 제공하는 것이 일반적이다.

1) 클라이언트 체계: 욕구를 가진 주체

- **개인:** 영유아, 아동, 청소년, 성인초기, 중장년, 노인, 신체 또는 정신장애인, 폭력 또는 학대 피해자, 미혼부/미혼모 등
- **가족:** 한부모가족, 장애인 가족, 조부모-손자녀 가족, 노인부부 가족, 1인 가구, 범죄피해가족 등
- **소집단:** 학교사회복지 방학 중(또는 방과 후) 프로그램(아동, 청소년), 발달장애아동 및 청소년 집단, 학교 밖 청소년 집단, 청소년 쉼터, 성인 장애인 프로그램, 가족돌봄자 지지집단, 노인 소집단 프로그램 등
- **조직:** 한국사회복지관협회, 전국범죄피해자지원연합회, 치매가족협회 등
- **지역사회:** 주민 간 갈등, 사회적 배제, 재난 위험 또는 트라우마를 경험한 지역공동체(예: 안산시 단원구)

2) 사회복지 직접 및 간접 실천이 클라이언트 체계에 미치는 영향

사회복지 직접 실천은 사회복지사가 클라이언트와 직접 상호작용하여 개인, 가족, 집단을 대상으로 다양한 문제를 해결하고 지원하는 방법으로서, 첫째, 개인적인 지원과 상담을 통해 클라이언트의 감정, 생각, 행동을 탐구하고 문제해결을 위한 기술과 전략을 제공한다. 개인상담은 클라이언트가 자신의 문제를 이해하고 해결할 수 있도록 돕고, 가족치료는 가족 내 갈등을 해결하고 관계를 개선하는 데 중점을 둔다. 둘째, 문제해결 및 의사결정 지원을 통해 클라이언트와 함께 실현 가능한 목표를 설정하고 계획을 수립한다. 또한 필요한 서비스에 접근할 수 있도록 자원을 연결하고 접근성을 향상시킨다. 이를 통해 클라이언트는 자신의 문제를 해결하는 데 필요한 자원과 지원을 활용할 수 있다. 셋째, 정서적 지원을 제공하여 클라이언트와 신뢰관계를 구축하고 정서적 지

지를 제공한다. 사회복지사는 클라이언트를 격려하고 동기 부여하여 자아존중감과 동기를 향상시킨다. 이러한 정서적 지원은 클라이언트가 자신감을 가지고 문제를 해결할 수 있도록 돕는다.

사회복지 간접 실천은 사회복지사가 정책 개발, 프로그램 기획, 옹호 활동 등을 통해 클라이언트와 직접 상호작용하지 않더라도 욕구 해소 과정에 영향을 미치는 방법으로, 첫째, 클라이언트의 다양한 욕구를 충족시키기 위한 프로그램을 기획하고 관리한다. 이를 통해 클라이언트가 필요한 서비스를 이용할 수 있고, 프로그램 운영에 필요한 자원을 확보하고 배분한다. 둘째, 클라이언트의 권리를 보호하고 복지를 증진하기 위한 활동을 확장한다. 사회복지사는 사회적 불평등과 불공정을 개선하기 위해 정책 변화를 촉구하고, 클라이언트의 권리를 보호하기 위한 법률 제정을 추진할 수 있다. 셋째, 지역사회의 문제를 해결하고 주민의 참여를 촉진한다. 사회복지사는 지역사회의 역량을 강화하고, 다양한 기관 및 단체와 협력하여 더 나은 서비스를 제공할 수 있도록 네트워크를 구축한다. 이를 통해 클라이언트가 지역사회 내에서 필요한 지원과 자원을 얻을 수 있도록 돕는다. 이와 같이 사회복지의 직접 실천과 간접 실천은 서로 다른 방법으로 클라이언트 체계에 영향을 미치며, 클라이언트의 문제해결과 복지 증진을 위해 중요한 역할을 한다.

5. 학습 활동

실습세미나에서는 실습생이 수행한 직접 및 간접 개입 전략과 이러한 활동이 클라이언트 체계에 미치는 영향에 대하여 다양한 형태의 토론이 이루어질 수 있다. 이를 위해 필요한 학습 활동은 ① Response Paper 작성을 통한 사회복지실천 과정 이해하기와 ② 동료와 생각과 느낌 공유를 통하여 실습 활동에 따른 차이를 인식하는 과정이다. 현장실습을 하면서 학생은 주어진 과업을 그때그때 수행하고 감당하느라 급급한 경우가 많다. 이에 자신들이 감당한 역할과 과업들이 클라이언트의 목표 달성을 위한 일련의 원조 과정 속에서 어떠한 부분을 채우고 있는지, 서로 어떻게 연계되는지 인식하지 못하고 지나게 된다. 또한 직접 실천과 간접 실천이 별도의 과정에서 구분되어 진행되기보다는 긴밀한 연결성을 기반으로 촘촘하게 엮여 진행되는 과정임을 간과하는 경우가 있다. 따라서 세미나에서 이루어지는 토론 수업은 사회복지실천 과정 속에서 운영되는 직접 및 간접 개입 전략을 의식적으로 구분함으로써 자신이 담당한 역할의 특성과 비중을 살펴보고, 실습기관과 내용에 따라 자신이 현장실습을 통해 체득한 부분과 반면 상대적으로 습득하지 못한 영역이 무엇인지 동료들과 비교분석하며 성찰하는 것이 중요한 활동이다.

※ 준비: Response Paper 3

- 토의 1: 실습 과정에서 경험한 직접 개입은 무엇인가?
- 토의 2: 실습 과정에서 경험한 간접 개입은 무엇인가?
- 토의 3: 직접 및 간접 개입을 통합한 실천 과정은 클라이언트 체계에 어떠한 영향을 미쳤다고 생각하는가?

1) Response Paper 작성을 통한 사회복지실천 과정 이해하기

실습생은 Response Paper를 작성하면서 자신이 수행한 실습 내용을 재검토하는 기회를 갖는다. 실습기관에서 만난 클라이언트의 특성을 고려하면서 이들과 진행한 직접 개입 전략을 나열해 보고, 본인이 수행하였으나 직접 개입 전략의 리스트에 속하지 않은 과업과 역할을 간접 개입 전략으로 구분하여 작성해 본다. 때로는 직접 개입인지, 간접 개입인지 혼동이 되는 과업이 있다면 학교 수업에서 배웠던 교과목(사회복지실천론, 사회복지실천기술론, 지역사회복지론, 프로그램 개발과 평가, 사례관리론 등) 내용을 상기하면서 재검토할 필요가 있다. 실습기관의 특성에 따라 직접 개입 전략과 간접 개입 전략의 수행 정도가 어떻게 다른지 성찰하는 것도 도움이 될 것이다. 학부 실습생의 경우 많은 실습기관이 부서별 순환 실습을 제공함으로써 실습생들에게 기관의 다양한 업무와 역할을 경험할 수 있는 기회를 제공하고 있다. 이러한 맥락에서는 실습생이 담당한 실천 과정이 연속적이기보다는 분절적일 가능성이 높다. 한편, 의료사회복지나 정신건강사회복지 분야에서는 개인 클라이언트를 배정하여 1:1의 관계 속에서 직접 개입과 간접 개입의 전략을 수행하도록 과업을 부여받기도 한다. 또한 지역사회복지관의 경우 사례관리의 일부분을 경험할 수 있도록 기회를 제공하기도 하므로 사례관리의 전 과정에서 실습생이 담당한 역할이 어느 부분(초기면접-욕구와 자원 사정-목표 수립과 서비스 계획-실행과 개입-재사정-평가와 종결-사후관리)이고, 그 과업의 특성이 직접 또는 간접 개입

중 어디에 속하는지 분석하고 숙고하는 노력이 필요하다.

2) 동료와 생각과 느낌 공유를 통한 실습 활동에 따른 차이를 인식

실습생이 담당한 실천 과정에 대한 분석과 성찰을 기반으로 사전에 작성한 Response Paper를 준비하여 실습세미나에 참석하도록 한다. 실습세미나에서는 동료와 실습지도 교수의 슈퍼비전을 통해 스스로의 성찰에서 얻지 못했던 다른 관점과 맥락에서 통찰력을 얻고, 사고의 영역을 확장하는 기회를 갖는다.

실천 과정에 대한 토의를 위해서는 가능한 한 소집단 내 기관의 유형을 다양화하는 것을 권장한다. 기관의 특성에 따라 실습교육을 구성하는 직접 개입과 간접 개입의 비중이 다를 수 있기 때문이다. 예를 들어, 상담센터, 정신건강센터, 병원이나 정신병원에서 실습을 수행한 경우라면 개별 클라이언트와 1:1 관계 속에서 직접 개입 전략을 비중 있게 수행하였을 것이지만, 사회복지협의회나 연구소, 비영리조직에서 실습을 한 경우에는 일반 행정, 캠페인이나 세미나 기획 및 수행, 홍보와 후원모금 활동 등 간접 개입 전략의 비중이 높을 것으로 예상된다. 또한 방학 중 실습으로 종합사회복지관, 노인 또는 장애인종합복지관에서 소집단 프로그램과 지역사회 조사, 후원모금 캠페인 등을 수행한 경우는 직접 개입과 간접 개입의 비중이 균형 있게 분포되었을 것이다. 따라서 다양한 실습기관에서 어떠한 내용으로 실습생이 담당한 역할이 무엇인지, 이는 직접 개입과 간접 개입으로 어떻게 구분되는지, 또한 이러한 직접, 간접 개입의 실천 과정이 자신이 만난 클라이언트(또는 실습기관의 주요한 클라이언트 집단)에게 어떠한 영향을 미쳤다고 생각하는지 서로 발표하고 교류하게 되면, 동료 실습생을 통해 간접 경험의 기회가 되기도 한다.

또한 자신의 Response Paper를 작성할 때 명확하게 구분하지 못했던 역할과 과업이 있었다면 이에 대하여 동료들의 의견을 묻고 생각을 교류함으로써 토의를 더욱 활성화시킬 수 있으며, 소집단의 안전한 환경 속에서 자신의 오류와 잘못된 판단을 수정할 기회를 가질 수 있다.

3) 주제 토론을 위한 방법

앞서 제시한 바와 같이 실천 과정에 대한 토의를 위해서는 한 집단 내 실습기관의 유형을 다양하게 구성하는 것이 토의를 더욱 활발하게 하는 요인이 된다. 소집단 인원의 규모는 5~6명이 적절하고, 매주 실습세미나에서 새로운 소집단을 형성하여 실습세미나 참여 학생 간 네트워크가 형성되도록 도모한다. 소집단이 배정되면 각 학생들은 통성명하고, 대표 1인을 선정하도록 한다. 소집단의 대표는 매주 세미나마다 변경하여 지정되며, 실습세미나의 모든 참여자는 1학기에 적어도 1회 이상 대표를 맡기로 약속한다. 일정 시간 토의를 진행하면서 각자의 발표 내용에 있어 드러나는 공통점과 차이점이 무엇인지 대표가 정리하도록 한다. 소집단 토의 중 실습지도교수는 각 소집단을 방문하여 토의 내용을 경청하고, 필요에 따라 슈퍼비전을 제공하도록 한다. 일정 시간 토의가 진행된 후에는 전체 토의로 전환하여 소집단 대표가 자신이 속한 집단에서 논의된 바를 발표하고, 전체 실습세미나 참여자와 질의 및 응답을 진행한다.

이러한 토의 방식은 개별 학생이 스스로 성찰하여 작성한 Response Paper 내용 중 오류가 있다면 스스로 깨달아 수정할 수 있는 기회가 되고, 혼란스러웠던 이슈에 대하여 동료와 실습지도교수로부터 도움이 되는 슈퍼비전을 얻을 수 있는 안전한 환경을 제공한다.

6. 학습 활동 예시

1) Response Paper

(1) 예시 1: 노인종합복지관에서 실습한 사례

① 직접 실천

- 대면(face-to-face) 면접: 복지관에서 실습을 진행하며 다양한 클라이언트와 대면 면접을 통해 욕구를 파악하였고, 이를 돕기 위해 다양한 해결책을 제시했으며, 클라이언트 스스로 욕구해결을 위하여 과업을 수행할 수 있도록 지원하였음
- 3인지 구조의 변화: 클라이언트의 부정적이고 왜곡된 사고 구조를 변화시켜 현실 인식을 도움. 실습을 진행하며 클라이언트와 복지관 이용 방법에 대해 이야기를 나누다가 클라이언트가 가진 선입견에 대해 적절한 질문을 제시함으로써 스스로의 감정과 잘못 알고 있던 정보를 정확히 정리할 수 있도록 도왔음

② 간접 실천

- 사회적 지지체계 개발: 클라이언트의 욕구에 환경이 반응할 수 있도록 기존의 공식적 지지체계를 활용함. ○○노인종합복지관 프로그램을 활용하였으며, 클라이언트의 '이용문화 정착'이라는 특수한 욕구를 충족할 수 있도록 다양한 정보를 제공하였음
- 프로그램 계획과 개발: 클라이언트의 문제를 해결할 수 있는 서비스나 프로그램이 지역사회 내에 존재하지 않을 때 사회복지사는 클라이언트의 욕구와 문제를 해결할 수 있는 프로그램이나 서비스를 개발함. 실습을 통해 '바른 말 고운 말 이용 문화'를 정착시키기 위해 캠페인을 개발하여 진행하였음
- 클라이언트 옹호: '개인에 대한 옹호'를 실천함. 클라이언트가 평생교육 프로그램을 이용하지 못하는 상황에서 불편함과 개선책에 대한 의견을 묻고, 이를 활용하여 복지관 체계를 개선하고자 노력함

③ 실천 과정이 클라이언트에게 미친 영향: 복지관 프로그램에 대한 클라이언트의 관점을 긍정적인 방향으로 변화시킬 수 있었음. 클라이언트가 평생교육 프로그램을 이용하기에 장애물이 되었던 복지관 셔틀운영 방식에 대해 의견을 제시하고 개선을 요구하였음

(2) 예시 2: 병원에서 실습한 사례

① 직접 실천

- 지지적 상담: 감정 환기를 통해 보호자(첫째 여동생) 스스로 감정을 표현할 수 있도록 독려하였고, 클라이언트의 감정을 지지하였음
- 교육: 의료진과 함께 병식 교육, 사회복지사와 함께 낙상예방교육을 시행함. 장애등록에 관한 정보를 제공하였음. 퇴원 이후 클라이언트의 낙상예방을 위하여 낙상 관련 유인물을 제공하고 교육을 시행함
- 정보 제공: 퇴원 후 정신과적 증상에 대해 지속적인 상담과 건강관리 서비스를 이용할 수 있도록 관할 정신건강복지센터 서비스를 안내하였고, 돌봄서비스(가사간병방문지원사업)에 대한 정보를 제공하였음

② 간접 실천

- 의뢰: 담당 주치의에게 재활 운동 교육을 의뢰함으로써 퇴원 후 건강관리에 도움을 받을 수 있도록 개입하였음. 또한 정신건강의학과 담당 주치의에게 약물관리교육을 의뢰함으로써 병식 개선을 도모하였음
- 자원 연계: 클라이언트의 진료비 마련을 위하여 보호자(첫째 여동생)와 관할 행정복지센터를 방

문하여 긴급복지지원제도 신청 방법 및 절차를 탐색하였고, 퇴원 후 사회복귀 및 재활 서비스를 받기 위해 기초생활수급자격을 재신청하였음

③ 실천 과정이 클라이언트에게 미친 영향: 지지적 상담, 교육과 정보 제공, 의뢰와 자원 연계 등의 실천 과정을 수행하여 클라이언트의 욕구 사정 결과로 파악된 진료비와 간병비 마련의 어려움, 보호자(첫째 여동생)의 소진, 클라이언트의 병식 부재로 인한 건강관리의 어려움, 퇴원 후 일상생활의 어려움이 완화되었다고 생각됨

(3) 예시 3: 비영리기관의 상담센터에서 실습한 사례

① 직접 실천

- 집단 프로그램 기획을 위한 사전 욕구 조사: 초등학교 담당교사, 지역아동센터장 및 사회복지사와의 토의를 통해 장애 유무, 학습 태도 등 아동 개개인의 특성을 파악하고 프로그램을 진행할 환경적 여건을 확인함
- 집단 프로그램 기획 및 운영: 방학 중 빈곤가정의 초등학생 20명을 대상으로 신체, 정서 및 사회성, 인지, 창의성의 네 가지 영역의 균형적 발달을 지원하는 8회기 프로그램을 기획하고 운영함

② 간접 실천

- 집단 프로그램 평가: 일일평가, 중간평가, 최종평가를 수행함
- 자원 개발: 거리 캠페인, 10명의 지인에게 기부를 요청하여 정기후원자 발굴하는 과업을 수행함. 아이들이 행복한 미래를 꿈꿀 수 있도록 매장의 수익금 일부를 기부하는 나눔 캠페인으로 '좋은 이웃 가게' 참여 회원을 발굴함
- 자원봉사자 모집 및 관리: 초등학생 대상의 집단 프로그램 운영을 위해 실습생이 주 교사 역할을 담당하고, 보조교사로 활동할 자원봉사자를 모집함. 자원봉사자 선정 후 자원봉사자 일지 관리, 교육, 평가 회의 등을 수행함. 이로 인해 인적 자원 개발과 관리에 대한 실무를 경험할 수 있었음

③ 실천 과정이 클라이언트에게 미친 영향: 불특정 다수에게 진행하는 거리 캠페인 모금 활동보다 가까운 지인들에게 후원을 요청하는 것이 더욱 부담스러운 것임을 느꼈으나 나눔의 가치를 확산하는 중요한 과업임을 깨달음. 또한 다양한 매장을 대상으로 '좋은 이웃 가게' 참여를 요청하였는데, 이 과정을 통해 거절에 대한 두려움을 극복할 수 있어 펀드 레이징 업무 능력이 향상되었음. 이러한 예비 사회복지사로서의 훈련과 역량 습득이 궁극적으로 집단 프로그램에서 만난 빈곤가정 초등학생들에게 더욱 나은 질의 프로그램을 진행할 수 있는 자원을 확보하는 방안이라고 생각하였음

2) 토론 내용

실습생들이 수행한 직접 실천으로 자주 언급했던 과업은 클라이언트와의 초기 면접, 지지적 상담, 라포 형성, 정보 제공이다. 특히 집단 프로그램을 운영했던 학생들은 집단 내 개별 구성원들과 상호작용했던 부분을 강조하며 언급한 반면, 집단 내 구성원들 사이에서 발생하는 역동에 대해서는 간과하는 경향이 있었다.

실습생들이 가장 많이 언급한 간접 실천은 자원 연계이다. 실천 현장에서 사회복지사의 역량이 제일 돋보이는 영역이기에 학생들이 어렵지 않게 체득할 수 있을 것으로 예상된다. 연계한 자원의 속성('비공식적 vs. 공식적' '민간 vs. 공공' '영리 vs. 비영리')을 구분하는 연습도 함께 진행하면 도움이 될 것으로 기대된다.

간혹 지역 내 자원 발굴과 후원 모금 개발 역량을 향상시키기 위한 훈련으로 충분한 사전 교육 없이 실습생을 지역사회에 투입하는 기관도 있다. 처음 경험하는 비호의적인 거절과 상황에 당혹감을 경험하는 학생도 있으나 다수의 학생은 이러한 과정을 통해 의사소통 기술과 거절을 처리하는 기술 등 성장의 기회가 되었음을 나누었다.

직접 실천과 간접 실천이 현장에서는 지그재그 또는 동시다발적으로 수행될 수 있음을 인식하는 학생들이 많았고, 이러한 통합적 실천 과정이 클라이언트의 목표 달성을 위해 유기적으로 수행되는 것임을 깨달았다고 언급하였다.

참고문헌

엄명용, 김성천, 윤혜미(2020). 사회복지 실천의 이해. 학지사.

이원숙, 임수정(2020). 사회복지 실천론. 학지사.

최혜지, 김경미, 남성희, 류은정, 박선영, 박형원, 박화옥, 배진형, 안준희, 장수미, 정순둘(2021). 사회복지 실천론. 학지사.

Collins, D., Jordan, C., & Coleman, H. (2013). *An introduction to family social work*. Brooks/Cole Cengage Learning.

Johnson, L. C., & Yanca, S. J. (2009). *Social Work Practice: A generalist approach* (10th ed.). Pearson.

Sheafor, B. W., & Horejsi, C. R. (2008). *Techniques and guidelines for social work practice* (8th ed.). Allyn and Bacon.

Zastrow, C. H., & Kirst-Ashman, K. K. (2016). *Understanding human behavior and the social environment*. Cengage Learning.

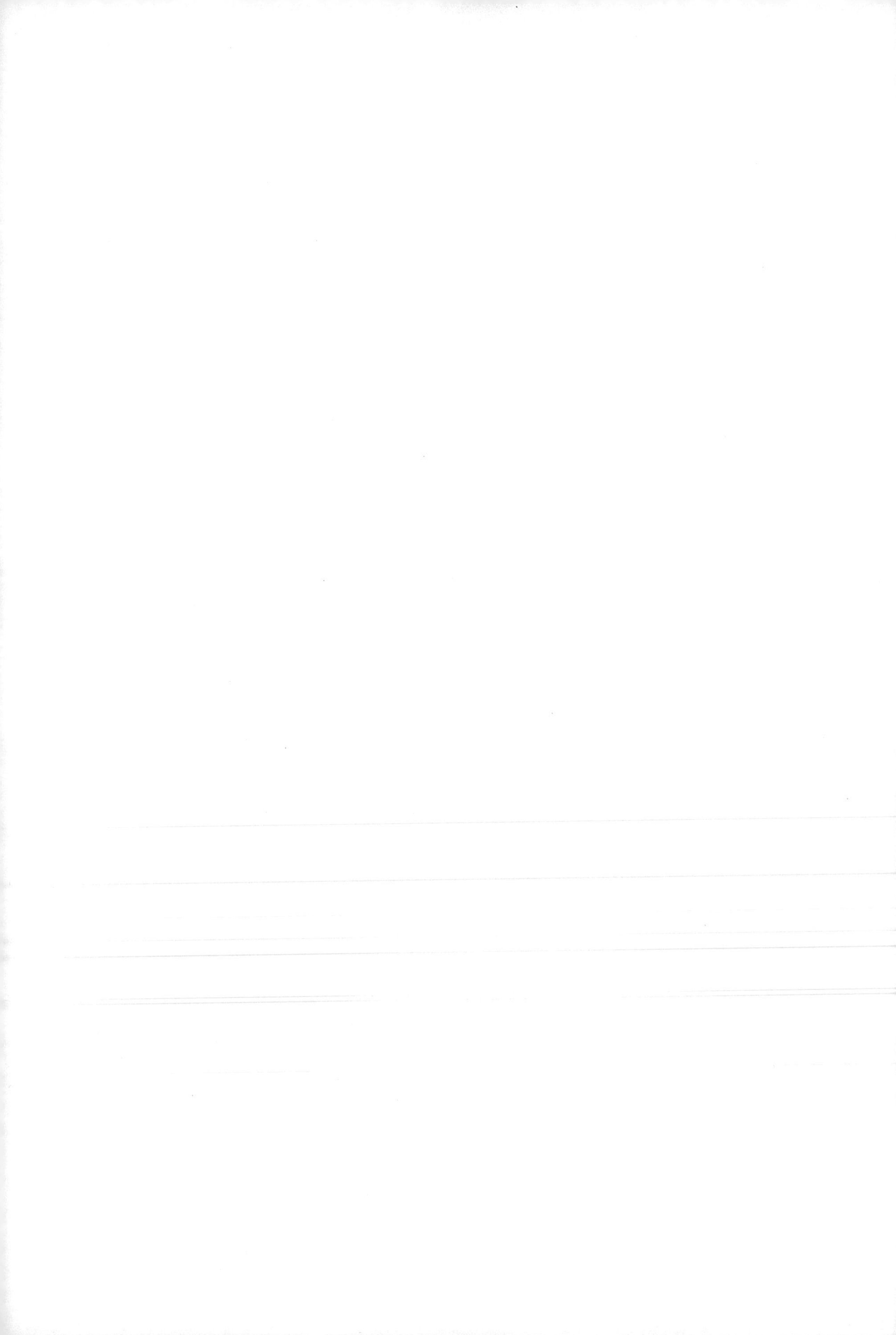

제6장

사회복지실천과 실습 기록

학습목표

1. 사회복지 현장에서 전문가에게 요구되는 기록에 대한 이해를 갖춘다.
2. 현장실습 기록의 기능과 유형에 대하여 이해를 갖춘다.
3. 사회복지실천 기록의 임상적 역량을 연습해 본다.

사회복지현장실습 과정은 사전준비 과정에서부터 종결 후 평가 과정까지 연속적인 흐름을 가지고 있다. 실습생이 갖추어야 할 기록 역량은 사전 준비 과정에서부터 시작된다고 할 수 있다. 이는 학교에 수강하는 교과목을 통해서 다양하게 쌓을 수 있다. 개인과제, 조별과제, 사례 분석 및 발표와 같은 활동은 모두 기록이라는 산출물을 낳게 된다. 학교에서 꾸준히 훈련받은 기록 역량을 기반으로 실습생들은 사회복지 현장에서 전문가가 수행하게 되는 기록을 해나갈 수 있게 된다. 학교에서의 교육과정에서 쌓는 기록 역량은 전반적인 기반을 쌓는 차원이라 할 수 있다. 현장실습에서 요구되는 기록 역량은 실습지원서부터 시작된다. 이 단계는 본격적인 사전 준비 과정에서의 기록 역량을 요구하는 단계이다. 실습지원서는 행정적인 성격의 기록이다. 기관에 따라 별도의 양식을 사용하는 경우도 있지만, 다수의 기관에서 한국사회복지교육협의회에서 제시한 양식을 준용하여 사용한다. 사회복지 전공생은 실습 지원서를 작성하면서 기관에서 실습생에게 어떤 기대를 가지고 있으며, 실습생에게 요구하는 역량은 어떤 것들인지 파악하게 된다.

기록은 현장실습 이전부터 학생들이 훈련받아 왔던 역량이지만, 현장에서 요구되는 기록 역량은 기관 중심 관점을 파악하고 이해하는 기술을 요구한다. 더불어 강조되어야 할 점은 사회복지실천의 주요 가치가 환경 속의 개인, 클라이언트 중심, 사람 중심 관점이라는 점이다. 기관에 소속되어 현장실습을 수행하지만, 예비 사회복지사로서 사회복지 관점과 가치를 실현하는 노력이 기록 활동에서 드러나고, 실현되어야 하는 과업을 동시에 안고 있는 것이다.

많은 실습생이 현장실습에서 기록 활동을 어려워한다. 기록의 전문성을 익혀나가는 과정에서 실습생들은 자신에 대한 이해와 성찰을 하는 경험을 하게 된다. 궁극적으로 기록은 전문가 활동의 산출물이라는 점에서 실습생들은 기록을 통해서 전문적 의사소통을 어떻게 구체적으로 남길 수 있을 것인가에 대한 과제를 안게 된다. 이 과정은 사회복지실천 전문가로 활동하는 동안 끊임없이 노력하고, 도전받고, 성장되어야 할 영역이다. 실습생이 기록 역량을 쌓기 위해서는 기록의 원칙과 주요 원리를 이해하는 기반 위에 사례 기반으로 지속적인 교육과 실습이 이어져야 한다. 여기에 슈퍼비전 체계가 뒷받침되는 것이 중요하다.

1. 현장실습 기록과 관련된 이론적 이해

사회복지현장실습을 나가게 되면 실습생들은 기관에서 예비 사회복지사로 업무를 경험하게 된다. 사회복지사의 업무가 이루어지고 있다는 증거는 기록으로 남기게 된다. 기록은 사회복지사가 수행해야 할 업무, 수행하는 업무, 수행을 완결한 업무를 증빙하는 근거이다. 그러나 기록에 사회복지사가 수행한 모든 활동을 담을 수 없다. 기록의 기능과 목적에 적합하게 간명하고 중요한 내용에 집중해야 한다. 기록은 수준 높은 집중력과 문서화하는 기술이 요구된다. 기록을 남기는 매체는 다양화되고 있으며, 관리의 중요성도 강조되고 있다. 실습생은 현장실습에서 수행한 기록이 개인 자격이나 과제의 성격을 넘어서는 것임을 주지해야 한다.

1) 사회복지실천 기록

사회복지현장실습에서는 다양한 클라이언트와 상황에 접하게 된다. 이 과정은 직접 서비스의 맥락으로 클라이언트를 대상으로 욕구 사정, 상담, 교육, 가족이나 집단을 대상으로 운영 등의 개입을 수행하기도 한다. 간접 서비스 맥락을 살펴보면, 행정과 관련된 활동, 기관 전문가나 타 전문가, 지역사회자원과의 의사소통을 수행하기도 한다. 다양한 대상으로 사회복지실천이 이루어지는데, 활동의 근거는 기록으로 남기게 된다. 기록은 활동의 근거로 간주하는 기능 외에도 실천 활동의 진전, 평가, 사후 조치 등과 관련된 기반을 제공하기도 한다. 기록은 이런 의미에서 사회복지실천 활동에 미치는 영향은 매우 크다 하겠다.

활동의 근거라는 측면은 사회복지실천 활동이 사회적 자원을 바탕으로 하는 만큼 해야 할 업무를 수행하고 있는가, 그리고 활동에서 기대하는 결과가 이루어지고 있는 가를 보여준다. 사회적 책무성을 보여 주는 기능으로 사회복지실천의 정당성을 확보하게 된다.

2) 현장실습 기록

실습생이 매일 수행하게 하는 실습일지 기록의 목적은 다음과 같다(석말숙, 김정진, 2022).

- 실습 기록은 실습 활동에 대한 분석, 평가, 보완에 목적을 둔다.
- 실습 목표 달성을 점검하고 보완되어야 할 점을 분석한다.
- 슈퍼비전 자료로 활용한다.
- 실습 활동을 기록한 실습일지를 통하여 사업, 프로그램 등 분석이 이루어진다.
- 실습생의 기록은 예비 전문가로서 관점을 싣고 있어 기관 운영 정책이나 서비스 운영 전반에 대한 피드백 자료로 활용할 수 있다.

3) 윤리강령과 기록

사회복지사 윤리강령에 기록에 대한 조항을 소개하고 있다(한국사회복지사협회, 2023).

클라이언트에 대한 윤리 기준 파트에서 기록 · 정보 관리 항목을 제시하고 있다.

- 클라이언트에 대한 사회복지실천 기록은 사회복지사의 윤리적 실천의 근거이자 평가 · 점검의 도구이기 때문에 중립적이고 객관적으로 작성해야 한다.
- 사회복지사는 클라이언트가 자신과 관련된 기록의 공개를 요구하면 정당한 비공개 사유가 없는 한 정보에 접근할 수 있도록 해야 한다.
- 사회복지사는 클라이언트에 대한 문서 정보, 전자 정보, 기타 민감한 개인 정보를 보호해야 한다.
- 사회복지사가 획득한 클라이언트 관련 정보나 기록을 법적 사유 또는 기타 사유로 제3자에게 공개할 때는 클라이언트에게 안내하고 동의를 얻어야 한다.

4) 기록 수행에서의 주요 기술

- **경청 기술:** 클라이언트와의 면담 과정이나 회의 과정에서 다루어지는 내용을 잘 파악할 수 있도록 경청해야 한다.
- **요약 기술:** 기록은 면담이나 회의에서 다루어진 많은 내용을 요약하여 간명하게 정리해 내야 한다.
- **시간 관리 기술:** 기록은 시간 내에 완결하는 것이 중요하다. 기록의 내용을 문서화로 변환시키는 과정에 소요되는 시간 관리 역량이 요구된다.
- **초점화 기술:** 기록은 기관에서 제공하는 서비스의 기능과 내용에 부합되는 내용으로 구성되어야 한다.
- **목표 부합하기 기술:** 면접이나 회의 목표에 기반하여 남겨야 할 내용을 담는 기술이다.
- **클라이언트 우선주의 가치 수행 기술:** 기록에서는 우선순위를 클라이언트 보호와 클라이언트에게 최고의 서비스를 수행해야 하는 데 두어야 한다. 기록의 내용은 클라이언트에게 최고의 서비스를 제공하기 위해 필요한 정보를 담아야 한다.
- **비판적 사고 기술:** 클라이언트와 처한 맥락에 대한 편견이나 차별의 관점이 있는지 사고하고 분석하는 기술이다.
- **진실한 정보를 담을 수 있는 전문적 책임감 수행 기술:** 진실성은 전문가의 책무이자 윤리적 실천의 맥락이다. 전문가 성취가 앞서지 않도록, 진실한 보고가 될 수 있도

록 전문적인 책임을 다해야 한다.

- **난이도 조정 기술:** 기록의 내용은 다른 사람들이 읽을 수 있어야 한다. 특히 클라이언트가 이해할 수 있는 수준이 되도록 용어 사용과 문장 난이도를 조정해야 한다.
- **다양한 기록 매체를 활용할 수 있는 기술:** 문서화 기술, 미디어 매체 활용 기술, 디지털 테크놀로지 활용 기술 등 다양한 매체가 기록의 매체로 활용되고 있어, 이를 활용할 수 있는 지식과 기술을 갖추어야 한다.
- **메모 기술:** 기록은 실천을 수행한 후 사후적인 작업으로 진행되므로, 기억에 의존하게 된다. 간단한 메모를 남기는 것은 효과적인 전략으로 이를 사용할 때는 반드시 클라이언트의 동의를 얻어야 한다.

5) 기록 수행 시 유의해야 할 점(Kadushin & Kadusnin, 1997)

- 기록은 기관의 기능과 서비스 성격에 부합되는 내용이어야 한다. 기록은 사회복지 전문가가 자신이 수행한 활동을 남기는 행위이다. 사회복지사는 자신이 소속된 기관의 기능과 목적에 부합하는 활동을 하고 이를 남겨야 한다.
- 사후 작업의 성격으로 기억의 오류를 방지해야 한다.
- 기록을 수행하는 과정은 전문성의 성장 과정으로 이어져야 한다. 기록을 수행하면서 의사소통 역량에 대한 분석과 개선점 등을 찾아 나가게 된다.
- 기록을 수행하면서 클라이언트 체계나 협력 체계에 대한 편견을 예방하도록 노력해야 한다. 기록은 주관적인 측면이 개입될 여지가 있다. 상호작용 대상자에 대한 편견이나 예측이 걸림돌이 되지 않도록 전문가로서의 입장을 견지하는 노력이 중요하다.
- 시간 내에 수행하도록 한다. 기록은 기관의 활동 과정이자 결과물로 향후 진행에 영향을 미치게 된다. 기관 방침에 의거하여 약속된 시간 내 기록을 산출해야 한다.
- 기관의 기록 정책은 합리적이어야 한다. 기록을 체계적이고 효율적인 방식으로 수행할 수 있도록 기관은 양식이나 체크 리스트 등에 대해 필요한 정보를 남길 수 있는 구조화 노력을 강구해야 한다.

2. 사회복지실천 기록의 기능과 분류

1) 사회복지실천 기록의 기능

엄명용을 포함한 연구자들(2022)은 기록의 기능을 다음과 같이 소개하였다.

- 사회복지실천 과정 점검과 평가
- 서비스의 연속성 부여
- 클라이언트와 정보 공유
- 슈퍼비전, 자문, 동료 검토의 활성화
- 서비스 과정과 효과 모니터링
- 효과적인 사례관리
- 교육과 연구
- 평가를 위한 통계자료 제공

2) 기능에 따른 분류

사회복지실천 기록은 크게 행정 기록과 서비스 기록으로 나누어 볼 수 있다.

- **행정 기록**
  - 사회보장정보시스템(행복이음)[1)]
  - 기관별 기록 행정 기록 체계[2)]
- **서비스 기록**
  - 문서 기록
  - 온라인을 활용하는 기록

---

1) 사회복지 급여 · 서비스 지원 대상자의 자격 및 이력에 관한 정보를 통합 관리하고 지방자치단체 복지업무 처리를 지원하는 정보시스템을 말한다(「사회보장기본법」 제37조 제2항).

2) 예컨대, 노인 장기요양 기관의 경우 민간이 개발한 엔젤 시스템을 활용하여 기록의 작성 및 보관을 수행한다.

- 영상 기록[3], 녹화 및 녹음
- 소셜미디어
- 인공지능을 활용한 대화형 기록
- 사진
- 데이터 구축[4]

3) 실천 현장에서 유용하게 활용되는 기록

사회복지실천 현장에서는 다양한 기록 유형을 서비스의 목적과 기능에 따라 사용한다. 여기에서는 클라이언트 대상 서비스에서 유용하게 사용되는 대표적인 기록 유형을 소개하고자 한다(정선영 외, 2017).

- **과정 기록:** 사회복지사와 클라이언트 사이에 진행된 언어적·비언어적 의사소통을 모두 기록한다. 사회복지사의 느낌, 생각, 분석 내용까지 기술한다. 시간이 많이 소요되는 기록 유형으로 현장에서 사용되지는 않지만, 상담이나 기록 역량을 세밀하게 훈련할 수 있다는 측면에서 교육이나 슈퍼비전에서 유용하게 활용할 수 있다.
- **요약 기록:** 현장에서 많이 사용하는 유형의 기록이다. 서비스 개입 과정별로 기록하는데, 개입 문제에 초점을 두어 기록하거나, 문제의 초점이 되는 행동이나 변화를 중심으로 기록한다.
- **문제중심(문제지향적) 기록:** 문제중심 기록에서는 문제 중심으로 계획, 개입, 실행 및 점검을 기록한다. 문제에 초점을 둔다는 비판이 있으나, 문제 개입을 중심으로 기록 내용이 공유되고 업무 협력에 효율적인 측면이 있다.

---

3) 현장에 따라 CCTV 설치가 의무화된 경우가 있다. 의무화된 현장 영역 이외에도 CCTV는 곳곳에 설치되고 있는 지역사회 상황이라 기록의 한 영역으로 유입되었다고 보아야 할 것이다.

4) 기관에서 조사를 위해 수행한 데이터가 구축된 경우도 기록에 해당한다.

3. 사회복지 임상 실천에서의 기록 역량 쌓기

사회복지 현장에서는 다양한 수준의 클라이언트를 대상으로 서비스를 수행하게 된다. 사회복지 전문가는 전문적 자아(professional self)를 도구로 서비스를 수행한다. 전문적 자아는 개인 차원에서 형성된 자아와 전문적 교육과 훈련 과정을 거쳐서 형성되는 전문가 정체성을 통합적으로 조합하면서 성장해 간다. 전문적 자아는 실천 과정에서 전문가로서의 반응, 생각, 의견 등을 점검하고 기술하는 훈련을 하면서 성장해 간다. 실습생이 사회복지 전문가로 성장하기 위해서는 서비스 수행 과정에서 경험하는 자신을 이해해 나가는 과정에 따른다. 개별적인 자아의 활용이 아니라 전문적 자아의 활용은 임상 과정을 통하여 훈련받아야 한다. 과정 기록은 전문가가 수행한 서비스 과정에서 경험한 언어적·비언어적 반응, 클라이언트 체계나 타 전문가와의 상호작용, 정서적 반응 등에 대하여 집중적인 분석을 거친다. 이런 의미에서 과정 기록은 현장 전문가가 갖추어야 할 기록에 대한 자질을 훈련하게 될 뿐 아니라 전문적 자아의 성장과 성찰이 이끄는 유용한 도구가 된다.

1) 과정 기록

서비스 과정은 초기 과정에서부터 종결 과정까지로 이루어지는데, 실천 기록은 이 모든 과정에서 수행해야 하는 사회복지 전문가의 과업이다. 사회복지실천에서 클라이언트 중심 관점이나 개별화는 주요 기반이다. 과정 기록은 이러한 가치에 기반하여 실천을 수행하는 과정을 훈련하는 데 매우 유용한 도구이다. 과정 기록은 개인, 가족, 집단, 거시 체계 등에 적용할 수 있다. 현장실습은 학교에서 배운 이론과 지식을 직접 클라이언트를 만나서 실현하는 과정으로 개인 대상 과정 기록은 클라이언트 체계와 상호작용하는 훈련으로 유용하게 활용할 수 있다.

여기에서는 개인 대상 개입 과정에서 사회복지실천 전문가가 어떻게 의사소통하고 상호작용하는가에 대한 분석의 도구로 활용할 수 있는 과정 기록을 소개하고자 한다.

과정 기록(process recoding)은 클라이언트와의 면접이나 상담 과정에서 발생하는 직접적인 상호작용을 문서로 남기는 기록이다.

과정 기록은 사회복지 임상 실천을 습득하는 주요 도구 역할을 한다. 사회복지 전문가는 직접 서비스 실천에서 클라이언트를 대상으로 개입을 수행하면서 효과적으로 의사소통해야 한다. 과정 기록을 수행하면서 사회복지 전문가는 자신에 대한 이해와 자신이 클라이언트나 다른 전문가들과 어떻게 소통하는가를 이해하게 되고, 나아가 효과적으로 상호작용하는 기술을 이해하고 분석하고 나아가 성장하는 과정을 거치게 된다.

(1) 과정 기록 주요 내용[5)]

과정 기록을 현장실습의 직접 서비스 실천 수행 역량을 높이고자 활용하는 목적이므로 실습생의 관점에서 주요 내용을 소개하고자 한다. 클라이언트 대상 직접 실천의 예로는 상담, 인테이크 면접, 욕구 사정 등을 들 수 있다. 클라이언트와의 의사소통 진행은 면접(interview)이라는 용어로 통일하고자 한다.

① 주요 정보를 수집한다: 실습생 성명, 수행한 날짜, 클라이언트 주요 정보(성명이나 기관에서 부여한 확인할 수 있는 정보를 사용하되, 해당하는 정보가 노출되지 않도록 성명의 일부만 기록하는 방식으로 수행해야 함). 예로 서비스가 수행된 횟수와 이름의 이니셜을 조합하여 사용하는 방안도 추천된다. 연령도 조합하여 사용하면 클라이언트에 대한 정보 파악에 도움이 될 수 있다.
② 서비스 목적을 명시한다: 서비스에서 수행하고자 하는 구체적인 목적이 있다면 간략하게 기술한다.
③ 실습생은 기억나는 만큼 면접 진행 과정에서 나누었던 의사소통 내용을 기술한다.
④ 면접 과정에서 일어난 클라이언트와 실습생의 행동이나 비언어적 행동을 기술한다.
⑤ 클라이언트에 대하여 실습생이 어떻게 느꼈는지, 그리고 반응하였는지 등을 기술한다. 여기에는 실습생이 말하지 않았던 반응이나 생각들을 기술하도록 한다. 예를 들어, '이런 부분에서는 나는 불편한 감정이 드는데…….' '아, 다음에는 뭘 해야 하지? 당황스럽고, 혼란스러운데…….' 등의 진술로 표현하지 않는 생각과 반응을 기술해 본다.
⑥ 실습생은 면접에서 진행된 상황에 대하여 관찰한 부분이 무엇이며, 분석한 내용이 무엇인지 기술한다.
⑦ 실습생은 전반적으로 어떻게 면접 과정을 보았는지에 대한 소감을 기술한다. 전반적인 소감은 면접 과정에 대한 분석적 사고를 정리하는 과정이다.

---

5) *Handbook for student social work recoding*, Columbia University, School of Social Work

⑧ 차후 계획을 기술한다. 해당 회기에서 해소되지 못한 이슈가 있다면 정리하고, 장단기 목표에 대하여 기술한다.

⑨ 현장실습세미나 혹은 슈퍼비전에서 다루고 싶은 질문을 기술한다, 이 과정은 실습생은 현장에서 전문가의 입장에서 서 보는 경험을 하게 된다. 이러한 기회를 통해 실습생은 현장 전문가로서 갖추어야 하는 서비스 수행 역량을 경험할 수 있다.

2) 과정 기록 예시

과정 기록은 클라이언트를 대상으로 하는 직접 서비스 실천 과정에서 나눈 대화를 있는 그대로 옮기는 방식을 취한다. 실습생은 과정 기록을 수행함으로써 자신이 수행한 직접 서비스 실천 역량에 대하여 분석할 수 있다. 또한 직접 서비스 실천 과정에서 전문적 자아(professional self)를 활용하고, 분석하는 역량을 쌓을 수 있다. 과정 기록의 유형은 대화 중심으로 옮기는 방식과 이야기체 방식을 취하는 경우도 있다. 여기에서는 대화 중심으로 옮기는 방식의 구성을 소개하겠다.

(1) 과정 기록 구성 내용

- 학생의 이름
- 면접 일시
- 클라이언트 정보
- 회기의 목적/목표
- 4개의 영역으로 구분하여 기술하기
  - 회기에서 이루어진 대화를 있는 그대로 기술하기
  - 어떤 감정을 느꼈는지 기술하기
  - 사례에서 제기되는 이슈들에 대하여 분석하기
  - 현장실습 지도자의 슈퍼비전
- 클라이언트에 대한 인상이나 사정 내용을 기술하기
- 해당 회기에 수행한 작업에 대하여 사정한 내용을 기술하기
- 다음 회기(단계) 계획 기술하기
- 실습생이 해야 할 일정 정리하여 기술하기
- 향후 고려되어야 할 점이나 문의 사항을 기술하기

(2) 과정 기록 사례[6)]

- 사회복지현장실습생 이름: 김○○
- 제출 날짜: 202△년 △월 △△일
- 클라이언트 정보
  - 19세 고등학교 재학중 임산부. 기초생활 수급자 어머니와 동거 중
  - 의뢰 경로 및 사유: 학교 사회복지사, 임산부 지원 등에 관하여 상담 희망
  - 장소: ○○종합사회복지관 상담실
  - 회기 진행 날짜: 202△년 △월 △△일
- 회기의 목표[7)]
  - 사회복지현장실습생 목표: 클라이언트와 관계 형성, 클라이언트와 관계를 지속적으로 발전시키기, 클라이언트의 장점 발견하기와 현재 도전되는 상황 파악하기, 클라이언트와 목표 설정하는 것에 대하여 논의하기
  - 클라이언트의 목적: 자신이 받을 수 있는 도움을 받기 위한 진행에 대하여 알아보기, 학업과 출산에 대한 결정과 관련하여 상담하기, 현재 동거하고 있는 어머니와의 갈등으로 독립하는 방안에 대하여 상담하기

(3) 축어록 내용[8)]

축어록 원고	사회복지 실습생 느낌, 생각	분석-사례에서 드러나는 이슈 중심으로	슈퍼바이저 코멘트, 피드백
"학교에서 친구들이 임신한 것 의심하는 거 같기도 하고, 알까 두려워요. 친구들도 피하게 되고……. 엄마는 학교에서 알기 전에 그만두어야 세상에 소문이 나지 않는다고 재촉하시기만 하고……." (클라이언트는 눈을 마주치지 않고, 느리고 작은 목소리로 이야기함. 엄마에 대한 이야기를 하면서 급격히 안색이 어두워짐)	• 클라이언트의 얼굴 표정이 절망적으로 보임 • 클라이언트가 현재 느끼는 감정이 어떨지, 그 입장을 내가 어느 만큼 이해할 수 있을지 하는 생각이 듦	• 클라이언트의 절망감과 우울감 등 정서적 불안정성에 대한 개입이 필요함 • 지금 클라이언트에게 가장 필요한 구체적인 지지가 무엇인지 파악해야 할 것임	

6) 『Columbia University School of Social Work: Handbook for Student Social Work Recoding』에 수록된 사례를 기반으로 수정 보완하였음. 여기에서는 축어록(verbatim) 모델을 소개하였다.

7) 해당 회기는 인테이크 회기 이후로 2회기에 해당한다.

8) 축어록 모델을 활용하는 과정 기록은 회기 전체 내용을 옮기지만, 여기에서는 일부 소개하는 방식을 취한다.

"엄마는 제가 임신할 것을 알고 같이 죽어버리자고……. 저와 제 아이를 절대 인정할 수 없다는 거잖아요……. 제가 바보라서 임신한 거라고 하시고……." (거의 들리지 않는 목소리로 천천히 이야기하면서, 눈물을 참으려고 애쓰는 모습을 보임)	• 클라이언트는 현재 상황과 이 사실이 타인에게 알려지는 상황에 대하여 매우 고통스럽게 느끼고 있음 • 클라이언트는 어머니의 비난이 가혹하다고 느끼는 것으로 보임	• 클라이언트가 임신과 출산에 대한 결정을 할 수 있는 독립적인 인격임을 지지할 필요가 있음 • 클라이언트와 어머니 간의 중재가 필요함	
"아이를 포기할 수는 없잖아요. 어떻게 포기하겠어요……." (눈물이 그치지 않는 상태에서 한 마디 한 마디 대화를 이어 감)	• 얼굴 표정과 목소리 어조, 대화 속도를 통하여 클라이언트의 고통이 느껴졌음 • 태아의 생명을 지키고자 하는 클라이언트의 용기가 돋보임	• 현재로는 결심 외에는 클라이언트는 대책에 대해서는 준비가 되지 않은 상태로 보임	
"이런 상황에서 엄마와 같이 살 수 없을 것 같아요. 독립할 수 있는 방법은 없는지……. 그런 생각이 많이 들어요. 엄마 이야기를 듣다 보면, 모두 제가 못나서 이런 일이 벌어졌다는 생각만 들어요. 어떻게 자식의 마음은 보려고도 하지 않을까요……." (이 시점에서 클라이언트는 이전 대화와는 다른 단호한 어조를 구사함. 실습생과 눈 맞춤을 보였음)	• 클라이언트의 단호한 어조와 눈맞춤 등으로 어머니와의 갈등이 심한 정도가 전달됨 • 클라이언트와 어머니 간의 이해가 조정되는 것이 필요하다고 보임 • 클라이언트가 독립에 대한 막연한 희망을 가지고 있는 것으로 보임	• 독립에 대한 욕구의 배경에 대하여 파악할 필요가 있음 • 독립 준비 과정에서 사전에 어머니와의 갈등 해소를 다루는 것이 필요한 것으로 보임	

(4) 회기에 대한 소감과 수행한 활동에 대한 사정

- 전반적으로 잘 진행된 회기였음. 클라이언트는 출산에 대하여 친구와 공유하는 점이나 어머니와의 갈등과 같은 구체적이고 질문들에 대해서는 불편한 기색을 드러내는 등 회피하는 경향을 보이기는 했지만 지난 회기에 비해 진전이 있었음

- 회기는 전반적으로 잘 진행되었으나, 클라이언트와의 대화에서 적극적으로 응하고자 노력하고 회기를 성공적으로 이끌어야 한다는 압박감 등으로 정서적으로는 다소 불안정하였음. 클라이언트와의 관계 형성이라는 측면을 분석해보면 클라이언트의 상황에 대하여 비심판적인 태도를 견지하였음. 질문의 성격을 분석하면, 위협적이지 않았으며, 비판적이지 않았다고 평가됨

(5) 다음 회기 계획

클라이언트는 학업을 지속하기를 원하나, 현재 학교에서 학업을 지속하는 데에는 주변의 시선으로 심리적 어려움을 호소함. 고등학교 학력을 취득할 수 있는 방안을 소개하고 이를 진행할 계획을 세움. 현재 동거하고 있는 어머니와의 심리적 갈등을 해소하는 방안으로 독립을 준비하기 전 가족치료 상담을 제안함

(6) 실습생의 일정 기획하기

- 고등학교 학력 취득 과정과 관련 지원책 조사하기
- 청소년 임산부 지원 정책과 서비스 기관 조사하기
- 가족치료 개입 과정 기획하기

(7) 향후 고려해야 할 점이나 질의할 내용

- 클라이언트가 학교에서 임신에 대한 주제를 어떻게 다룰 것인가에 대하여 준비해야 할 점은 무엇인가?
- 클라이언트와 어머니의 갈등을 해소하기 위한 가족치료 이론적 접근과 관련하여 어떻게 준비해야 할 것인가?
- 클라이언트의 독립 준비 과정에 대하여 단계별 접근을 어떻게 진행해야 할 것인가?

3) 요약 기록

한국사회복지교육협의회는 표준실습교육 매뉴얼을 제공하였다. 현장에서 많이 적용하는 기록 유형으로 다음의 요약기록지를 들 수 있다.

[관련 서식] 실습생 3: 실습일지

실습일지

1. 실습생명:
2. 실습일:
3. 오늘의 목표:

4. 진행 내용(시간, 내용 등을 중심으로 기록)

5. 실습생 의견(배운 점, 의문 사항, 건의 등 포함)

6. 실습지도자 의견

4. 학습 활동

사회복지사는 기관에 소속되어 활동한다. 기관의 정책과 기능에 적합하게 활동을 수행해야 한다. 기록은 사회복지 전문가가 수행한 활동 내용을 기관에 보고하는 것이다. 기관에서 근무하는 경우 사회복지사는 기관의 양식으로 기록해야 한다. 기록에서 다루게 되는 내용은 기관의 기능과 목적, 정책에 준해야 한다. 기관의 양식은 기관의 관점을 반영한 것으로, 기관의 서비스 체계나 기관에서 제공할 수 있는 서비스 내용을 담게 된다(Cedersund & Olaison, 2010). 클라이언트의 욕구에 맞춤형으로 접근하기보다는 기관 관점을 우선적으로 반영하는 제공자 중심 접근인 것이다. 기관 양식의 양식에서 다루는 내용이나 문구, 순서 등은 전문가와 클라이언트의 상호작용에 영향을 미친다. 사회복지 전문가가 기관 양식에만 고착하여 기록을 진행하려고 할 수도 있다. 서비스 수행에서 요구되는 유연성과 클라이언트의 자기결정권 보장, 전문가와 클라이언트 간의 의미 있는 상호작용, 그리고 기관 양식에서 요구하는 정보의 수집 등의 과업을 모두 만족시키기는 매우 어렵다. 필요한 경우, 특정 영역에서 클라이언트가 충분히 자신의 관점과 의견을 표현할 수 있도록 지지하고 서비스 진행 과정을 조율하는 결정을 내릴 수 있어야 한다. 실습생은 예비 현장에서 이루어지는 이러한 조율 과정을 면밀하게 관찰하고 슈퍼비전 과정을 통하여 훈련받는 것이 필요하다.

1) 실습 과정에서의 기록 활동 사례를 중심으로 기록에 대하여 점검하기

(1) 요약 기록을 수행하고 분석해 보기

- 현장실습에서 수행한 활동에 대하여 요약 기록을 적용해 보자.
- 기록 수행에서 적용한 원칙과 기술을 분석해 보자.
- 스스로의 기록 역량에 대한 자기평가를 수행해 보자.

(2) 과정 기록을 수행하고 분석해 보기

과정 기록은 시간이 많이 소요되고, 분석 과정에서 심리적 요구도가 높은 작업이다. 반면 임상 실천 수행 역량을 심도 있게 성장시키고, 전문가로서의 의사소통과 발전되어야 할 부분에 대한 피드백을 줄 수 있는 유용성이 있다. 실습세미나에서 현장실습에서 과정 기록의 경험 사례를 나누어 보거나, 실습생이 실습 기간 동안의 면접이나 상담을 통하여 경험한 사례를 발굴하여 수행해 보자. 내용은 앞서 제시한 과정 기록 파트를 참고한다.

- 현장실습에서 수행한 활동에 대하여 과정 기록을 적용해 보자.
- 기록 수행에서 적용한 원칙과 기술을 분석해 보자.
- 스스로의 기록 역량에 대한 자기평가를 수행해 보자.

2) 동료와 생각과 느낌을 공유하고 요약 기록과 과정 기록의 차이를 인식

실습생은 현장에서 요구하는 기록을 원활하게 수행할 수 있는 역량을 키워야 한다. 한편, 기록은 임상 실천의 결과물로 전문가로서의 스스로의 활동 수행에 대한 점검과 역량을 키워 나가는 과정이다. 기록과 관련하여 슈퍼비전의 중요성이 여기에 있다. 동료 간에 기록자로서의 관점과 슈퍼바이저로서의 관점 입장에서 상호 피드백을 교환하고 의견을 나누도록 한다.

3) 주제 토론을 위한 방법

조를 구성하여 실습기관에서의 활동한 기록의 사례를 공유한다. 필요한 경우에는 개입의 일부를 현장에서 역할극을 통하여 수행한다. 3인 1조로 사회복지사, 클라이언트, 관찰자의 역할을 담당하여 상담을 수행하고 결과물로 요약 기록과 과정 기록을 수행해 본다. 3~4개 조가 각자 조별로 활동하고 이후 발표를 진행한다. 발표의 내용은 앞에서 제시한 점검 리스트를 활용한다.

참고문헌

석말숙, 김정진(2022). 사회복지시현장실습 A to Z. 학지사.

엄명용, 김성천, 윤혜미(2020). 사회복지 실천의 이해. 학지사.

정선영, 손덕순, 오영림(2017). 사례로 배우는 사회복지 실천기술론. 학지사.

한국사회복지교육협의회(2019). 사회복지 현장실습 운영방안 및 영역별 사회복지사 자격제도연구.

한국사회복지사협회(2023. 4. 11.). 사회복지사 윤리강령.

Kadushin, A., & Kadusnin, G. (1997). *The social work interview*. Columbia University Press.

제7장

사회조사와 지역사회

학습목표

1. 사회조직으로서의 실습기관에 대한 기능과 역할에 관해 설명할 수 있다.
2. 실습기관이 속한 지역사회의 욕구를 파악할 수 있다.
3. 지역사회의 욕구를 기반으로 실습기관이 제공하는 서비스 연계를 설명할 수 있다.

사회복지현장실습에서 학생들이 실습하는 기관 대부분은 지역사회를 기반으로 서비스를 기획하고 운영한다. 실습기관은 자체의 기능과 역할을 가지고 있으며, 기관의 기능과 역할을 고려해서 서비스를 제공할 수 있도록 실습생을 훈련한다. 하지만 그 과정에서 기관의 기능과 역할이 어떻게 생겨났으며 이러한 기능과 역할이 지역사회와 연계되어 있음을 인지하지 못하는 경우가 많다. 따라서 이 장에서는 실습기관의 기능과 역할이 그 기관이 속한 지역사회의 욕구를 기반으로 구성되었으며, 지역사회에 대한 이해가 기관의 기능과 역할을 적절하게 수행하도록 하는 데 중요한 역할을 하고 있음을 인지하도록 하는 것을 주요 목적으로 한다. 이에 실습세미나에서는, 첫째, 실습기관에 대한 기능과 역할을 설명하고, 둘째, 실습기관이 속한 지역사회의 욕구를 파악하며, 셋째, 지역사회의 욕구를 기반으로 실습기관이 제공하는 서비스 연계를 설명할 수 있도록 하는 데 목표를 둔다. 이를 통해 지역사회를 중심으로 운영되는 실습기관의 기능과 역할을 이해하고, 지역사회 욕구 조사의 중요성에 대해 인식하도록 할 필요가 있다.

1. 실습기관의 기능과 역할

사회복지현장실습을 통해 학생들이 실습하는 기관 대부분은 사회복지와 관련된 서비스를 제공하는 기관으로 종합사회복지관, 노인복지관, 장애인복지관, 청소년복지시설, 병원, 정신건강 관련 시설, NGO 단체 등 다양하다. 기관에 따라 차이가 있지만 많은 학생이 실습하는 복지관의 경우, 그 기관이 속한 지역사회의 욕구를 기반으로 서비스를 제공하거나 프로그램을 기획하는 경우가 많다. 하지만 학생들 중 다수는 이러한 실습기관이 지역사회의 욕구를 반영한다는 사실을 모르고, 그 기관에서 수행하고 있는 다수의 프로그램이 지역사회의 욕구를 기반으로 기획되고 운영되고 있다는 것에 대한 인식이 부족한 경우가 많다. 따라서 실습세미나를 통해 실습기관이 지역사회에 속한 하나의 사회조직으로서 구성되어 있다는 것을 인식하고, 기관이 가지고 있는 기능과 역할을 지역사회의 욕구에 기반해서 이해할 필요가 있다.

사회복지현장실습을 통해 학생들이 실습하는 기관이 어떤 기능과 역할을 하고 있는지를 학습하는 것은 매우 중요하다. 일반적으로 실습 첫 주에는 기관의 주요 기능과 역할을 배운다. 또한 기관에 따라 어떤 기관은 순환 실습을 하면서 기관에서 제공하는 다양한 기능과 역할을 배우게 되고, 심화 실습을 하게 되면 기관의 특정 기능과 역할을 심도 있게 학습할 기회를 제공받게 된다. 이처럼 실습기관의 기능과 역할에 대한 이해는 실습하는 학생이 가장 먼저 이해하고 확인해야 하는 중요한 부분이다.

사회복지현장실습에서 학생들에게 가장 많이 추천하는 실습기관은 종합사회복지관이다. 종합사회복지관은 사회복지 영역의 핵심 기관으로, 지역사회의 복지를 증진하기 위해 다양한 기능과 역할을 수행하고 있다. 물론, 기관에 따라 강조하는 기능과 역할은 다르기 때문에 기관에서 오리엔테이션 또는 강의를 통해 제시하는 기관의 주요 기능과 역할에 대해서는 반드시 메모해 놓고 숙지할 필요가 있다. 일반적인 종합사회복지관의 주요 기능과 역할을 간략하게 제시하면 다음과 같다(조성희 외, 2023).

① 지역사회 복지 서비스 제공

- **상담 및 지원 서비스:** 개인과 가족의 다양한 문제를 상담하고, 필요에 따라 적절한

지원을 제공한다.

- **사회적 지지망 구축:** 지역사회 내에서 소외된 계층이나 도움이 필요한 사람들을 위한 지지망을 형성하여, 이들이 사회적 관계를 유지하고 발전시킬 수 있도록 돕는다.

② 지역사회 자원 연계 및 개발

- **자원 발굴 및 네트워킹:** 지역사회의 다양한 자원을 발굴하고, 이를 필요로 하는 사람들과 연결하는 역할을 한다.
- **프로그램 개발 및 운영:** 지역사회의 필요에 맞는 다양한 복지 프로그램을 개발하고 운영한다.

③ 예방 및 교육 프로그램

- **예방적 접근:** 문제 발생 후의 대처보다는 문제의 발생을 예방하는 프로그램을 제공한다.
- **교육 및 훈련:** 지역사회 주민들이 자립할 수 있도록 다양한 교육 및 훈련 프로그램을 제공한다.

④ 지역사회 중심 활동

- **지역사회 개발:** 지역사회의 자립성과 응집력을 높이기 위한 다양한 활동을 기획하고 실행한다.
- **주민 참여 촉진:** 주민들이 적극적으로 복지관 활동에 참여할 수 있도록 유도하고, 이들의 의견을 반영하여 프로그램을 개선한다.

⑤ 정보 제공 및 권익 옹호

- **정보 제공:** 주민들에게 유용한 정보와 자원을 제공하여, 이들이 필요한 서비스를 받을 수 있도록 돕는다.
- **권익 옹호:** 사회적 약자나 소외된 계층의 권익을 보호하고, 이들이 사회에서 공정한 대우를 받을 수 있도록 옹호한다.

종합사회복지관뿐만 아니라 노인복지관에서 실습하는 경우도 많이 있다. 노인복지관은 노인을 대상으로 다양한 복지 서비스를 제공하는 전문 기관으로, 노인의 삶의 질을 향상시키고 지역사회의 노인복지를 증진하기 위해 여러 기능과 역할을 수행한다. 일반적인 측면에서의 기능과 역할은 종합사회복지관과 크게 다르지 않지만, 노인에 초점을 두어 서비스를 제공한다는 점과 정책적으로 노인 대상의 서비스(예: 노인맞춤돌봄서비스)가 제공되기도 한다는 점에서 종합사회복지관과 차이가 있다.

청소년쉼터, 청소년자립지원관, 청소년수련관 등 청소년복지시설은 청소년들의 건강한 성장과 발달을 지원하는 중요한 사회복지기관으로 주요 기능과 역할로는 청소년의 복지 증진, 상담 및 지원 서비스, 교육 및 학습 지원, 여가 및 문화 활동 제공, 자원봉사 및 사회참여 기회 제공, 건강 관리 및 증진, 위기 청소년 지원, 가족 지원 및 교육, 지역사회와의 연계, 정책 및 제도 개선 활동 등이 있다.

장애인복지관은 장애인들의 삶의 질을 향상시키고, 사회참여를 증진시키기 위해 다양한 서비스를 제공하는 중요한 사회복지기관이다. 주요 기능과 역할로는 상담 및 지원 서비스, 재활 서비스, 교육 및 훈련 프로그램, 직업 재활 및 고용 프로그램, 여가 및 문화 활동 제공, 가족 지원 및 교육, 지역사회 연계 및 자원 개발, 정책 및 권익 옹호 활동 등이 있다.

병원에서 근무하는 의료사회복지사가 되기 위해 병원 실습을 선택하기도 한다. 병원에서 실습을 할 경우, 일반적으로 병원 내 의료사회복지팀(과)에서 실습을 하게 된다. 의료사회복지사는 환자와 그 가족이 의료적 · 심리적 · 사회적 문제를 효과적으로 다룰 수 있도록 돕는 역할을 수행한다. 의료사회복지팀의 주요 역할과 기능은 심리 · 사회적 평가와 상담, 지역사회 자원연결, 경제적 문제 상담, 퇴원 계획 및 관리, 위기 개입 및 지원, 다학제적 팀 협력 등이 있다.

이처럼 실습을 하는 기관에 따라 기관의 역할과 기능은 다르며, 공통적으로 다루는 영역뿐만 아니라 기관만의 독특한 기능과 역할이 있기도 하다. 또한 같은 종합사회복지관이라고 하더라도 지역의 욕구와 지역적 특성, 기관의 특성에 따라 다른 역할과 기능을 하는 경우도 있다. 따라서 실습하는 첫 주에는 반드시 학생이 실습하는 기관만의 독특한 역할과 기능이 무엇이고, 어떤 점이 유사하고, 어떤 점에서 차별성이 있는지를 파악하는 과정은 매우 중요하다.

2. 실습기관이 속한 지역사회의 욕구

사회복지기관의 주요 기능과 역할은 다양한 요인, 즉 기관의 설립 목적과 미션, 법적 요구 사항, 재정적 자원, 전문적 지침과 기준 등 여러 가지 요인에 의해 결정된다. 하지만 기관이 어느 정도의 목적과 법적 요구 사항 등을 준수했다면, 이후 기관의 기능과 역할을 명확하게 설정하기 위해 중요하게 고려할 사항은 기관이 속한 지역사회의 욕구이다. 다시 말해서, 사회복지기관이 위치한 지역사회의 구체적인 필요도와 욕구는 기관의 기능과 역할을 결정하고, 구체적인 프로그램과 서비스를 기획하도록 하는 중요한 요인이 된다. 이를 파악하기 위해 사회복지기관은 종종 지역사회 욕구 조사와 평가를 시행한다. 또한 지역사회에서 특정 문제나 이슈가 두드러지게 나타난다면, 그에 맞춰 기관의 서비스는 조정되기도 한다.

한편, 사회복지 실습기관 중에서는 지역사회 욕구를 기반으로 프로그램을 기획하고 기관의 기능과 역할을 결정하는 기관이 있지만, 지역사회 중심으로 서비스를 제공하기보다 우리나라 전역을 대상으로 서비스를 제공하는 기관도 있다. 전자의 대표적인 기관은 지역사회 중심으로 돌아가는 종합사회복지관이나 노인복지관 등이며, 후자의 대표적인 기관은 상급종합병원(예: Big 5 병원으로 불리는 서울대병원, 아산병원, 삼성의료원, 세브란스병원, 성모병원 등)에서 근무하는 의료사회복지팀이나 정신장애인을 대상으로 서비스를 제공하는 대규모 정신건강 관련 기관(예: 용인정신병원, 국립서울병원 등), 장애인을 대상으로 서비스를 제공하는 장애인복지관 등이 이에 포함될 수 있다. 물론, 병원, 정신건강 관련 기관, 장애인복지관 등이 모두 우리나라 전역에 있는 클라이언트를 대상으로 서비스를 제공하는 것은 아니다. 따라서 기관이 속한 지역사회의 욕구 파악 여부는 기관이 지역사회를 중심으로 이루어지고 있는지, 전국을 대상으로 서비스가 제공되고 있는지를 먼저 파악하는 것이 중요하다.

지역사회를 중심으로 서비스를 제공하기 위해서는 지역사회의 특징이 무엇이고, 주요 욕구가 무엇인지 파악하는 것은 필수적이다. 일반적으로 실습을 하는 동안 지역사회의 특성을 파악하기 위한 활동을 수행하는 경우가 많다. 지역사회 욕구 분석은 지역사회 구성원들의 필요도와 문제를 파악하여 효과적인 복지 서비스를 제공하기 위한 중요한 과정이다. 이 과정에서 사용하는 기술과 방법을 〈사회복지조사론〉에서 배우게 되며, 구체적인 통계까지 수행하도록 실습기관에서 요청할 경우 〈사회복지자료분석론〉

에서 배운 내용이 실제 현장에서 유익하게 사용될 수 있다는 것을 깨닫게 된다. 이와 같은 지역사회 욕구 분석을 위해 일반적으로 수행하는 단계와 활동은 다음과 같다(김진숙, 2022; 황성동, 2015).

① **목표 설정**: 욕구 분석의 목적과 목표를 명확히 정의한다. 어떤 정보를 수집할 것인지, 분석 결과를 통해 무엇을 달성하고자 하는지 결정한다.

② **자료수집 방법 계획**: 욕구 분석에 사용할 자료수집 방법을 계획한다. 주로 사용되는 방법은 설문조사, 인터뷰, 포커스 집단, 공식 자료 분석 등이다.

- **설문조사**: 지역주민들을 대상으로 설문지를 배포하여 의견을 수렴한다.
- **인터뷰**: 지역사회 리더, 전문가, 주민들과 심층 인터뷰를 진행하여 심도있는 정보를 얻는다.
- **포커스 집단**: 특정 주제에 대해 다양한 이해관계자들이 참여하는 집단 토론을 통해 의견을 모은다.
- **공식 자료 분석**: 정부 보고서, 통계자료, 연구보고서 등을 분석하여 지역사회의 현황과 문제를 파악한다.
- **자료 수집**: 계획된 방법에 따라 자료를 수집한다. 다양한 접근 방법을 사용하여 충분한 양과 질적인 자료를 확보하는 것이 중요하다.
- **자료 분석**: 수집된 자료를 체계적으로 분석한다. 양적 자료는 통계적 분석을 통해 주요 경향을 파악하고, 질적 자료는 내용 분석을 통해 중요한 주제와 패턴을 도출한다.
- **결과 해석 및 문제 도출**: 분석 결과를 바탕으로 지역사회의 주요 필요도와 문제를 식별한다. 이 과정에서 우선순위를 정하고, 가장 시급하고 중요한 문제를 우선적으로 다룬다.
- **보고서 작성 및 공유**: 분석 결과를 종합하여 보고서를 작성한다. 보고서에는 주요 발견 사항, 지역사회의 필요와 문제, 제안된 해결 방안 등이 포함한다. 보고서를 지역사회 구성원들과 공유하여 의견을 수렴하고 협력 방안을 모색한다.
- **실행 계획 수립**: 분석 결과를 바탕으로 구체적인 실행 계획을 수립한다. 계획에는 목표, 세부 활동, 자원배분, 시간 계획 등이 포함한다.

- **모니터링 및 평가:** 실행 계획이 효과적으로 진행되는지 지속적으로 모니터링하고 평가한다. 필요시 계획을 수정하여 목표를 달성할 수 있도록 조정한다.

만약 지역사회 욕구조사와 관련된 기회를 경험하지 못할 경우, 실습 슈퍼바이저를 통해 지역사회 욕구조사와 관련된 보고서를 요청하는 것은 도움이 될 수 있다. 기관 대부분은 2~3년마다 한 번씩 지역사회 욕구 조사를 하기 때문에 지역사회 욕구 조사와 관련된 보고서가 마련되어 있다. 이 보고서를 통해 기관이 속한 지역사회의 욕구가 무엇인지, 지역사회에 거주하는 주민의 특성은 무엇인지를 확인하는 것은 향후 프로그램이나 서비스를 기획할 때 상당한 도움이 된다. 만약 최근에 수행한 지역사회 욕구 조사가 없다면, 최소한 그 기관이 속한 지역의 특성을 파악하기 위해 공공데이터를 확인하는 것도 도움이 될 것이다.

3. 지역사회 욕구와 서비스

사회복지기관의 기능과 역할은 지역사회 욕구를 기반으로 결정된다. 즉, 사회복지기관의 기능과 역할, 그리고 지역사회 욕구 확인은 서로 다른 별개의 것이 아니라 서로 연계되어 있다는 사실을 학생들은 실습을 통해 인식해야 한다. 지역사회 욕구를 확인하는 과정은 〈사회복지조사론〉 교과목을 통해 학습하게 되며, 이 수업을 수강하는 학생들은 현장실습에서 욕구 조사를 수행하기 전까지는 〈사회복지조사론〉 수업의 필요성을 인식하지 못하는 경우가 많다. 실습기관에서 지역사회 욕구 조사를 학생이 참여하도록 요청할 경우, 학생들은 대상자를 만나 인터뷰를 하거나 서베이를 하는 경우가 있다. 또한 설문지를 작성하도록 하거나 모은 자료를 분석하도록 요청할 수도 있다. 이런 일련의 과정은 지역사회 욕구를 알기 위해 수행하는 단순한 조사가 아니라 욕구 조사 결과를 바탕으로 지역 내 주요 이슈가 무엇이고 어떤 프로그램을 기획해야 하는지에 대한 방향성을 제시해 준다는 점을 인식할 필요가 있다.

일반적으로 종합사회복지관이 개관을 위해 준비하는 기간은 약 6개월이라고 한다. 6개월의 기간 동안 지역주민을 맞이하기 위해 다양한 물질적 준비를 하기도 하지만, 무엇보다 가장 중요한 것은 어떤 서비스를, 어떤 프로그램을 지역주민을 위해 기획하고 제공할 것인지 준비하게 되는 것이다. 이를 위해 가장 우선적으로 시행하는 것이 욕구

조사이다. 지역에 거주하는 주민들의 인구 사회학적인 특성(예: 나이, 성별, 직업, 거주상태 등)을 파악하고, 그들이 지니는 우선적 욕구가 무엇인지를 파악한 후에 기관에서 제공할 서비스와 프로그램을 기획하게 된다. 이러한 서비스와 프로그램이 결정될 때 그것이 사회복지기관의 기능과 역할이 되는 것이다.

4. 학습 활동

사회조사 및 지역사회와 관련된 세미나 수업에서도 다양한 형태의 토론이 이루어질 수 있다. 이를 위해 필요한 학습 활동은 ① Response Paper 작성을 통한 지역사회 이해하기와 ② 동료와의 생각과 느낌 공유를 통한 기관 간 차이 인식 과정이다. 현장실습을 하면서 학생 대부분은 기관의 기능과 역할에 대해서는 이해하고 있지만, 이것이 지역사회의 욕구 조사와 연계되어 있다는 사실은 인지하지 못하는 경우가 많다. 또한 지역사회 욕구 조사 활동을 하면서도 이것이 궁극적으로 기관의 기능과 역할과 관련이 있으며, 상황에 따라 기능과 역할이 재조정될 수 있다는 사실을 모르는 경우가 있다. 따라서 실습세미나에서 이루어지는 토론 수업은 실습기관의 기능과 역할뿐만 아니라 지역사회의 욕구도 파악함으로써 실습기관이 제공하는 서비스가 지역사회의 욕구와 연계되어 있다는 사실을 인식하도록 하는 데 중요한 활동이 될 수 있다.

※ 준비: Response Paper 4

- 토의 1: 실습기관이 속한 지역사회의 주요 욕구는 무엇인가?
- 토의 2: 사회복지 서비스 조직으로서 실습기관의 기능과 역할은 무엇인가?

1) Response Paper 작성을 통한 지역사회 이해하기

'사회조사와 지역사회'와 관련된 이슈를 논의하기 위해서는 우선 학생들이 실습하는 기관의 역할과 기능을 조사하고, 더불어 지역사회 주민의 주요 욕구를 확인하는 작업이 필요하다. 물론, 학생들은 실습하면서 기관의 역할과 기능에 대한 정보를 많이 확보했을 것으로 생각된다. 하지만 지역사회와 연관된 실습을 하지 않는 한, 지역사회 주민의 욕구와 주요 이슈, 인구 사회학적 특성을 파악하지 않는 경우도 있다. 따라서 Response Paper 작성 시간을 통해 다시 한 번 기관의 역할과 기능을 확인하고, 지역사회 주민의 주요 욕구를 확인하는 과정은 필요하다. 만약 실습 기간 동안 지역사회 주민의 욕구를 파악하는 활동을 하지 않았다면, 그와 같은 과정을 겪지 않은 이유에 대해 숙고하는 시간을 갖는 것도 필요하다. 또한 Response Paper를 작성하면서 기관이 속한 지역사회의 주요 욕구가 실제 기관의 기능과 역할과 어떤 관련성이 있는지를 검토하는 시간은 기관의 방향성을 모색하는 데 중요한 과정이 될 것이다.

2) 동료와의 생각과 느낌 공유를 통한 기관 간 차이 인식 과정

'사회조사와 지역사회' 이슈를 다루기 위해서는 기관의 다양성을 학생들이 체험하는 것이 도움이 된다. 따라서 동일한 기관이 아닌 다양한 기관에서 실습한 학생들을 중심으로 소규모 집단을 구분하는 것을 추천한다. 이를 통해 기관의 종류 및 특성에 따라 지역사회 이슈를 얼마나 중요하게 생각하는지, 아니면 지역사회 이슈가 기관의 기능과 역할을 설정하는 데 크게 영향을 미치지 않는지 등을 파악할 수 있다. 더불어 같은 기관이라도 기관의 규모에 따라 지역사회 중심의 서비스를 제공하는 경우도 있고, 전국에 있는 클라이언트를 대상으로 서비스를 제공하기도 한다. 이처럼 다양한 기관에서 실습한 학생들이 모여서 토론하게 될 경우, 학생들이 실습에서 배운 내용을 중심으로 사고의 범위를 제한하기보다는 좀 더 광범위한 수준에서 사고의 범위를 확장하도록 한다는 점에서 상당한 도움이 될 수 있다.

3) 주제 토론을 위한 방법

실습세미나에서 사회조사와 지역사회의 관계에 대해서 동료와 생각과 느낌을 공유하도록 하기 위해서는 다양한 형태의 토론이 가능할 수 있다.

첫째, 기관의 종류에 따른 소규모 집단 구성이다. 이때 기관의 종류가 같은 대상자들을 하나의 소규모 집단으로 묶을 수도 있고, 기관의 종류가 다른 대상자들을 하나의 소규모 집단으로 묶을 수도 있다. 물론 집단을 어떻게 구성하냐에 따라 발생할 수 있는 장단점은 명확하다. 일반적으로 유사한 집단으로 묶을 경우, 소규모 토론은 빨리 끝나고 의견도 하나로 모여 전체 집단에서 발표할 때 매우 효과적일 수 있다. 또한 이를 통해 각 집단 간 차이를 명확하게 구분할 수 있게 된다. 상이한 집단으로 묶을 경우, 소규모 토론에 오랜 시간이 걸리고, 집단에서 토론한 내용을 요약하는 데 상당한 어려움을 겪을 수 있다. 따라서 상이한 집단으로 묶은 경우에는 전체 집단에서 발표하는 것을 생략하거나 소규모 집단에서 나온 내용을 모두 요약하기보다는 흥미 있는 내용에 초점을 두어 발표하도록 하는 것이 더 효율적인 토론을 이끌 수 있다.

둘째, 무작위로 소규모 집단을 구성할 수도 있다. 가령, 태어난 계절, 좋아하는 야구팀, 좋아하는 색깔 등 학생들에게 흥미를 끌 수 있는 주제로 소규모 집단을 구성하면 그 과정에서 새로운 역동성을 볼 수 있다. 이후 소규모 집단 토론을 할 때 중요한 것은 각 집단에 어떤 기관들이 있고, 유사한 기관과 상이한 기관이 어느 정도의 비율로 분포되어 있는지를 먼저 파악하는 것이다. 이를 기반으로 토론하면 소규모 집단 내에서도 집단에 따른 차이를 확인할 수 있다는 점에서 유익할 수 있다.

5. 학습 활동 예시

1) Response Paper

'사회조사와 지역사회'와 관련된 Response Paper를 쓰기 위해서는 본인이 실습한 기관의 지역적 특성을 확인한 후, 이와 관련된 내용을 작성하면 된다. 특히, 기관의 지역적 특성을 설명하기 위해 주변 환경, 접근성, 인구수와 관련된 내용을 제시하거나 지역사회 욕구 조사 분석 결과를 제시하는 것은 도움이 된다. 또한 지역적 특성과 더불어 기관을 이용하는 이용자 특성에 관한 내용을 함께 제시할 필요가 있다. 이는 어떤 클라이언트가 실습기관을 주로 이용하는지를 확인하면서 지역적 특성을 반영할 필요가 있는지, 기관이 지역적 특성을 반영한 역할과 기능을 수행하고 있는지 등을 스스로 평가할 수 있는 중요한 접근이 된다.

(1) 예시 1: 노인복지관에서의 욕구 조사 분석 활용

2021년 복지관 이용 회원의 욕구를 파악하기 위해 이용자 욕구 조사 분석을 실시함. 본 욕구 조사는 노인복지관 이용 회원 419명을 대상으로 진행함. …… 코로나 상황으로 인해 강화되어야 할 노인복지 서비스에 관한 빈도분석 결과로, 419명의 응답자 중 '여가선용 프로그램 확대'가 197명으로 가장 욕구가 높은 것으로 나타남. 이를 통해 복지관은 욕구 조사 분석을 통해 지역사회 대상자들을 위해 여가선용 및 평생교육 프로그램 제공 확대의 필요성을 인지하게 됨

(2) 예시 2: 종합사회복지관의 지역적 특성과 이용자 특성

① 지역적 특성

가) 도보 10분 이내에 ○○역이 위치함. 역 근처에 상권이 발달되어 있음

나) 복지관 인근에 주택, 아파트 단지가 밀집되어 있어 주민들이 오가기 용이함

다) ○○구 특성상 노인 인구수가 많으며, 저소득 노인 가구 비중도 높음

② 이용자 특성

가) 지역적 특성에 맞게 저소득 어르신의 비율이 높음

나) 주민 동아리, 봉사단이 오랜 기간 활발히 운영되고 있어 주민간 유대감이 높음

다) 유아 미술, 아동 도예 교육문화 프로그램이 존재해 어린이 이용자도 있음

(3) 예시 3: 공공데이터를 통한 지역사회 이해

본인이 실습한 기관이 정신장애인이 이용하는 정신재활시설이기에 지역사회분석보고서 작성 시, 정신건강과 관련된 지역사회의 주요 욕구를 파악함. 그리하여, ○○구의 정신건강과 관련한 지역사회의 욕구로는 20~30대의 높은 자살률과 청소년의 학업 스트레스로 인한 우울증이 발생의 해결이라는 점을 알게 됨. 본 실습기관은 주 대상자가 정신장애인이기에 기관 자체적으로 지역사회 욕구 조사를 진행하지 않으며, ○○구청, 서울시, 보건복지부 등에서 발표한 자료들을 통해 지역사회를 조사하고, 특히 지역사회의 정신건강과 관련된 욕구를 파악하고 있음

(4) 예시 4: 실습기관이 속한 지역사회의 욕구를 확인한 후 나의 소감

과제를 수행하면서 지역마다 특성이 달라 필요한 복지 서비스도 다를 수밖에 없다는 것을 알게 되었고, 이에 지역사회의 욕구에 맞는 사회복지실천이 필요하다고 느끼게 됨. 또한 기관이 독립적으로만 활동하는 것이 아니라 타 기관과의 협력을 통해 더욱 수준 높은 사회복지 서비스를 제공할 수 있다고 생각함

2) 토론

- 노인복지관의 경우, 그 지역의 노인 인구 비중이 다른 지역에 비해 높고, 저소득층인 경우가 많다고 언급한 경우가 많았다.
- 종합사회복지관과 노인복지관의 지역적 특성을 언급하면서 접근성에 관한 이야기가 많이 나왔다. 특히 거동이 불편한 노인의 경우, 복지관이 집에서 얼마나 가까운지, 교통편이 얼마나 편한지 등은 실제 복지관의 이용과 관련이 높으며, 접근성 이슈를 해결하려는 방법으로 서비스 제공 방식을 변경하기도 하였다.
- 특정 지역의 종합사회복지관의 경우에는 지역적 특성을 언급하면서 복지관의 기능과 역할의 변화에 관해 이야기하는 경우가 있었다. 즉, 그 지역은 재개발로 인해 일정 영역에 새로운 아파트 단지가 들어오면서 기존에 거주하는 저소득층과 새롭게 입주한 주민이 공존해서 살아가는 지역으로 변화했고, 그 가운데 지역주민 간의 갈등이 생기고 있음을 언급하였다. 이와 관련해서 복지관의 역할이 변화하는 것을 체감했다고 언급하는 학생이 있었다.
- 일명 Big 5 병원 중 한곳에서 실습했던 학생은 병원에 입원하거나 외래로 방문하는 환자의 거주지가 그 병원이 있는 지역이 아닌 전국에서 오기 때문에 병원에서는 지역사회 욕구를 특별하게 고려하지 않는다고 언급하였다. 반면, Big 5보다는 규모가 작은 지역의 종합병원의 경우, 그 지역에 외국인 노동자가 많이 거주하기 때문에 지역적 특성을 반드시 고려할 필요가 있음을 언급하였다. 결과적으로 다문화센터와의 협력, 외국인을 위한 통역 서비스 제공 등이 이루어지고 있다고 하였다.

참고문헌

김진숙(2022). 사회복지조사론. 신정.

조성희, 김제선, 이은영, 장동호(2023). 지역사회복지론. 창지사.

황성동(2015). 알기 쉬운 사회복지조사방법론. 학지사.

제8장

사회복지실천, 정책, 행정, 법규 및 제도와의 연계

학습목표

1. 사회복지제도에 관해 설명할 수 있다.
2. 사회복지정책과 사회복지제도의 연계에 관해 설명할 수 있다.
3. 사회복지실천과 사회복지제도의 연계에 관해 설명할 수 있다.

사회복지실천을 위해서는 사회복지제도의 이해가 필수적이다. 어려움에 처한 개인과 그 가족에 대해 대처할 수 있도록 돕는 사회사업 방법은 미시적인 직접적인 개입과 거시적인 간접적인 개입이 어우러져서 사회복지실천을 한다. 사회복지실천을 하면서 개인에 대한 개입을 위해서도 사회복지제도에 대한 이해를 바탕으로 직간접 서비스를 실천하고 집단과 지역사회 문제해결을 위해서도 법과 제도가 필요하다. 따라서 학생들은 사회복지현장실습에서 개인, 가족, 집단, 지역사회의 문제를 해결하는 가운데 그 안에 포함된 정책과 행정, 법과 제도를 이해하기 힘들 수 있다. 따라서 이 장은 사회복지실천과 사회복지제도의 관계를 명확히 이해할 수 있도록 안내하여 사회복지실천이 그렇듯 사회복지현장실습에서도 임상 교과목만이 아닌 법과 제도, 행정, 정책 과목의 중요성을 이해하는 장이 될 것이다.

1. 사회복지제도

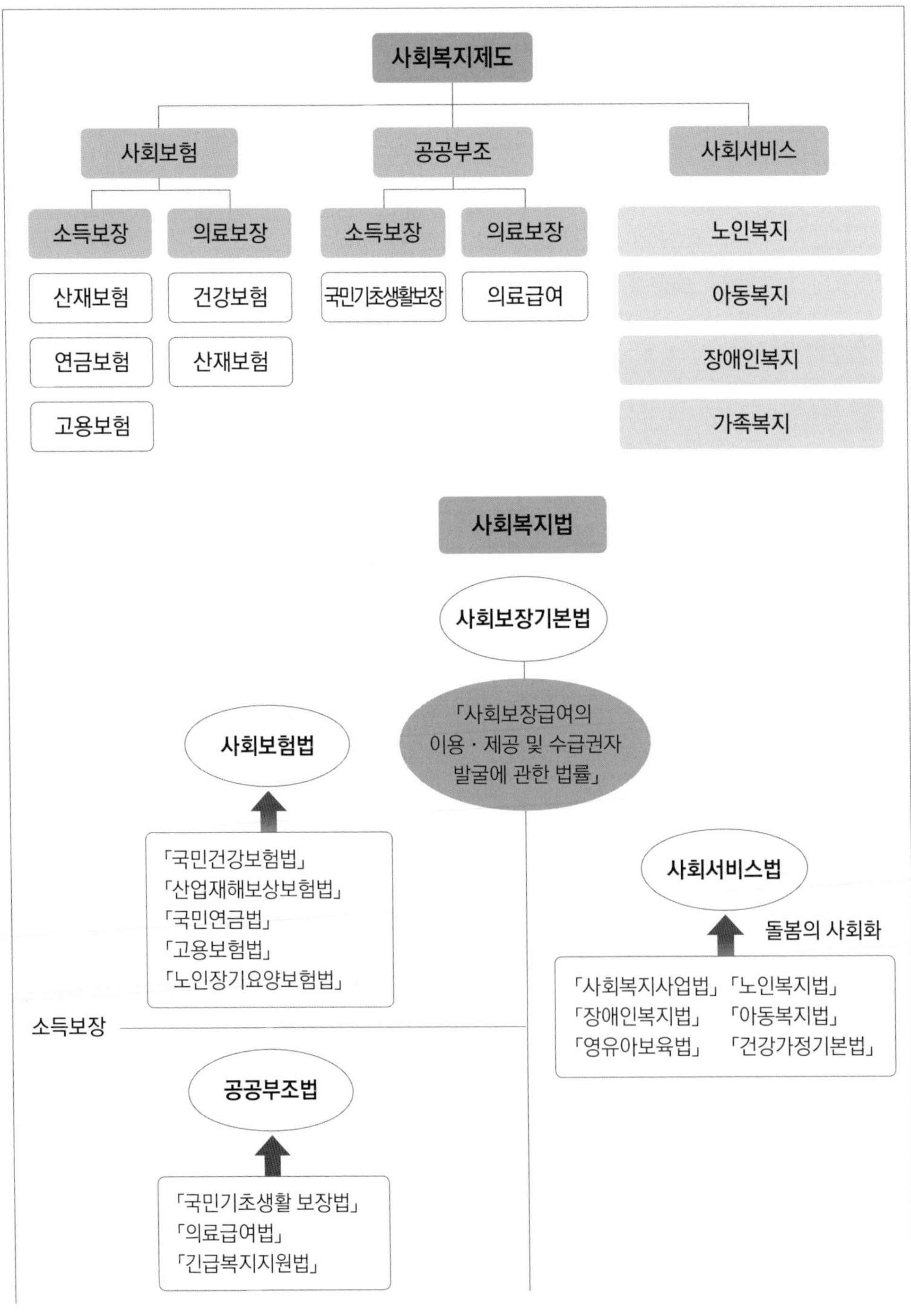
사회복지제도
사회보험
공공부조
사회서비스
소득보장
의료보장
소득보장
의료보장
산재보험
건강보험
국민기초생활보장
의료급여
연금보험
산재보험
고용보험
노인복지
아동복지
장애인복지
가족복지
사회복지법
사회보장기본법
「사회보장급여의 이용 · 제공 및 수급권자 발굴에 관한 법률」
사회보험법
「국민건강보험법」
「산업재해보상보험법」
「국민연금법」
「고용보험법」
「노인장기요양보험법」
소득보장
공공부조법
「국민기초생활 보장법」
「의료급여법」
「긴급복지지원법」
사회서비스법
돌봄의 사회화
「사회복지사업법」 「노인복지법」
「장애인복지법」 「아동복지법」
「영유아보육법」 「건강가정기본법」

사회보험법	공공부조법	사회서비스법
• 소득을 보장하기 위한 목적, 국가가 관장 • 국민에게 발생할 위험을 보험의 형식으로 대비 • 평소에 기여금(보험료)을 내고 있다가 사회적 위험에 처하면 급여를 받음으로써 소득을 보장받고 빈곤 상태로의 하락을 막기 위한 것 • 「국민연금법」 「국민건강보험법」 「고용보험법」 「산업재해보상보험법」 「노인장기요양보험법」 등	• 소득을 보장하기 위한 목적, 국가가 관장 • 생활 유지 능력이 없거나 생활 유지가 어려운 국민의 생계를 국가가 보호함으로써 소득 보장 • 자산조사를 통해 빈곤선과 같은 최저소득을 정하고 그 기준 이하의 사람들만 조세로서 지원 • 「국민기초생활보장법」 「의료급여법」 「기초연금법」 「장애인연금법」 등	• 소득에 상관없이 돌봄이 필요한 사람들에게 상담, 양육, 재활, 직업소개, 사회복지 시설 이용 등의 서비스를 제공하는 법 • 국가뿐만 아니라 민간도 서비스를 제공하는 주체가 될 수 있음 • 재원: 사용자의 이용료, 후원금, 소득에 따라 정부의 조세 지원(최근 사회복지서비스 이용권: 바우처의 형식으로 지원 확대) • 「사회복지사업법」 「장애인복지법」 「노인복지법」 「아동복지법」 「영유아보육법」 「정신건강복지법」 「건강가정기본법」 「다문화가족지원법」 「주택법」 등

학생들은 사회복지실천 현장이라는 낱말 속에 법과 정책, 제도, 행정이 숨겨져 있어 간과하곤 한다. 사회복지현장실습 과정 역시 학생들이 임상 실천의 경험 속에서 뒷받침되고 변화되고 있는 사회복지제도에 대해 끊임없이 일러 주어야 할 필요성이 있다.

자본주의가 발달함에 따라 개인이나 가족이 사회적 위험에 대처하지 못하게 되었고, 이에 대응하기 위해 나타난 제도가 사회복지이다. 사회복지는 크게 소득과 돌봄이라는 두 가지를 보장하기 위한 목적을 지닌다. 사회복지제도는 「사회보장기본법」의 구분에 따라 사회보험, 공공부조, 사회서비스로 나눌 수 있다(김수정, 2021).

2. 사회복지정책과 사회복지제도의 연계

실습 기간 동안 학생들이 사회복지실천 현장에서 마주하는 사회문제들은 다양하다. 이러한 사회문제를 어떻게 해결할 것인가에 대한 미시적인 접근이 프로그램이라면, 중앙정부에서부터 만들어지는 방향과 지침, 그에 따른 지방정부인 시·군·구에 내려오는 지침들이 사회복지실천 현장에는 무수히 많다. 사회문제를 해결하는 방법이 거시적으로 개입해야 하는 작업인지 미시적으로 개입해야 하는 작업인지 살펴야 한다. 따라서 사회복지현장실습 기간 동안 임상 실천을 위해서는 사회복지정책과 사회복지법을 통한 개입들이 실제 어떻게 진행되고 있는지 찾아보고 그에 따른 서비스들은 어떻게 연계되고 있는지, 또 부족한 부분을 미시적인 개입으로 채울 것인지, 또 다른 제도적인 것은 없는지 살펴보는 과정이 반드시 필요한 것이다.

사회복지정책은 사회문제를 해결하기 위한 정부의 계획이다. 소득과 관련된 사회문제를 해결하려면 사회보험이나 공공부조와 관련된 정책을 만들어야 하고, 돌봄과 관련된 사회문제를 해결하려면 사회서비스와 관련된 정책을 만들어야 한다. 사회복지정책과 법과의 관계를 살펴보면, 사회문제가 발생하면 이를 해결하기 위해 정책이 만들어지고 정책을 집행하려면 대상, 급여, 인력, 시설, 재원, 전달체계, 급여 등이 마련되어야 한다. 이러한 제반 조건을 의무적으로 마련한 내용이 법이다(김수정, 2021). 여기에서 추상적인 성격의 사회복지정책을 실제 활동으로, 즉 서비스로 전환시키는 과정이 사회복지행정이다. 사회복지행정은 사회복지정책을 서비스로 가져올 수 있도록 하는 과정에 필요한 사회복지 모든 조직 구성원이 수행하는 인적·물적 자원 동원 등의 총체적 활동을 말한다. 또한 사회복지행정이라는 과정은 기획, 슈퍼비전을 포함한 인사관리, 조직, 평가, 예산 등 사회복지이론과 가치, 기술에 근거하여 사회복지정책을 서비스 혹은 프로그램을 통해 이용 가능하도록 돕는다.

3. 사회복지실천과 사회복지제도의 연계

사회문제를 해결하기 위한 정부의 계획(사회복지정책)과 관련된 내용이 법에 규정되고 그 법에 규정된 기준 및 조건에 따라 이용자에게 급여[1]를 전달하는 것이 사회복지실천이다. 각종 사회보험법부터 사회서비스법까지 구체적인 법 조항을 통하여 공식적으로 이용자들이 어떤 종류의 급여와 규모를 지원받을 수 있는지에 대해 파악이 가능하다. 지원을 받지 못했을 경우나 권리가 침해되었을 경우 권리구제나 벌칙 조항을 통해 문제해결도 가능하다. 반면, 사회복지실천을 통해 정책의 문제를 찾고 이에 대한 개선 또한 가능하다. 즉, 법에 규정되어 있지 않아 서비스 지원의 사각지대가 발생하면, 사회복지사들은 이러한 사각지대를 없애기 위해 법 개정을 통해 정책을 개선해야 한다(김수정, 2021).

따라서 사회복지실천은 개인과 그 가족에게 직접적인 개입을 할 때도, 집단, 지역사회에 대한 간접적인 개입을 할 때도 정책, 행정, 법과 제도에 대해 민감성을 가져야 한다.

4. 학습 활동

※ 준비: Response Paper 5

- 토의: 사회복지실천, 미시 · 거시 실천과 정책, 행정, 법규 및 제도 연계(실습에서 적용한 개인, 가족, 집단, 지역사회에 대한 사회복지실천을 위해 필요한 정책, 행정, 법규, 제도에 대한 분석)

1) Response Paper를 통한 사회복지실천, 미시 · 거시 실천과 정책, 행정, 법규 및 제도 연계

학생들이 사회복지실습세미나 수업 중 가장 어려워하는 부분이기도 하다. 사회복지

1) 급여란 정책의 결과로 이용자(클라이언트)에게 제공되는 것을 모두 말하며, 현금, 현물, 서비스이용권(바우처), 교육, 상담 등이 포함된다.

현장실습에서 다룬 내용들이 주로 사례관리, 프로포절, 프로그램 등이기 때문에 충분히 소화해 낼 수 있는 수업임에도 불구하고 전혀 다르게 생소하게 느끼는 것은 실습 기간 중에 법과 정책과 행정을 생각해 보지 않은 결과이다. 그러나 사례관리에서도, 프로포절 및 프로그램 작성에서도 사회복지 제도, 정책, 행정은 임상 실천을 위한 밑거름이다. 사례관리는 임상적인 상담 기능만이 아니라 지역사회자원을 연계하는 데 있어서 반드시 정책, 제도의 연계가 필요하다. 또한 프로포절 작성은 사회문제를 이해하고 대상자의 특성에 맞는 욕구를 서비스로 전환하는 사회복지행정 자체이며, 지역사회자원을 연계한다는 것은 그 지역에서의 정책사업은 무엇이 있는지, 어떠한 사회복지제도를 연계할 것인지 고려해야 하기에 법과 제도, 정책, 행정은 사회복지실천에 있어 필수적이다.

또한 사회복지사가 일하는 곳은 보건복지부 혹은 여성가족부 산하의 사회복지시설로 법적인 근거하에 매년 사업 안내가 지침이 되어 각 기관에 전달된다. 이 또한 법적 근거하에 지역적 특성 및 대상자의 욕구에 맞게 사업을 운영하는 것이다. 실습기관에서 다루고 있는 경우도 있으나, 학생들이 미처 접해 보지 않은 경우도 많기 때문에 세미나 수업에서 이론적인 접근을 현장과 연계하여 설명하는 과정에서 이용자의 요구를 욕구로, 욕구를 다시 권리로 전환하는, 인권을 중요하게 다루는 사회복지실천이 법적인 근거를 통해 급여(서비스)가 전달되는 과정임을 인식하게 되는 중요한 시간을 갖게 한다. 실습 과정 동안 학생 자신이 어떠한 실천을 경험했는지 살펴보고 그 안에 법과 제도가 어떻게 숨겨져 있었는지 찾도록 하여 어떤 법적 근거를 통해 서비스가 전달되었는지 알게 하는 과정은 학생들로 하여금 신비롭고 재미있게 새로운 것을 발견하는 과정이 된다. 결국 사회복지실천을 하는 사회복지사는 법적인 근거를 통해 이루어지지 않는 일은 없다는 것을 알 수 있다.

2) 학습 활동을 통한 동료와의 생각 및 느낌 공유

과제를 내 줄 때 이 장의 Response Paper 작성 자체를 어려워하는 학생들이 대부분이다. 실습 기간 동안 접해 보지 않았고, 무엇을 생각하고 작성해야 하는지에 관한 고민이 처음이었으며 혼란스러웠다는 반응이다. 학생들이 토의할 수 있도록 자극하고 실습에서 경험하고 적용한 개인, 가족, 집단, 지역사회에 대한 사회복지실천을 위해 필요한 정책, 행정, 법규, 제도의 연계에 대해 미리 오리엔테이션이 필요한 부분이기도 하다. 학생들은 어려워하기는 하지만, 이 과정을 소화해 내서 다양한 법적 근거와 지침, 제도를 찾아온다. 그러면서 학생들은 실습세미나에서 가장 의미 있고 살아 있는 부분이라는 소감을 남기곤 한다. 예를 들면, 현재 사회복지현장실습 시간이 「사회복지사업법」에 의거하여 120시간에서 160시간으로 변경된 법적 근거를 들 수 있으며, 종합사회복지관의 3대 기능도 마찬가지이다. 학생들은 사례관리의 자원 연계에 있어 다양한 사회복지제도를 찾고 실행하는 점이 사회복지실천, 미시 · 거시 실천과 정책, 행정, 법규 및 제도의 연계라는 것을 인식하게 된다.

3) 주제 토의 방법

이번 주제는 다양한 실습기관을 섞이게 하기보다는 같은 분야의 기관으로 묶어야 비슷한 정책과 제도를 함께 토의할 수 있다. 따라서 분야를 정하고 그에 맞는 이용시설과 생활시설이 포함되도록 집단을 나눈다. 예를 들면, 장애인 분야이면 장애인종합사회복지관, 장애인주간보호시설, 장애인보호작업장 등을 한 집단으로 만든다. Response Paper를 근거로 집단 토의를 진행하고 전체 토의 시 분야별 발표를 통해 분야에 따른 자신이 경험한 임상 실천과 정책, 행정, 법규, 제도에 대해 공유한다. 이러한 과정은 학생들로 하여금 사회복지실천 분야에 대한 이해는 물론 임상 실천에 있어 제도적 뒷받침이 중요한 이유에 대해 인식하게 한다.

5. 학습 활동 예시

1) 종합사회복지관 예시(Response Paper)[2)]: 실습에서 경험한 사업에 대한 정책 분석

보건복지부에 2024년 복지, 사회서비스, 노인, 보육에 대한 정책과 제도를 발표한 것을 중심으로 실습에서 경험하였던 사업을 분석해 보고자 ○○기독교사회복지관은 기존 3대 기능으로 부서가 분리되어 서비스가 제공되고 있었지만, 복지전달체계 정책 개편으로 인해 3대 기능을 통합하여 제공하고 있다. 또한 읍면동 복지 서비스인 '찾아가는 복지 전담팀'이 개설되고 정책에 따라 전국 읍면동 3,426개소에 보건복지팀이 설치 완료되어 통합사례관리를 진행하며 정부 기관 및 유관기관과의 협

2) 강남대학교 2024-1 사회복지 현장실습(실습세미나) 수업 _ 이□□ 학생(○○종합복지관)

력이 강조되고 있다.「사회보장기본법」에 따라 생애주기별 사회서비스 제공 영역의 사업도 실시 중이다. 대상은 아동 · 청소년, 중 · 고령, 노인이며, 아동 · 청소년의 경우 원래 유치원이 복지관 내부에 존재하였으나, 아동 수의 감소와 공공 유치원의 서비스 제공의 강화 등으로 지역아동센터로 변경되어 운영 중이다. 또한 방과 후 돌봄과 키움 센터, 아동심리 정서 지원사업 등을 제공하고 있다. 중 · 고령 대상 사회서비스 정책을 기반에 둔 사업은 운동 등 건강관리가 있다. 복지관 내부에 체육관, 수영장, 필라테스실이 존재하며 건강관리를 위한 여러 프로그램이 운영되고 있다. 유료로 제공되기에 사업소득이 발생하지만, 정원의 일정 수는 저소득층을 위한 무료 서비스로 보장하여 제공하고 있다, 노인 대상으로는 노인건강관리가 제공되고 있다. 앞서 언급하였던 건강관리 프로그램이 노년층 대상으로도 진행 중이며, 어울림공동체로 주민 서로가 주민을 돌보는 주민주도 이웃돌봄활동사업, 복지상담 등을 추가로 제공하고 있다. 이 외에도 만 65세 이상 취약 계층에게 적절한 돌봄서비스를 제공하여 안정적인 노후생활을 보장하고 건강을 유지할 수 있도록 돕는 제도로, 2020년 1월 시행된 노인돌봄사업을 노인맞춤돌봄서비스로 개편한 것을 기반으로 직접 서비스로서 밑반찬 전달 등의 서비스를 통해 방문 안전 지원, 사회참여, 자조 모임, 생활교육, 일상생활 지원 등의 서비스를 실시하고 있으며, 개별 맞춤형 사례관리를 통해 특화 서비스, 1:1 후원금 매칭을 통한 연계 서비스까지 제공하고 있다. 더불어 ○○ 배움터를 통해 배움의 욕구가 있는 기초생활수급 및 한부모 가정의 아동 및 성인 등에게 배움의 기회를 제공한다. 이는 교육부에서 차상위계층/기초생활수급 회원에게 교육 수강 비용을 제공하는 제도로 평생교육 바우처, 기획재정부에서 차상위계층/기초생활수급 회원에게 문화예술, 국내 여행, 체육활동을 지원하는 제도로 문화누리카드를 기반으로 하는 사업이다.

2) 장애인종합복지관 예시(Response Paper)[3] : 장애인활동지원서비스 및 차별금지

△△시 ○○장애인복지관은 '장애인활동지원서비스'의 활동 지원기관으로, 중증장애인의 일상생활 및 사회생활을 지원하고 있다. 이 서비스는 활동보조, 방문목욕, 방문간호 등의 사회서비스 바우처 형태로 제공된다. 대상자는 13만 5천 명(2022년 기준)에서 14만 6천 명(2023년 기준)으로 1만 1천 명이 증가했으며, 시간당 서비스 단가는 기존 14,800원에서 15,570원으로 5.2% 올랐다. 또한 복지관에서 2023년까지 '발달재활 서비스' 전자 바우처 사업도 운영했으나, 현재는 종료되었다. 그러나 이에 상응하는 개별 치료 프로그램을 I Be School에서 개설하여 발달장애아동에게 제공하고 있다. I Be School은 유 · 아동 및 청소년을 대상으로 개별치료, 집단치료, 집단교육, 방과후교실, 재능교실, 부모교실로 6개의 사업으로 진행된다.

3) 강남대학교 2024-1 사회복지 현장실습(실습세미나) 수업 _ 김□□ 학생(○○장애인종합복지관)

사회복지관의 3대 기능인 서비스 제공, 사례관리, 주민 교육 및 조직화 사업은 「사회복지사업법」 제34조의 5에 규정되어 있다. 복지관은 서비스 제공 사업으로 일상생활 지원, 경제적 지원, 급식 서비스, 의료 연계 서비스 등을 운영하고 있다. 사례관리는 경제적 · 신체적 · 심리적 어려움을 겪고 있는 국민기초생활수급자, 차상위, 저소득 가정을 대상으로 하며, 특히 복지 사각지대에 놓인 가정을 중점적으로 다룬다. 지역조직화 사업은 지역사회의 자원을 활용하고 지역주민들의 참여를 촉진하기 위해 운영되며, 개관기념행사, MOU 체결, 자원봉사자 · 후원자 개발 및 관리 등이 있다.

'장애인 일자리 사업'은 「장애인복지법」 제21조(직업), 「장애인복지법 시행령」 제13조의 2(장애인 일자리사업 실시)에 근거하며, 복지관 내의 직업지원팀에서 직업상담, 직업 적응훈련, 취업 알선, 취업 이후 적응지원 등의 프로그램을 운영하고 있다.

「장애인차별금지법」 제32조(괴롭힘 등의 금지)에 따르면, 국가는 장애인에 대한 괴롭힘 등을 근절하기 위한 인식개선 및 괴롭힘 방지 교육을 실시하고 적절한 시책을 강구해야 한다. 이를 위해 복지관은 장애인식개선 교육 및 캠페인을 진행하고 있다. 또한 이 법 제7조(자기결정 및 선택권)에 따르면, 장애인은 자신의 의사에 따라 스스로 선택하고 결정할 권리를 가지므로 권익옹호 사업을 운영하여 이용자 권리교육, 이용 고객 모니터위원회 등을 진행한다.

마지막으로, 「장애인복지법」 제14조(장애인의 날)에 따라 장애인의 날(4. 20.)의 취지에 맞는 행사를 개최하여 지역사회 주민들과의 사회통합을 이루고 있다.

과제 수행 과정에서 사회복지기관이 운영하는 사업들이 법과 제도, 행정 등에 기반을 두어 체계적으로 운영되고 있음을 확인할 수 있었다. 특히 △△시 ○○장애인복지관은 「장애인복지법」과 「사회복지사업법」에 주로 근거하고 있다고 생각한다.

3) 종합사회복지관 예시(Response Paper)[4] : 「사회복지공동모금회법」과 사업 및 프로그램

사회복지현장실습을 통해서 나는 처음으로 현장에서 사회복지실천을 경험해 볼 수 있었다. 이런 경험이 가능했던 이유로는 「사회복지사업법 시행규칙」 제3조에서 사회복지학 전공교과목으로 사회복지현장실습을 규정하고 있고, 사회복지현장실습의 기관실습을 실시할 수 있도록 법령으로 정해 두었기 때문이다. 따라서 실습 동안 내가 경험한 모든 사회복지실천은 「사회복지사업법」에서 규정된 테두리 안에서 이루어진 내용임을 알 수 있었다.

실습 과정에서 나는 사회복지행정에서 중요하게 다뤄지는 전달체계의 개선을 통한 사회복지서비스의 질 향상을 직접 볼 수 있기도 하였다. △△시는 시 안의 기관들끼리 강력한 연계를 구축하고 있다. 특히 통합사례관리와 같은 복지관끼리의 연계나 공공기관과의 업무 연계가 적극적으로 이루

4) 강남대학교 2024-1 사회복지 현장실습(실습세미나) 수업 _ 신△△ 학생(○○종합복지관)

어지는 모습을 확인할 수 있기도 하였다. 각 기관끼리 긴밀한 관계를 형성하는 것을 통해 행정상의 효과성과 서비스의 효율성이 향상되어 중복된 서비스 제공을 통한 낭비나 정보 혼선이 적어졌고, 당사자에게는 제공되는 서비스의 질이 향상되었으며, 실무자 간의 교류를 통해 전문적 역량이 강화되기도 하였다.

실습 동안 기관에서 사회복지공동모금회의 공동모금을 통하여 진행되는 사업을 몇 가지 확인할 수 있었다. 사회복지공동모금회는 「사회복지사업법」에 규정된 사회복지사업 및 기타 사회복지 활동의 지원에 필요한 재원을 조성하기 위해 전국 또는 지역을 단위로 기부금품을 모집한다는 설립 목적에 따라 「사회복지공동모금회법」 제5조에서 규정된 사업을 수행하기 위해 전국 사회복지기관 및 소외된 사회복지 분야를 발굴 및 지원하고, 국민에게 공동체 의식과 나눔문화를 홍보하며, 기부문화 선진화 및 생활화 캠페인을 추진하고, 선진 모금프로그램 개발, 배분의 투명성 및 전문성 확보를 위해 노력하고 있다. 해당 제도를 통해 기관에서는 지역주민들을 대상으로 다양한 사업을 진행할 수 있었으며, 사회복지실천이 어떻게 이루어지는지 그 전달 방식과 재원에 대해 알 수 있었다.

참고문헌

김수정(2021). 사회복지법제와 실천. 학지사.

제9장

사례개입 및 사례관리

학습목표

1. 사회복지실천에 있어 사례개입과 사례관리를 설명할 수 있다.
2. 사례관리 기능의 다양성과 사례관리 실행 과정에 대해 설명할 수 있다.

이 장에서는 지역사회복지관의 기능 중 하나인 사례관리에 대해 학습한다. 3종 복지관에서 모두 실시하는 중요한 기능이니만큼 이 장을 통해 학생들이 예비 사회복지사로서의 역량을 갖추도록 한다. 사회복지현장실습 이전에 수업으로 사례관리론을 수강한 학생도 있지만 사회복지실천 현장에서 바로 직면하여 이론과 현장의 연계가 부족한 학생들도 있기 때문에 사회복지실천에서의 사례개입과 사례관리의 차이점, 그리고 사례관리의 주요 기능에 대해 인식할 수 있도록 지도한다. 또한 사회복지현장실습에서는 사례관리의 전체 실행 과정을 모두 접하는 경우가 드물기 때문에, 전반적인 이해와 함께 학생들이 적용한 부분에 대해 적절한 피드백을 통해 사회복지실천의 꽃이 된 사례관리의 실천 과정을 익힐 수 있게 하는 것에 목적이 있다.

1. 사회복지실천에 있어 사례개입과 사례관리

사례관리는 사회복지현장실습에 있어 실습 일정에 포함되거나, 집중 실습인 경우 사례관리팀에서 실습을 해야 하는 경우가 있기 때문에 되도록 실습 이전에 교과목으로 이수하는 것을 권장하고 있다. 많은 다양한 기관이 사례관리를 하고 있지만 실제 사회복지실천 현장에서 사례개입과 사례관리를 혼용해서 사용하고 있는 것은 무리가 있다. 따라서 학생들이 경험한 것이 사례관리 과정 안에서 이루어진 개입이었는지, 운영체계 등을 갖추지 않은 사례개입이었는지에 대해 구별해 주고 사례관리의 용어 사용과 적합성에 대해 지식적인 근거로 이해해야 할 필요성이 있다. 또한 학생들은 사례관리의 이론적 틀인 강점관점에서 혼동하기도 하는데, 긍정적인 태도로 장점을 활용하는 것이 마치 강점관점이라고 착각하는 경우가 종종 있다. 강점관점은 잠재되어 있는 내적 자원과 역량을 개발하는 것이 핵심 요소이기 때문에 이론을 통한 적합한 개입이 이루어졌는지에 대한 슈퍼비전이 필요하다.

사회복지실천 과정은 주로 서비스 중심의 사정과 기관 내 서비스를 중심으로 행해지고 기관에서 해결할 수 없는 서비스가 발생하면 주로 의뢰라는 형식을 빌려 다른 기관으로 이용자를 전원하는 것이었다면, 사례관리 실천 과정은 욕구 중심의 사정으로 욕구, 자원, 강점, 장애물 사정으로 이루어진 체계적인 사정으로 개별화된 서비스 계획을 수립하고 지역 내 공식 · 비공식 자원 연결을 통해 개입하는 것이 큰 차이점이라고 할 수 있다. 이 과정에서 사례관리는 사회복지사-클라이언트가 실천 과정을 갖는 것만이 아닌 운영체계와 자원을 추가해서 구성 체계를 갖추어야 하는 특징이 있다. 또한 복합적인 욕구와 만성적인 문제를 가진 사람들이 그 대상이다. 사례개입에서는 문제해결에 초점이 있다면, 사례관리는 체계적인 사정을 통한 강점관점의 클라이언트의 역량 강화에 있는 것이다. 이는 사례관리 정의의 특징에서 자세히 알 수 있다.

사례관리 정의의 특징에서 보면 클라이언트는 복합적이고 다양한 욕구를 지닌 클라이언트이며, 사례관리는 낙인의 성격이 있고 해결하기 어려운 문제를 해결하는 데 초점을 두는 것이 아니다. 사례관리의 궁극적인 목적은 클라이언트와 그 가족의 사회적 기능의 회복을 통한 삶의 질 향상이다. 사례관리 실천에서 전제 조건이 되는 것은 운영체계의 확립이고, 사례관리는 당연히 선 사정, 후 개입의 방법으로 사정이 매우 중요한 과정으로 강조되어야 하며, 자원을 활용함에 있어서 클라이언트의 내적 자원을 강조한다

(한국사례관리학회, 2016). 이렇듯 사례개입과 사례관리의 개념과 틀을 이해하고 사회복지현장실습에서 학생들이 어떠한 실천을 경험했는지에 대해 살펴볼 필요가 있다.

2. 사례관리 기능의 다양성과 사례관리 실행 과정[1)]

1) 사례관리 기능의 다양성

(1) 상담서비스 기능과 지역사회자원 연계 기능

사례관리 기능을 이해하는 데 있어 클라이언트, 가족, 기관, 지역사회, 전반적인 사회체계 등의 서비스 대상과 영역에 따라 사례관리서비스의 기능이 달라지므로 생태체계 관점을 활용하여 기능을 살펴보는 것이 필요하다. 클라이언트가 서비스 대상인 경우에는 심리, 정서적인 지지를 위한 상담서비스 기능 수행인 임상서비스 전문가 역량이 필요하다. 지역사회에 부재한 서비스 해결인 경우에는 지역사회 여론 형성, 자원 연계 및 프로그램 개발, 옹호 및 조정의 기능 수행으로 지역사회활동 전문가 역량이 필요하다. 이와 같은 상담서비스 기능과 자원 연계 기능은 구분되고 분절적으로 이루어지는 것이 아니라 사례관리의 주요 기능으로 사례관리자가 수행해야 할 기능이다.

(2) 임상 전문가와 지역사회 전문가로서의 기능

사례관리 기능의 다양성은 사례관리를 수행하게 되는 사례관리자의 높은 수준의 실천 역량을 요구하고 있으며, 임상 전문가와 지역사회 전문가의 정체성을 동시에 요구하기도 한다. 따라서 사례관리의 다양한 기능은 클라이언트의 문제와 특성에 따라 장기적인 개입을 진행하면서도 복합적인 욕구에 대응하기 위한 다양한 서비스를 제공하기 위해 작동해야 한다. 그 이유는 클라이언트의 문제와 특성에 따라 다르고, 클라이언트의 욕구가 일시적으로 발생하고 해결되기보다는 지속적으로 발생하는 성격이 있기 때문이며, 클라이언트를 대상으로 하는 직접적인 개입에서부터 주변 환경과 지역사회 변화 등 포괄적인 영역에서 사례관리의 다양한 기능이 역할이 요구되는 다양한 영역에서 서비스가 작동되어야 하는 만큼 욕구 기반으로 적합한 서비스를 제공하고, 이를 통합적으로

---

1) 사례관리학회(2021). 사례관리론. 학지사.

이끌어 나가는 숙련성이 요구되기 때문이다.

(3) 직접서비스 기능과 간접서비스 기능

사례관리 기능을 이해할 때, 개인과 환경에 동시에 초점을 두는 사회복지실천 관점을 적용한다. 클라이언트를 개인 수준이라 할 때, 환경은 클라이언트에게 의미 있는 환경체계이며, 클라이언트에게 직접 서비스를 제공하는가 혹은 클라이언트에게 의미 있는 환경을 대상으로 서비스를 제공하는가로 분류한다. 직접적 서비스 기능이 클라이언트를 대상으로 사례관리자가 직접적인 개입을 제공하는 것이라면, 간접적 서비스 기능은 클라이언트의 욕구를 해결하기 위해 주변 체계와 환경에 개입하여 클라이언트의 문제와 욕구를 해결하고자 하는 것으로, 여기에서는 주변 체계와 환경이 개입의 대상이 된다.

2) 사례관리 실천 과정

사례관리의 실천 과정은 초기 단계, 사정 단계(욕구사정, 자원사정, 강점사정, 장애물사정), 계획 단계(ISP), 실행 단계(자원 연계, 점검, 조정, 옹호 등), 평가 및 종결 단계로 이루어지며 이러한 순서는 고정된 것이 아니라 순환적이며 탄력적으로 적용한다. 사례관리 실천 과정에서 사정 단계는 사정을 강조하고, 사회복지실천에서 개입(intervention)에 해당하는 사례관리 단계는 실행(implementation)이며, 자원 연계, 점검 및 조정, 옹호가 핵심 과업으로 사례관리 실천에서 문제해결을 위한 개입은 상담과 치료 등의 직접적 서비스 못지않게 간접적 서비스가 중요하다. 또한 임상적인 개입 및 임상가의 역할과 함께 행정적 개입과 행정가의 역할을 모두 포함하고 있는 것이 특징이다.

표 9-1 사례관리 실천 과정에 따른 주요 과업

사례관리 실천 과정	주요 과업
1. 초기 단계	• 서비스 동의와 계약
2. 사정 단계	• 욕구사정 • 자원사정 • 강점사정 • 장애물사정

3. 계획 단계	• 개별 서비스 계획(ISP) 수립
4. 실행 단계	• 자원 연계 • 점검 및 조정 • 옹호
5. 평가 및 종결 단계	• 서비스 분리(철회) • 사후관리

3. 학습 활동

※ 준비: 과제 3 사례관리 또는 사례개입 경험

- 발표: 사회복지현장실습에서 경험한 사례개입 또는 사례관리 발표(실습 기간 동안 사례관리를 경험하지 않은 학생은 사례개입 자료 제출)

1) 과제 발표를 통한 사례관리 이해

사회복지현장실습 기관에 따라 사례관리를 적용해 볼 수 있도록 실습 일정에 사례관리를 반영하여 시간을 할애하는 기관도 있지만 전혀 경험해 보지 못하는 경우도 있다. 실습기관이 순환 실습을 하고 있는지 집중 실습을 하고 있는지에 따라 달라지기도 하고, 소규모의 센터 등에서 실습한 경우에는 사례관리를 경험할 수 없기 때문에 학생들의 실습 경험을 최대한 반영하여 사례관리를 접하지 못한 경우에는 사례개입을 통해 상담한 경험을 발표하도록 한다. 단순히 도시락 배달을 위한 재사정을 위해 방문한 경우에도 클라이언트의 상황에 따라 사례관리 과정 내에 있는 경우도 있다. 따라서 학생들이 경험한 클라이언트의 다양한 문제와 복합적인 욕구가 얼마나 오랫동안 지속되었는지를 염두에 두어 사회복지실천 과정 안에서 개입할 수 있도록 수업에서 다루어야 한다. 또한 사례관리론 수강 이수가 안 된 채 현장실습에 임한 경우, 사회복지실천 과정과 사례관리의 차이점, 일회성이라도 면담 경험을 통해 다양한 사회복지실천 과정이 있음을 인식시킬 필요가 있다. 또한 발표 수업 내 슈퍼비전을 통해 사례관리가 대부분 지역사회 연계라고만 생각하는 인식을 임상적인 상담 기능이 동시에 접목되어야 하는 이유에 대해 알게 하는 과정이 필요하다.

2) 사례관리 발표를 통한 동료와의 생각 및 느낌 공유

학생들은 자신이 사례관리 실행 과정을 경험하고도 슈퍼비전을 받지 못했다는 경우도 있고, 꼼꼼히 봐 주거나 이론적인 교육 및 양식지를 통한 교육만이 이루어졌다는 등 다양한 경험을 하였다. 사례관리를 경험했다는 학생들도 전반적인 실행 과정에 참여했다기보다는 일부분인 초기사정이나 재사정의 경험이 가장 많았다. 따라서 실습세미나에서는 전반적으로 사례관리의 이론을 점검해 주고 학생들이 경험한 바를 실행 과정의 어느 부분에 해당하는지, 실행 과정마다의 주요 과업에 대해 학습시킬 필요성이 있다.

3) 발표 방법

사례관리 진행이 어려운 기관에서는 사례관리의 개념과 이론적인 틀을 교육하기도 한다. 실습세미나에서 사례관리의 이해를 돕기 위해 사례관리의 전반적인 개괄과 진행 과정 등 이론적인 틀을 다룬 실습기관이 있다면 이를 먼저 발표하게 한다. 학생들의 자료를 바탕으로 사례관리 실행 과정에 맞게 경험한 것을 발표하도록 한다.

4. 학습 활동 예시

1) 영화를 근거로 한 사례관리 경험 예시[2)]

실습기관에서 사례관리를 담당하게 할 수 없는 사정으로 인해 영화를 함께 감상한 후, 사례관리 전체 실행 과정을 기술해 본 후 기관에서 슈퍼비전을 실시한 자료를 발표하였다.

2) 강남대학교 2024-1 사회복지 현장실습(실습세미나) 수업 _ 최△△ 학생(○○종합복지관)

영화인물 기초현황기록지 작성

01 기초현황지 작성 - 대상: 박○○님

줄거리

- 누구보다 강한 생활력으로 하루하루 살아온 아동학과 졸업반의 보호종료아동 '아영'
- 돈이 필요했던 '아영'은 생후 6개월 된 아들 '혁'이를 홀로 키우는 워킹맘(유흥업소)이자 초보 엄마 '영채'의 베이비시터가 된다.
- 어느 날, 영채의 부주의로 '혁'이에게 낙상사고가 발생한다.
- '영채'는 모든 책임을 '아영'의 탓으로 돌리고,
- 다시 '혁'이와 둘만 남게 된 '영채'는 불법 입양 절차를 진행하는 선택을 하게 된다.

영화인물 기초현황기록지 작성

01 기초현황지 작성 - 대상: 박○○님

기초현황 기록지

결재	담당	과장	부장	관장

사례접수일	-	면접자	
초기상담일	2024. ( )	면접 참여자	
접수경로	□직접 요청(방법 :) □기관 내 타 부서 의뢰( ) □기타 ( )	□사례관리자가 직접 발굴 ■타 기관 의뢰 (병원)	

주민 및 가족 현황

성명	박	생년월일		연령	세	성별	
주소				연락처			
종교	□기독교 □천주교 □불교 ■종교없음 □기타( )						
결혼관계	□기혼 ■미혼 □이혼 □동거 □사별 □재혼 □별거 □기타( )						
세대유형	□독거노인 □노인세대 □조손세대 ■한부모(모자)세대 □장애인세대 □부모자녀세대 □기타( )						

가족사항

관계	성명	연령	성별	직업	학력	장애/질병	동거여부	비고
본인	박영채	36	여자	무직	중졸	-	-	-
자녀	박혁	1	남자	-	-	-	○	-

<개인력>
- 고등학교 때 학업 중단하고, 유흥업소에 종사하였음.
- 사실혼 관계로 추정되는 배우자가 사망하고, 미혼모센터를 이용했음.
- 자녀 불법 입양 절차를 진행했다가 다시 데려옴.

<가족력>
- 박혁(자녀): 생후 6개월 남아이며, 밤에는 베이비시터가 양육하고 있음.
- 부모: '아버지 복이 없었다'는 말을 한 것으로 보아, 아버지와의 관계가 좋지 않음.

수급사항: □일반수급자(생계, 의료, 주거, 교육) □조건부수급자 □( )특례자 ■비법정대상자 / 월 만원, 의료보호 종, 기타( )
- 해당 사항 없음.

경제사항

총수입	월 만원	수입원	□공공급여 □가족수입 □기타 □후원금(만원)
총지출	월 180만원	부채	■유(1,000만원) □무

- 수입: 수입 없음. 유흥업소에 근로하였으나, 교통사고로 인해 다리를 다쳐 거동이 불편하여 근로를 중단한 상태. 벌이가 좋지 않음.
- 지출: 자녀 양육비 120만원, 월세 60만원으로 총 180만원 지출함.
- 자녀 불법 입양 절차로 1,200만원을 불법 취득함.
- 자동차를 소유하고 있음.
- 주거 마련(보증금)을 위해 유흥업소 사장에게 1,000만원을 빌린 점.

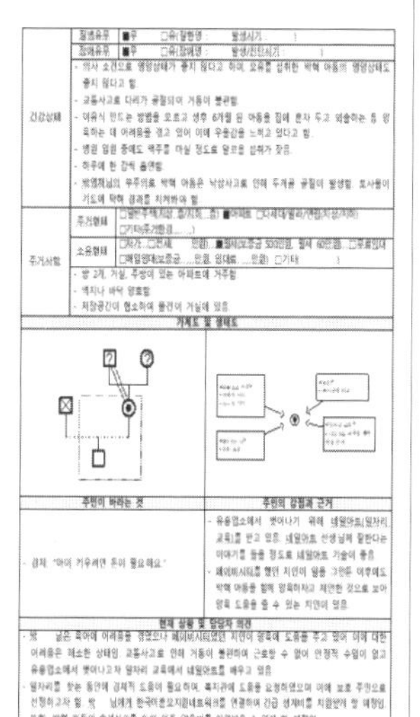

건강상태	질병유무	■무 □유(질환명 : 발생시기 :)
	장애유무	■무 □유(장애명 : 발생/진단시기 :)

건강상태
- 의사 소견으로 영양상태가 좋지 않다고 하며, 모유를 섭취한 박혁 아동의 영양상태도 좋지 않다고 함.
- 교통사고로 다리가 골절되어 거동이 불편함.
- 이유식 만드는 방법을 모르고 생후 6개월 된 아동을 집에 혼자 두고 외출하는 등 양육하는 데 어려움을 겪고 있어 이에 우울감을 느끼고 있다고 함.
- 병원 입원 중에도 맥주를 마실 정도로 알코올 섭취가 잦음.
- 하루에 한 갑씩 흡연함.
- 박영채님의 부주의로 박혁 아동은 낙상사고로 인해 두개골 골절이 발생함. 토사물이 기도에 막힐 경우를 지켜봐야 함.

주거사항	주거형태	□일반주택(지상 층/지하 층) ■아파트 □다세대/빌라/연립(지상/지하) □기타(주거환경)
	소유형태	□자가 □전세(만원) ■월세(보증금 500만원, 월세 60만원) □무료임대 □매입임대(보증금 만원, 임대료 만원) □기타( )

주거사항
- 방 2개, 거실, 주방이 있는 아파트에 거주함.
- 채광이나 바닥 양호함.
- 저장공간이 협소하여 물건이 거실에 있음.

가계도 및 생태도

주민이 바라는 것	주민의 강점과 근거
- 경제: "아이 키우려면 돈이 필요해요."	- 유흥업소에서 벗어나기 위해 네일아트(일자리 교육)를 받고 있음. 네일아트 선생님께 잘한다는 이야기를 들을 정도로 네일아트 기술이 좋음. - 베이비시터를 했던 지인이 일을 그만둔 이후에도 박혁 아동을 함께 양육하자고 제안한 것으로 보아 양육 도움을 줄 수 있는 지인이 있음.

현재 상황 및 담당자 의견

- 박 님은 육아에 어려움을 겪었으나 베이비시터였던 지인이 양육에 도움을 주고 있어 이에 대한 어려움은 해소한 상태임. 교통사고로 인해 거동이 불편하여 근로할 수 없어 안정적 수입이 없고 유흥업소에서 벗어나고자 일자리 교육에서 네일아트를 배우고 있음.
- 일자리를 찾는 동안에 경제적 도움이 필요하며, 복지관에 도움을 요청하였으며 이에 보호 주민으로 선정하고자 함. 박 님에게 한국미혼모지원네트워크를 연결하여 긴급 생계비를 지원받게 할 예정임. 또한, 박혁 아동의 출생신고를 도와 아동 양육비를 지원받을 수 있게 할 예정임.

2) 초기 면접 및 사정 기록지를 통한 사례관리 경험 예시[3)]

노인종합복지관에서 대상자의 집에 직접 방문하여 초기 면접지 및 사정 기록지를 작성해 보는 사례관리 경험을 하면서 기록지 작성에 대한 소개와 느낀 점 및 적용 방안에 대해 발표한 자료이다.

느낀점 및 적용방안

초기면접지 & 사정기록지 작성

문서 기록 및 관리 능력의 중요성
인간의 기억력 한계, 기억이 소실되고 왜곡되기 전에 정리
부족했던 , 아쉬웠던 점 파악
브리핑 내용 및 담당자 의견 정리

대상자 선정회의 & 사례회의

글을 말로 브리핑하는 것의 어려움
각 회의의 중요성 매우 큼
대상자 선정회의: 대상자 선정 여부 결정 / 사례회의: 개입 방법과 서비스 내용 결정
더욱 철두철미한 사전 준비의 필요성

느낀점 및 적용방안

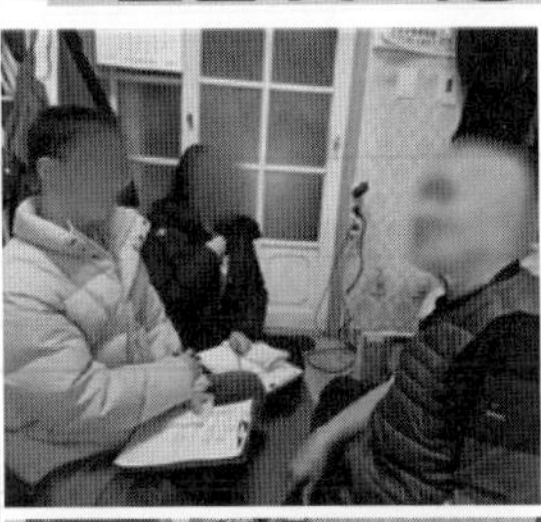

초기 면접

라포형성 및 대인관계 형성 능력: 사회복지사의 자질 중 하나
대화의 흐름을 주도하는 능력: 적극이고 체계적인 질문, 적절한 타이밍
목적의식의 분명함, 완벽한 숙지: 표출된 욕구, 사례관리 개입의 필요성 확인
전문성을 기르기 위한 실천 노력: 사회복지 관련 이슈 및 정책적 동향 탐구

사정

어르신을 두 번째 뵙는 자리: 너무 반가웠고, 반갑게 맞이해 주심
방문하기 전, 사전 논의 진행: 사정기록지 숙지, 질문 정리, 꼼꼼히 검토
잘했던 점, 미흡했던 점: 대화의 흐름 주도 O, But, 심층 질문 못함
심층적인 정보 수집의 중요성: '의뢰된 자' X, '사례관리 대상자' O

---

3) 강남대학교 2024-1 사회복지 현장실습(실습세미나) 수업 _ 박△△ 학생(○○노인종합복지관)

3) 사례관리: 재사정 예시[4)]

재사정(평가) 기록지

<table>
<tr><td>관리 번호</td><td></td><td>대상자명</td><td>하○○</td><td>성별</td><td>여</td><td>생년월일</td><td>44****</td><td>전화번호</td><td>010********</td></tr>
<tr><td>주소</td><td colspan="7"></td><td>재사정일</td><td>2020-○○-○○</td></tr>
<tr><td>대상 분류</td><td colspan="9"></td></tr>
<tr><td>세대 유형</td><td colspan="9"></td></tr>
<tr><td rowspan="5">가족 사항</td><td>성명</td><td>성별</td><td>관계</td><td>생년월일</td><td>결혼</td><td>동거</td><td>직업</td><td>연락처</td><td>비고</td></tr>
<tr><td>-</td><td>남</td><td>남편</td><td></td><td></td><td>X</td><td></td><td></td><td></td></tr>
<tr><td>-</td><td>남</td><td>아들</td><td></td><td></td><td>X</td><td></td><td></td><td>○○ 거주</td></tr>
<tr><td>-</td><td>여</td><td>딸</td><td></td><td></td><td>X</td><td></td><td></td><td></td></tr>
<tr><td></td><td></td><td></td><td></td><td></td><td></td><td></td><td></td><td></td></tr>
<tr><td>재사정 유형</td><td colspan="4">☐ 새로운 욕구가 발생
☐ 긴급한 상황이 발생
■ 기타(재계약을 위한 재사정)</td><td>재사정 요인</td><td colspan="4">☐ 클라이언트에 의한 요인
■ 기관과 사회복지사에 의한 요인
☐ 자원과 환경에 의한 요인</td></tr>
<tr><td>Client 상황 및 변화 욕구</td><td colspan="9">• 현재 왼쪽 다리가 구부러지지 않아 거동이 불편하고, 틀니를 사용하심. 그 외에 신체적 어려움은 많이 없음. 외출 시, 전동기를 통해 이동하고, 30분 거리의 △△구청과 병원도 전동기로 이동한다고 하심. 에너지 취약계층으로, 기름을 통해 전기나 보일러를 사용하는 것으로 보임
• 옆집에 사는 사람과 매우 가까이 지내는 것으로 보이며, 아들도 하루에 세 번씩 전화가 온다고 함. 식사는 직접 차려 드시고, 사람들이 와서 집안일을 하는 것이 불편하여 장기요양은 신청하지 않음. 장애등급은 5급
• 기초생활수급대상이 되어 노령연금, 기초수급, 장애수당(5만원)을 수급받고 있음
• 반찬서비스를 제공받고 있고, 반찬에 대해 만족하고 있다고 하심. 현재 △△ 쪽 임대주택을 신청하셨음</td></tr>
<tr><td>서비스 제공 및 문제</td><td colspan="9">에너지 취약계층으로 지속적인 기름 보급이 필요하며, 지팡이가 낡아 새로운 지팡이로 보급해 주기로 했고 가능하다면 옆집 지팡이도 보급해 주기로 함. △△ 쪽으로 이사가는 것이 확정되면 이사 지원을 해 줄 수 있도록 알아보겠다고 약속하였음</td></tr>
<tr><td>w'er의 의견</td><td colspan="9">현재 생활에 큰 문제가 없고, 받는 서비스도 만족하고 있다고 보여 현상 유지를 지향함. 또한 □□으로 이사 시에 이사 지원을 해 줄 수 있도록 조치가 필요하다고 생각함</td></tr>
<tr><td>재사정 결과</td><td colspan="9">☐ 종결 ☐ 서비스 재계획 ☐ 의뢰 ■ 현 상태 유지</td></tr>
<tr><td>향후 계획</td><td colspan="9">1) 반찬서비스 현행 유지
2) 지팡이 2개 보급
3) 이사 지원 서비스 제공</td></tr>
</table>

4) 강남대학교 2024-1 사회복지 현장실습(실습세미나) 수업 _ 이△△ 학생(○○노인종합사회복지관)

4) 사례개입: 사례발굴상담 예시[5)]

종합사회복지관에서 사례관리를 경험하지는 못하였으나 대상자의 집에 찾아가 기초상담서비스를 실시하여 경로식당 사업의 긴급대상자를 발굴할 목적으로 상담을 실시한 자료이다.

〈대상 선정 및 목적과 내용〉

MENU

경로식당 사업

- 대상 선정: 이용 인원이 제한되어 있는 경로식당 사업 참여 대기자들로 하여금 모든 어르신 가정에 순차적으로 방문하여 기초상담서비스 제공
- 상담 목적: 모든 대기자 가정에 방문하여 기초상담을 진행하므로 혹시 있을 **긴급대상자를 발굴**하기 위함
- 내용: 식사 상태, 냉장고 상태, 간단한 인적 사항, 사회적 관계 등

<table>
<tr><td rowspan="2">INTAKE
(경로식당)</td><td colspan="2">인테이크 일자</td><td colspan="3">방법</td><td rowspan="2">상담자</td><td rowspan="2">허○○</td></tr>
<tr><td colspan="2">2020. ○○. ○○.</td><td colspan="3">□ 전화 □ 내방 □ 방문</td></tr>
<tr><td rowspan="2">성명</td><td rowspan="2">홍길동</td><td rowspan="2">성별</td><td rowspan="2">□ 남 ■ 여</td><td rowspan="2">생년월일
(신분증 확인)</td><td colspan="3">주민등록연도:
19○○. ○○. ○○.</td></tr>
<tr><td colspan="3">실제출생연도:</td></tr>
<tr><td>연락처</td><td>집: (-)</td><td colspan="6">휴대폰: 010-○○○○-○○○○</td></tr>
<tr><td>주소</td><td colspan="7">○○도 ○○시 ○○구 ○○로 10 ○○마을○○1단지 아파트 ○○○동 ○○○호</td></tr>
<tr><td>보호
구분</td><td colspan="7">□ 일반수급 □ 조건부수급 □ 저소득/차상위 □ 기타 ■ 해당없음
※ 수급자 구분(□ 생계급여일반 □생계급여조건부 □ 의료급여 □ 주거급여 □ 교육급여
※ 의료급여 구분(□ 1종 □ 2종)</td></tr>
<tr><td>장애
유무
(중복
체크
가능)</td><td colspan="4">□ 지체장애 □ 시각장애 □ 청각장애 □ 언어장애
□ 뇌병변 □ 신장장애 □ 정신지체 □발달장애
□ 정신장애 □ 간장애 □ 심장장애
□ 간질호흡기장애 □ 장루, 요루장애 □ 안면변형
■ 해당없음
(장애급수:)</td><td>□ 요양보호사
□ 생활보조사
(가정방문
도우미)</td><td colspan="2">□ 유
• 주__회
• 시간:
• 연락처:
____
■ 무</td></tr>
<tr><td>질병
유무
(중복
체크
가능)</td><td colspan="4">□ 내과질환 □ 치과질환 □ 이비인후과질환
□ 피부과질환 □ 안과질환 □ 외과질환
□ 희귀질환 □ 기타 ■ 해당없음
질환명:
유병 기간:
복용 중인 약: 개
(종류:)
이용의료기관:</td><td>세대구분</td><td colspan="2">■ 독거
□ 부부
□ 부모+자녀
□ 기타(조손,
부자, 모자)</td></tr>
</table>

5) 강남대학교 2024-1 사회복지 현장실습(실습세미나) 수업 _ 허△△ 학생(○○종합복지관)

5) 사례관리: 초기상담 예시[6]

<table>
<tr><td rowspan="3">주거
상황</td><td>주거
형태</td><td>□ 단독주택
■ 다세대주택 · 연립
□ 아파트
□ 무허가 · 움막 · 비닐하우스
□ 여관 · 고시원 · 쪽방
□ 기타(　　)</td><td>가옥
구조</td><td>■ 방
□ 거실
■ 주방
■ 화장실
□ 욕실
□ 화장실, 욕실 겸용</td><td>주거
구분</td><td>□ 자가
□ 전세
■ 월세
(보증금 500만 원, 월세 26만 원)
□ 임대주택
□ 무상임대
□ 시설/집단홈(　)
□ 기타(　　)</td><td>난방
방법</td><td>■ 가스 · 기름 보일러
□ 연탄 화목 보일러
■ 전기매트 · 전기온돌
□ 없음
□ 기타(　　)</td></tr>
<tr><td>주거
상태</td><td colspan="7">■ 양호 □ 노후 □ 긴급보수필요 □ 폭염취약 □ 한파취약 □ 환기부적절 □ 채광부족
□ 협소한 공간 □ 악취/불결</td></tr>
<tr><td>특이
사항</td><td colspan="7">※ 주거환경, 이사 계획, 거주기간 등
LH매입 전세, 2년 계약 체결했고 연장 의사 있음, 거주기간 짧음, 고양이 2마리 있음, 주방가전과 조리도구 많음, 턱걸이 운동기구와 대용량 프로틴이 있음</td></tr>
<tr><td>상담
내용</td><td colspan="8">※ 개인력, 가족력 등

〈개인력〉
• 조건부수급 대상자이며 생계, 주거, 의료 2종에 해당함
• 자궁경구이형성증을 앓고 있으며 통증 때문에 오래 일하지 못함. 코로나19로 단기적인 일자리도 구하지 못해 경제활동이 어려워지자 조건부 수급을 받기 어려워진 상태이며 건강을 방치한 상태로 생활하고 있고, 간단하게 구할 수 있는 상비약으로 통증만 해결 중임
• 행정복지센터나 기타 공적부조를 적극적으로 이용하려 하였으나 도움받지 못하였고, 이웃이나 친구도 없어 외로움과 우울감, 불안을 느낌
• 시설에서 지낼 때 알게 된 사회복지사와 연락하며 공공부조와 사회서비스에 대해 종종 조언받음
• 적극적으로 공공부조 서비스를 이용하려고 노력했고, 복지관과 행정복지센터를 찾음
• 근로소득이 있는 남자친구로부터 생활비를 지원받고 있음
• LH 매매임대주택에 거주 중이며 본인은 관리비만 부담 중임
• 현 거주지에 2년 계약을 맺었고, 계약 연장 의사가 있음
• 집안에 옷, 가구, 가전제품 등이 많고 어질러져 있음
• 일자리와 조건부수급이 불안정한 상황에서 통신비, 고양이 양육비, 담뱃값 등에 지출이 많이 발생함
• 과거 사례관리를 경험한 적 있어 사례관리에 익숙함
• ADHD로 정신과 진료를 받은 적이 있으나, 본인은 정신적 문제가 있음을 받아들이지 않음
• 탈수급에 대한 의지 있으나 그에 대한 불안도 함께 나타남
• 직접 장을 보고 요리를 해서 식사를 하는 것을 통해 생활비를 절약하려고 함
• 겨울이고, 남성 사회복지사가 동행하는 것을 알고 있었음에도 짧은 바지와 민소매 상의를 입는 등 계절과 상황에 맞지 않은 옷차림을 보여 줌
• 상담을 진행하는 도중 상담자의 지위나 발언의 진위 여부를 의심하는 등 자기방어적인 모습을 보임</td></tr>
</table>

6) 강남대학교 2024-1 사회복지 현장실습(실습세미나) 수업 _ 신△△ 학생(○○종합복지관)

<table>
<tr><td></td><td>〈가족력〉
• 17세까지 시설에서 생활했으며, 고등학교 중퇴 이후 아버지의 도움으로 주거를 해결하였으나, 성폭력이 발생하여 법적조치 이후 현재 별거 중임
• 과거에 발생한 성폭력 경험에 대한 심리정서적 치료를 받은 경험은 없음
• 어머니는 미국에서 생활 중이며 연락이 끊어진 상태임
• 클라이언트는 가족을 표현할 때, 거친 표현을 많이 사용함

〈욕구〉
• 건강: 시한부를 경험한 적이 있다고 표현하는 등 의료적 지원에 대한 욕구 있음
• 사회적 관계: 외로움이나 불안이 나타나는 등 가족이나 기타 사회적 관계 형성에 대한 욕구 있음
• 경제적 지원: 건강 상태와 코로나19로 일자리를 구하기에 어려움을 겪고 있고 조건부수급도 일정하지 않아서 건강과 생활환경을 개선하지 못하는 악순환이 발생하므로 경제적 지원에 대한 욕구 있음</td></tr>
<tr><td>상담 결과 판정 의견</td><td>■ 통합사례관리대상(■ 일반 □ 집중 □ 위기)/■ 서비스 연계/□ 미진행</td></tr>
<tr><td>상담자 종합 의견</td><td>• 사정점수 척도에 따라 일반형 사례관리 대상으로 분류되며, 금융 지식이나 사회적 역량 등 생활과 관련한 정보를 전달하기 위한 사회복지사의 개입이 필요함
• 자궁경부이형성증과 관련하여 공공의료서비스와 연계가 필요할 것으로 보이며, 이후 자활근로나 아르바이트 등으로 일자리를 구할 수 있도록 하고, 장기적으로 탈수급이 가능할 것으로 보임
• 우울감과 불안감이 있으므로 정신과 진료가 필요할 것으로 보이며, 사회적 관계 형성에 대한 욕구가 있으므로, 장을 봐서 직접 요리를 한다는 강점을 살려 자조 모임이나 지역복지관의 요리를 매개로 한 공동체 형성 프로그램에 참여하게 하는 등의 방법을 고려 가능할 것으로 보임
• 가족 단절을 경험했고, 직장에서 자주 해고당하거나 동료와 마찰이 있는 등 불신감을 해소하기 위해 라포 형성의 과정이 필요한 것으로 보임</td></tr>
</table>

6) 사례관리: 계획서 예시[7)]

사례관리 계획서

이용자	주○○	사정 유형	신규	사례관리자	김○
일시	2024. 1. 24.			사례관리 수준	□ 통합 ■ 일반

원하는 모습		두 명의 아들과 긍정적 관계로 살아가고, 각자 무탈하길 원함			
우선순위	제시된 욕구	합의된 목표	실천 계획		개입기간
			사례관리자	이용자	
1	"내가 없더라도 △△가 사고 없이 안전하게 지낼 수 있었으면 좋겠어요." → ct의 부재 후 2남의 신체적 사회적 안전 확보 욕구 수준: 10점	2남의 지역사회 내 지지체계 확보	1) 정기 모니터링 진행 2) 봉사단의 활동일지 확인	2남과 이웃사이다 봉사단 간 격주 1회 이상 안부 교환 및 만남	20. ○○~20. ○○ (격주 1회)
2	"□□는 어려서부터 내가 잘 돌봐 주지 못해서 항상 미안해요. 그래서 △△만큼 □□랑도 잘 지내고 싶은데, 마음대로 잘 되지 않네요." → 17년만에 재회한 첫째 아들과의 관계 회복 욕구 수준: 7점	ct와 1남의 상호 긍정적 관계 형성	1) 상담 진행 및 관계 진전도 평가 2) 이야기치료를 통해 모자가 서로의 과거와 상황적 맥락을 파악할 수 있도록 원조	1) 집단상담 월 1회 이상 실시 2) 사회복지사의 주의 사항에 따라 모자간 주 1회 이상 서로 칭찬하기 과제 수행	20. ○○~20. ○○ (월 1회)

※ 욕구수준은 현재 겪고 있는 어려움이나 문제에 대해 해결을 원하는 정도를 말합니다. 점수가 높을수록 문제해결을 희망하는 강도가 강함을 의미하며 1점부터 10점까지 응답자가 자유롭게 점수를 부여할 수 있습니다.

상기와 같은 서비스 제공 및 이용에 동의하며, 계획된 목표를 성취하기 위해 적극적으로 참여하고 협력할 것을 상호 약속합니다.

202○년 ○○월 ○○일

성명: 주○○ (인) 사례관리자: 김○ (인)

---

7) 강남대학교 2024-1 사회복지 현장실습(실습세미나) 수업 _ 김△△ 학생(○○종합복지관)

참고문헌

사례관리학회(2021). 사례관리론. 학지사.

제10장

사회복지프로그램 (프로그램, 프로포절, 사업계획서)

학습목표

1. 사회복지실천에 있어 사회복지프로그램에 대한 의미를 설명할 수 있다.
2. 사회복지프로그램 기획(작성법)에 대해 설명할 수 있다.

이 장은 사회복지현장실습 기간 동안 학생들이 실습기관에서 사회복지프로그램을 작성한 것에 대해 피드백 및 슈퍼비전을 제공하는 것이 목적이다. 다양한 실습기관에서 지역의 특성과 대상자의 욕구에 맞는 사회복지프로그램을 기획하였으나 정작 본인이 기획한 것이 프로그램인지, 프로포절인지, 사업계획서였는지, 활동(서비스)이었는지에 대해 혼란을 겪기도 한다. 사회복지프로그램은 확보된 예산인지, 사업비 지원을 요청하는 것인지에 따라 달리 설명될 수 있는 것 외에 모두 같은 과정으로 기획되어야 한다. 따라서 이 장에서는 학생들이 경험한 사회복지프로그램의 기획을 살펴보는 과정을 통해 예비 사회복지사로서의 역량을 증진시키고자 한다.

1. 사회복지실천에 있어 사회복지프로그램(프로그램, 프로포절, 사업계획서)의 의미

사회복지프로그램은 사회복지적인 목적을 달성하기 위하여 계획된 활동들의 구조화된 집합체라고 정의될 수 있다(이봉주, 김기덕, 2008). 사회복지실천 현장은 주로 사업에 맞추어 프로그램이라고 사용한다. 예를 들면, 종합사회복지관의 3대 기능 중 서비스 제공 기능에 따른 아동・청소년을 위한 사업으로, 명칭은 다르겠지만 꿈드림 프로그램이 있다면 그 하위에는 공부방 서비스, 동아리 서비스, 자조모임 서비스 등의 활동이 있고 이것들이 모여 꿈드림 프로그램이 되는 것이다. 즉, 각 대상이 특정 목적의 달성을 위해 클라이언트를 변화시키는 것과 관련된 활동(서비스)의 구조화된 집합체가 프로그램이다. 종합사회복지관에서 아동・청소년을 위한 프로그램, 청장년을 위한 프로그램, 노인을 위한 프로그램 등 지역주민들의 삶의 향상을 위한 전체적인 프로그램들을 운영 관리하는 상위 수준이 서비스 제공 사업이 되는 것이다.

학생들은 이러한 사회복지프로그램의 일환에서 확보된 예산으로 집행되는 프로그램의 하위 수준인 활동(서비스)을 작성해 보는 경험을 한다. 또한 사업을 위해 필요한 확보된 예산이 없는 경우에는 외부에서 사업비 지원을 요청하기 위해 새로운 아이디어를 통해 구체적인 사업계획서를 작성해 보는 경험을 하기도 하며, 후원 주체(공동모금회)가 제시한 사업에 대한 구체적인 사업계획서를 작성해 보는 경험을 한다. 여기에서 주목할 것은 학생들은 사회복지현장실습 기간 중 활동, 프로그램, 프로포절, 사업계획서 작성의 경험에서 오는 혼란이 발생한다. 예산의 차이에 따라 프로그램인지, 서비스(활동)인지, 프로포절인지에 대해 구분할 수 있어야 하고, 이를 작성하는 자체의 본질이 사업계획서의 작성이라는 것에 대해 명확히 구분할 수 있는 능력이 요구된다.

2. 사회복지프로그램의 기획(작성법)[1]

사회복지프로그램(활동, 프로그램, 사업계획서 등)은 다음의 순서와 내용이 포함될 수

1) 사회복지공동모금회(2021). 사업계획서 작성법.

있도록 작성되어야 한다. 예를 들어, 실습 기간 중 일회성 집단 활동(서비스)을 진행하게 된다고 하여도 제목에는 대상, 목적, 방법을 명확히 알 수 있도록 작성하여야 한다. 따라서 현장에서 유용하게 사용되는 사회복지공동모금회에서 제공하는 사업계획서 작성 방법을 익힐 필요가 있다.

1) 사업명(제목): 대상/목적/방법

프로포절이라면 제목에서 후원을 할 것인지 아닌지 거의 결정이 나기 때문에 제목(사업명)은 너무나도 중요하다. 제목의 의미는 프로그램 기획의 의도를 알 수 있도록 어떠한 대상에게, 어떠한 방법을 통해 달성하고자 하는 목적이 무엇인지 명확히 나타나 있어야 한다.

- 프로그램의 성격을 명료, 함축적으로 규정(부제의 효과적 활용)
- 프로그램 대상-목적-방법 표현

① 좋은 예

재가 노인의 (대상) 건강한 삶을 위한 (목적) 보건복지 통합서비스 프로그램 (방법)

장애 · 비장애 청소년의 (대상) 지역네트워크 형성을 통한 (방법) 또래통합 프로그램 (목적)

② 나쁜 예

자립을 행한 발걸음 “가고, 보고, 즐기고! 3 GO!”

한 부모 가정의 지역사회 통합 프로그램 ‘이여차’

2) 사업의 필요성: 문제/욕구

어떠한 프로그램이든 사회문제에 기반하여 필요성을 갖게 한다. 프로그램이 필요한 이유에 대해 객관적 사실과 프로그램 대상자의 욕구를 반영하여 프로그램을 기획하여야 한다.

(1) 사업계획서의 구성

기관/시설의 특성과 관련된 지역사회의 주요 문제 부각	이론이 아닌 현장조사와 여론, 실천 경험에서 발굴한 근거 제시	과거와 현재의 사업 수행 경험과 문제해결 노력 제시	신청하는 사업을 통해 도달 가능한 수준 제시

(2) 사업계획서의 작성 유의 사항과 부적절한 작성 방법

- **작성 유의 사항:** 지역사회를 기반으로 하는 사업이라면 반드시 해당 지역의 문제나 욕구를 제시하는 객관적인 자료를 제시할 필요가 있다.
- **부적절한 작성 방법**
  - 이론적인 내용들을 위주로 기술하는 경우
  - 구체적인 사업내용 중심으로 기술한 경우
  - 경험적 기반만을 담고 있어서 주관적으로 보이는 경우

3) 대상

대상자를 일반, 위기, 표적, 클라이언트 집단으로 구분하였으나 최근에는 프로그램의 대상자를 주체적인 참여자로 인식하여 변화의 대상인 핵심 참여자와 변화를 위해 가장 밀접하게 관여되는 조력자인 주변 참여자로 구분하여 제시한다. 이때 참여자의 선정 기준, 모집 방법 등을 고려하여야 한다.

(1) 사업계획서의 구성: 서비스 대상(서비스 지역, 실 인원수)

- 사업을 통해 변화되는 대상이 누구인가를 명확하게 제시
- 사업 필요성에 제시된 문제와 욕구를 가진 집단을 구체적으로 기술
- 대상자 선정 기준 및 선정 방법, 확보(홍보) 전략을 세부적으로 제시
- 대상집단의 인원수를 산출하기 위해 일반집단/위기집단/표적집단/클라이언트 집단으로 구분하여 실 인원수 추정(추정을 위한 자료 인용 시, 객관적인 근거자료 제시)
  - 일반집단: 서비스를 제공할 대상이 속해 있는 지역의 일반인구집단
  - 위기집단: 일반대상 중 문제나 욕구를 갖고 있다고 추정되는 잠재집단(위험에 노출되어 있는 집단)

- 표적집단: 위기 대상 중 신청프로그램에서 우선적인 서비스 제공이 필요한 집단
- 클라이언트 집단: 표적 대상 중 이 사업을 통해 실질적인 혜택(서비스)을 받을 수 있는 인원으로 프로그램에 참여하기로 동의한 집단

〈예시〉

기관이 위치한 서울시 ○○구의 아동 12,000명	일반 대상 중 한부모 가정의 아동 750명	위기 대상 중 방과 후 보호가 필요한 저소득 한부모 가정의 아동 150명	표적 대상 중 이 기관의 인근에 거주하며, 프로그램 참여 필요성이 있는 대상자 중 참여의사가 있는 아동 25명

4) 목적 및 목표

목적은 궁극적으로 달성하고자 하는 상태를 말한다. 달성하고자 하는 상태를 만들기 위해 필요한 과업들이 산출 목표이고 성과 목표는 산출의 결과인 목적이 된다. 이러한 산출과 성과는 목표이기 때문에 사업 내용에서 측정 가능한 평가 방법 및 도구에 대한 고려가 필요하다.

- **목적:** 사업을 통해 궁극적으로 달성하고자 하는 가치 혹은 상태
- **산출 목표:** 목적 달성을 위해 성취해야 하는 단계적 상태 또는 구체적이고 측정 가능한 사업
- **성과 목표:** 목적, 목표의 반복적 기술이 아닌 가시적인 또는 잠재적인 변화

구분	설명	예시
단기성과	활동(프로그램) 참여를 통한 지식, 태도, 기술의 변화	1. 기술의 습득 2. 학습에 대한 흥미, 능력 향상 3. 문제 상황의 인식, 확인
중기성과	단기성과(지식, 태도, 기술의 변화)로 나타나는 행동의 변화	1. 직업 획득 2. 시험, 합격, 상급학교 진학 3. 문제행동의 감소
장기성과	조건이나 상황에 대한 궁극적 변화	1. 경제적 안정 2. 자립 3. 문제행동 중지

5) 사업 내용

세부 내용으로 무엇을, 언제, 누구에게, 언제까지, 몇 회를, 누가 수행하는지에 대한 구성과 평가 방법 및 인력 동원, 홍보전략 및 자원 활용 등에 대한 기획을 실시하는 것을 말한다.

(1) 사업계획서의 구성: 사업내용(세부 내용, 평가 방법, 인력, 일정, 홍보, 자원 활용 등)

- 목적/목표와 체계적으로 연결된 실행 가능한 사업 계획 작성
- 담당 인력은 전문성과 수행 능력 판단의 근거
- 노하우, 인적자원, 물적자원, 외부 자원, 관계 자원, 유리한 환경 등 제시
- 함께하는 협력자 소개와 이들의 인정, 지원의 증거 제시

(2) 목표에 대한 평가 방법

평가는 사업의 세부 사업 내용을 계획대로 수행했는지 확인하는 형성평가 또는 과정평가, 사업의 목표를 제대로 달성했는지 확인하는 총괄평가로 구분

양적 방법	질적 방법
수치 세기(Numeric Counts), 표준화된 척도, 기능 수준 척도(Level of Functioning Scales), 만족도 조사 등을 통해 대상자의 참여나 변화를 확인할 수 있음	심층 면접, 참여적 관찰, 비참여적 관찰, 영상매체 기록 등을 통한 대상자의 변화를 체크할 수 있음

〈예시〉 성과 목표: 양육부담 경감

목표에 대한 평가 방법			
성과지표	자료원	자료수집 방법	자료수집 시기
양육 스트레스 15% 감소	양육 스트레스 척도지	양육 스트레스 척도 검사	사전/사후

- **성과지표:** 성과 목표가 결정되면 성과를 측정할 수 있는 지표
- **자료원:** 해당 자료를 누가 가지고 있는가에 관한 항목
- **자료수집 방법:** 해당 자료를 어떻게 수집할 수 있는가에 관한 항목
- **자료수집 시기:** 언제 수집(설문지의 경우 측정 시기)하는가에 관한 항목

6) 예산

사업 내용과 연계하여 실제 집행하는 데 투입되는 자원을 돈으로 환산하여 표현한 것을 말한다. 인건비, 사업비, 관리운영비로 나누어 편성한다.

(1) 사업계획서의 구성: 예산 계획

- 각 항목별 예산의 산출 근거를 상세하게 작성
- 불필요한 예산을 과다하게 책정하지 않아야 하며, 편성 예산과 집행금의 차이를 줄여 예산 계획의 신뢰도를 높여야 함
- 산출 근거는 구체적으로 어떠한 내역으로 예산이 지출되는지 실제 수량, 횟수, 인원수, 단가 등을 아주 구체적으로 기록 제시

목	설명	해당 항목
인건비	해당 사업을 직접적으로 수행하는 인력에 투입되는 비용	신규 전담 인력 인건비, 기존 직원 시간 외 수당
사업비	프로그램의 수행에 필요한 직접비용(클라이언트에게 제공되는 서비스에 필요한 비용)	강사비, 자원봉사자 관리비, 자문비, 회의비, 행사 진행비, 홍보 물품 구입, 프로그램 준비물 구입 사업결과보고서/결과물 제작 등
관리 운영비	프로그램의 수행에 필요한 간접비용(사업관리에 필요한 비용)	상해보험 가입비, 사무용품, 냉난방비, 우편료 등

7) 향후 계획

신청한 사업이 선정되면 기대할 수 있는 효과는 무엇인지, 사업 수행 결과를 어떻게 활용할 것인지, 지원이 종료된 이후에는 어떻게 할 것인지에 대한 고려이다.

파급효과	지속가능성	단계적 추진 전략
• 효과성의 공간적 확대 • 타 기관 보급, 교육, 확대 공동 발전	• 효과성의 시간적 확대 • 성장과 발전 지향적인 자구 방안	연차 사업의 경우 자구책에 대한 단계적 추진 전략이 필요

3. 학습 활동

※ 준비: 과제 3 프로포절 또는 사업계획서 발표

• 발표: 사회복지현장실습에서 경험한 사회복지프로그램(프로포절) 발표
(실습 기간 동안 프로포절을 경험하지 않은 학생은 활동에 대해 발표)

1) 과제 발표를 통한 사회복지프로그램 이해

학생들은 프로그램 개발과 평가라는 교과목을 이수한 경우도 있지만 그렇지 않은 학생도 더러 있기도 하다. 이 수업에서 가장 많은 사회복지프로그램(활동, 프로포절, 사업계획서, 공모전 등)을 경험하게 되므로 학생 스스로 자신이 경험한 사회복지프로그램에 대한 기획이 어떻게 되었는지, 실습 현장에서 슈퍼비전은 어떠한 과정이었는지, 발표를 통해 알 수 있게 된다. 특히 학생들이 경험한 프로그램의 하위 수준인 활동(서비스)의 경우에는 제목에 있어 많은 오류가 생겨나기도 한다. 예를 들면, 도움이 될 수 있는 주제를 선택하여 요즘 중요하게 생각되는 기후변화를 알게 하기 위해 대상자의 욕구와는 관계없이 ESG에 대한 교육을 활동으로 한 경우가 있기도 하였고, 슈퍼바이저가 2,000만원을 예산으로 사업계획서를 작성해 보라고 사업계획서를 작성한 것으로만 이해하였는지, 기관의 예산인지, 외부의 예산을 확보해 오는 것인지 알 수 없었다는 학생 등이 있었

다. 발표를 통해 전반적인 사회복지프로그램에 대한 이론적인 개념에 대해 알 수 있도록 슈퍼비전이 제공되어야 한다.

2) 사례관리 발표를 통한 동료와의 생각 및 느낌 공유

실습세미나에서만큼 다양한 프로포절과 프로그램, 사업계획서를 많이 접할 수 있는 수업은 없을 것이다. 그만큼 학생들이 실습기관에서의 접하는 사회문제는 다양하고 실습기관 또한 다양하기 때문이며 실습세미나 수업의 정원이 30명이기 때문에, 많게는 30개 사회복지프로그램을 접할 수 있는 것이다. 이러한 과정에서 학생들은 예산의 출처에 대한 고려 없이 실습 슈퍼바이저의 주문대로 사업의 필요성에 의한 활동들을 구상하였다는 의견이 대다수였다. 사회복지프로그램의 기획에 있어 사회복지공동모금회의 양식이 절대적인 기준이 될 수는 없다 해도 현재 사회복지현장실습 기관에서 가장 많이 사용되고 있으므로 실습세미나에서 제대로 이해하는 것은 도움이 되겠다. 소규모 센터 혹은 3종 복지관에서도 프로포절이기보다는 활동, 프로그램을 기획하여 실제로 실행해 보기도 하는데, 학생들은 일회성의 활동에서도 제목이 중요함을 알게 되고, 측정 가능한 산출과 성과 목표에 대해 이해하며, 사업계획서를 작성해야 한다는 것을 인식하게 되었다고 하였다.

3) 발표 방법

사회복지프로그램의 성격을 이해하는 시간을 가진 뒤, 프로포절을 발표하게 한다. 프로그램 개발과 평가 수업을 이수하지 않은 학생들에게 전반적인 선행학습의 기회를 엿볼 수 있게 한다. 이후 프로그램과 활동에 대해 발표를 하면서 앞서 다룬 사회복지프로그램 작성법에 맞추어 학생들과 함께 돌아가면서 발표 자료에 대해 서로에게 피드백을 실시하여 보완할 수 있도록 이끈다. 이러한 과정이 반복되면서 학생들은 자신감을 갖고 사업명(제목)에 대한 수정 및 사업 내용에 대한 산출과 성과 목표에 대한 피드백을 자연스럽게 동료에게 제공하기도 한다.

4. 학습 활동 예시

1) 장애인종합복지관 프로포절 예시[2]

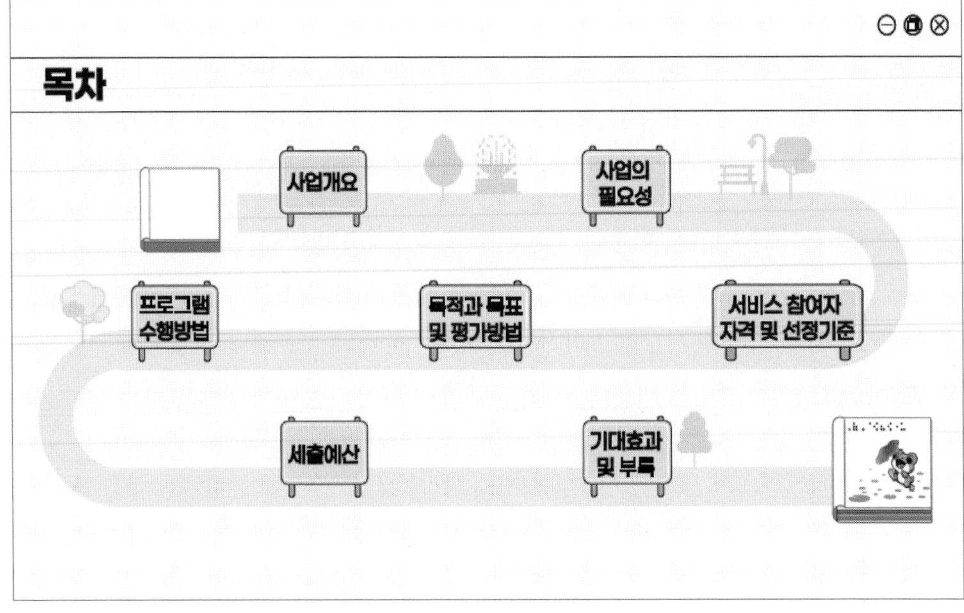

2) 강남대학교 2024-1 사회복지 현장실습(실습세미나) 수업 _김△△ 학생(○○장애인종합복지관)

사업개요

사업기간	2024.01.02.(화) ~ 2024.12.30.(월), 총 36회 - 가족교육지원팀 -
일시	2024.03.06.(수) ~ 2024.11.27.(수) 13:00~16:00 주 1회 수요일 (총 32회)
장소	복지관 내 프로그램실, 지역사회 내
참여자	김포시 거주 중인 중장년 장애인, 8명(연인원 256명)
주요내용	점자촉각도서에 대한 교육, 점자촉각도서 만드는 법 교육, 역할분담 및 계획회의, 점자촉각도서 제작, 나들이 진행

사업의 필요성

가. 지역환경적 특성

- 김포시 총인구 2023년 기준 -> 486,126명(전국 35위로 많은 인구 증가)
- 장애인구 18,718명, 지체장애 8,527명(장애유형 중 많은 비율)
- **40-49세 연령이 가장 높음**

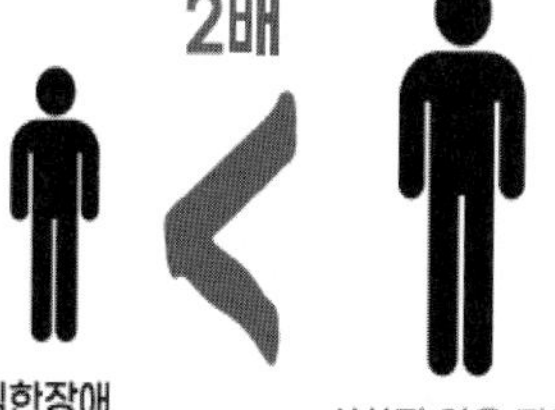

나. 참여자 욕구 및 문제점

- 자기효능감 -> 삶의 만족도, 건강 관련 삶의 질에 영향 미침
- 자기효능감 높으면 부정적 정서를 더 적게 느낄 확률 높음 (더 큰 행복감 및 만족감), 노후준비 긍정정 영향 -> **중장년 장애인에게 꼭 필요**
- 복지관 -> **자기효능감 향상 프로그램 x**
- 자기효능감 높이는 법 : 과거에 성공한 경험 떠오르기 (여성자조모임 진달래) -> **손으로 하는 활동으로 기획**

2) 노인종합복지관 프로그램– 활동 예시[3)]

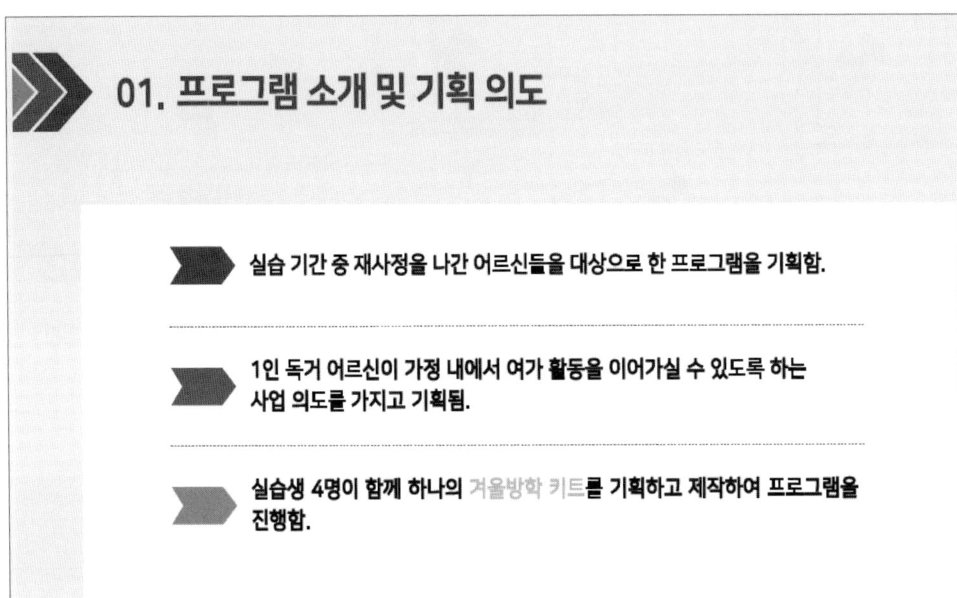

02. 프로그램 계획

≫ 목적

- 추운 날씨와 거동의 어려움으로 외부 활동에 제한이 있는 1인 독거 어르신이 가정 내에서 취미 여가 활동을 이어갈 수 있는 기회와 정서적인 안정을 지원한다.

≫ 목표

- 프로그램 참여를 통해 1인 독거 어르신께 여가 활동의 기회를 제공하고, 정서적인 안정을 지원하여 일상의 무료함을 감소한다.

---

3) 강남대학교 2024-1 사회복지 현장실습(실습세미나) 수업 _ 김△△ 학생(○○노인종합복지관)

참고문헌

사회복지공동모금회(2021). 배분사업 안내.

이봉주, 김기덕(2008). 사회복지프로그램 기획의 이해와 적용. 신정.

제11장

사회복지현장실습 슈퍼비전의 이해와 활용

학습목표

1. 사회복지현장실습에서 받은 슈퍼비전의 내용을 이해하고 설명할 수 있다.
2. 사회복지현장실습에서 경험하고 학습한 내용을 실습세미나를 통해 공유할 수 있다.
3. 사회복지 현장 경험과 이론의 통합에 관한 슈퍼비전을 통해 향후 사회복지사로서의 역량을 증진시킬 수 있다.

사회복지현장실습을 하는 학생들은 실습하는 동안 현장에서 담당 사회복지사로부터 슈퍼비전을 받게 된다. 슈퍼비전을 통해 사회복지사로서 요구되는 전문적인 지식, 기술, 가치, 철학 등에 대한 가르침과 다양한 경험을 간접적으로 듣게 됨으로써 학생들은 슈퍼비전과 함께 성장한다고 해도 과언이 아니다. 실습세미나에서는 이와 같은 현장에서 받은 슈퍼비전 내용이 어땠는지, 이것이 학생들에게 도움이 되었는지, 어떤 형태의 슈퍼비전이 이루어졌는지를 지속적으로 검토하게 된다. 또한 학생이 받은 슈퍼비전 내용을 다른 동료 학생과 공유함으로써 내가 받은 슈퍼비전의 양과 질적인 측면에서의 적절성을 평가할 수 있다. 이처럼 실습세미나에서는 현장에서 받은 슈퍼비전의 적절성을 검토하고, 다른 동료와의 토론을 통해 슈퍼비전 내용을 공유함으로써 내가 받은 슈퍼비전의 가치를 확인할 필요가 있다. 마지막으로, 현장 경험과 이론의 통합에 관한 슈퍼비전이 포함될 필요가 있다. 현장에서 경험한 다양한 것을 이론과 통합함으로써 한층 성장한 사회복지사가 될 수 있도록 현장에서 받은 슈퍼비전을 검토하고 세미나를 통해 이를 정리해 주는 단계가 필요한 것이다.

1. 현장실습을 통한 전문가 슈퍼비전

사회복지현장실습은 학생이 학교에서 배운 이론을 바탕으로 현장 기반의 사회복지 제반 업무를 직간접적으로 경험하는 것으로 예비 사회복지사가 되기 위한 필수 과정이다. 따라서 사회복지현장실습에서는 기관 내 자격이 있는 사회복지사가 슈퍼바이저가 되어 학생들에게 다양한 형태의 슈퍼비전을 제공하게 된다. 사회복지현장실습에서 제공하는 슈퍼비전은 일반적으로 행정적·교육적·지지적 기능을 갖는 것으로 알려져 있다(주석진, 2024). 행정적 슈퍼비전은 학생이 기관의 정책과 절차를 이해하고, 행정적인 측면에서의 업무를 효율적으로 수행하도록 지원하는 슈퍼비전이다. 교육적 기능은 학생이 실습기관에서 배운 이론과 기술을 현장에서 적절하게 사용할 수 있도록 가르치는 것을 의미한다. 또한 지지적 슈퍼비전은 정서적 측면에서 학생에게 스트레스를 감소시키고 업무수행 능력을 향상시키기 위한 동기 부여를 하는 등의 활동을 의미한다. 따라서 사회복지현장실습에서는 이러한 행정적, 교육적, 지지적 슈퍼비전이 적절하게 제공되어야 하며, 이를 통해 학생이 현장에서 다양한 지식과 기술을 쌓고, 많은 경험을 얻을 수 있도록 도와야 한다.

학생이 사회복지현장실습을 하는 동안 여러 가지 형태의 슈퍼비전을 받게 된다. 가장 많은 비중을 차지하는 것은 기관 내 실습 슈퍼바이저에 의한 슈퍼비전이다. 또한 일반적으로 사회복지기관에서의 실습은 2명 이상의 실습생을 대상으로 이루어지기 때문에 동료 실습생이 있는 경우가 대부분이다. 따라서 상황에 따라서는 동료로부터 슈퍼비전을 받는 동료 슈퍼비전도 있다. 마지막으로 실습 기간 동안 학교에서 단기간의 실습세미나를 진행하거나 담당교수가 실습기관을 방문해서 학생과의 면담을 갖는 경우도 있다. 이것 역시 또 다른 형태의 슈퍼비전이라고 할 수 있다. 다음에는 크게 세 가지 형태의 슈퍼비전에 대해 간단하게 알아보도록 한다.

1) 실습 슈퍼바이저에 의한 슈퍼비전

일반적으로 실습 슈퍼바이저에 의한 슈퍼비전은 개별 또는 집단의 형태로 이루어진다. 개별 슈퍼비전은 실습생을 개별적으로 지도하여 구체적이고 초점을 둔 슈퍼비전을 제공하는 것이 가능하다. 한편, 집단 슈퍼비전은 실습생이 그들이 경험한 것을 함께 공유함으로써 집단 안에서의 문제해결 과정에 초점을 둔다. 이러한 개별 또는 집단 슈퍼비전의 선택은 슈퍼바이저의 성향에 따라 달라질 수 있다. 그럼에도 불구하고, 상황에 따라 개별과 집단 슈퍼비전을 적절하게 혼합해서 사용하도록 하는 것은 도움이 된다.

사회복지현장실습은 학생이 약 한 달이라는 시간을 투자하여 현장 경험을 배우고자 하는 목표를 갖고 외부 기관에서 수행하는 학습 방법이다. 따라서 학생에게 현장 경험을 가르쳐 주는 실습 슈퍼바이저의 활동은 매우 중요하다. 보건복지부와 한국사회복지사협회(2017)에서는 다음과 같은 실습 슈퍼비전의 원칙을 제시하고 있다. 따라서 원칙에 기반한 실습 슈퍼비전이 제공될 필요가 있다.

표 11-1 실습 슈퍼비전의 원칙

- **정규화의 원칙**: 실습생을 위한 슈퍼비전은 정기적으로 제공되어야 한다.
- **공식화의 원칙**: 슈퍼비전은 업무의 일부로 업무시간 중에 수행되어야 한다.
- **상호 교류 중심화의 원칙**: 슈퍼비전은 슈퍼바이저와 실습생의 상호 계획하에 수행되어야 한다.
- **개별화의 원칙**: 슈퍼비전은 실습생의 업무와 관련된 지식, 기술, 능력을 파악하여 이와 관련한 훈련, 개발, 더 나아가 경력개발에 초점을 두고 개별화하여 진행되어야 한다.
- **성장 중심화의 원칙**: 슈퍼비전은 실습생의 업무 수행상 취약점을 지적하는 것보다는 가능성과 강점의 개발에 초점을 두고 진행되어야 한다.
- **맥락화의 원칙**: 슈퍼비전은 조직의 내적 및 외적 환경, 실습생이 속한 업무 환경 등 맥락을 고려하여 진행되어야 한다.
- **욕구 중심화의 원칙**: 실습생의 욕구에 맞춰 실습 슈퍼비전을 계획하고 제공해야 한다.

출처: 보건복지부, 한국사회복지사협회(2017).

효과적인 슈퍼비전이 되기 위해서는 학생에 대한 개별화, 다양한 슈퍼비전 개입 방법의 활용, 명확하고 직접적이며 건설적인 피드백, 학생에게 적합한 상담 방법 활용 등의 내용 또한 고려될 필요가 있다. 따라서 앞에서 언급한 실습 슈퍼비전의 원칙을 준수함과 동시에 질적인 측면에서의 슈퍼비전을 충실하게 제공할 때 효과적인 실습 과정이 이루어질 수 있음을 알 수 있다.

2) 동료 슈퍼비전

실습하는 동안 학생들이 가장 많이 만나는 사람은 아마도 같은 기간에 실습을 하는 실습 동료일 것이다. 집단의 형태로 프로그램을 기획하고 운영할 경우에는 지속적인 논의와 토론의 과정을 거치겠지만, 개별적인 접근을 요구하는 서비스와 관련해서는 동료로부터 슈퍼비전을 받을 수도 있고, 그렇지 않은 경우도 많이 있다. 동료와 같은 사회복지 교육을 받고 있다는 점에서 동료로부터 다양한 측면에서의 슈퍼비전을 받는 것은 도움이 될 것이다. 개별적으로 진행하는 업무와 관련해서 혼자서 해결하고자 하면 많은 어려움이 생길 수 있다. 다양한 책과 보고서 등을 통해 도움을 받을 수 있지만, 동료로부터 받는 조언도 상당히 효과적일 수 있다. 또한 실습 슈퍼바이저로부터 개별 슈퍼비전을 받으면서 어려움에 직면했을 때 동료로부터의 또 다른 조언도 도움이 된다. 실제 사회복지 실습을 하면, 업무적인 차원에서의 어려움도 있지만, 성격적인 차원에서 사회복지 업무를 수행하는 데 어려움을 겪고, 그로 인해 스트레스를 받기도 한다. 따라서 이런 부분과 관련해서는 동료와의 진솔한 대화를 통해 도움을 받는 것이 현명한 방법일 수 있다.

3) 담당교수와의 슈퍼비전

학교마다 차이는 있지만, 어떤 학교는 실습하는 동안 학생들이 실습 기간 동안 갖게 되는 어려움을 논의하고자 방학 중 세미나 수업을 1~2회 진행하거나 학생들이 실습하는 동안 실습기관을 방문해서 학생과 개별상담을 하기도 한다. 실습하면서 실습 슈퍼바이저나 동료와 충분한 문제해결이 안 되었을 때는 이런 기회를 활용하는 것도 도움이 된다. 만약 급한 상황이 생겼을 때는 학교 또는 실습담당교수에게 전화해서 상황을 말하고 도움을 요청하는 것이 절대적으로 필요하다.

담당교수에게 슈퍼비전을 요구해야 하는 상황은 다음과 같다.

- 실습 슈퍼바이저로부터 슈퍼비전을 받고 있지 않을 때
- 실습 슈퍼바이저로부터 불공정한 처우를 받고 있다고 느낄 때
- 기관에서의 실습 활동이 부적절하다고 느낄 때
- 클라이언트와의 관계에서 문제가 발생했을 때

- 동료와의 관계에서 문제가 발생했을 때
- 개인적인 문제로 인해 더 이상의 실습이 어려울 때

이와 같은 상황이 발생했을 때는 즉각 담당교수에게 연락하여 문제를 원활하게 해결하도록 할 필요가 있다.

2. 실습세미나를 통한 슈퍼비전

실습세미나에서는 실습 동안 이루어졌던 다양한 이슈에 대해 논의하는 시간을 갖는다. 실습세미나를 진행하면서 슈퍼비전과 관련된 하나의 세션을 만들어 그것을 집중적으로 다룰 필요는 없어 보인다. 하지만 각 세션에서 다루는 주제와 관련된 토론을 할 때는 그 당시 기관에서 이루어진 슈퍼비전이 얼마나 타당했고, 도움이 되었는지 함께 논의할 필요는 있다. 즉, 슈퍼비전은 별도의 세션으로 내용을 다루기보다는 각 세션마다 주요 주제를 바탕으로 지속적으로 다룬다는 점에서 세미나 수업 전반에서 다루게 되는 주요 구성 요소인 것이다.

예를 들어, 현장에서 활용했던 기술과 지식에 관한 논의를 할 때 어떤 학생은 그 당시 슈퍼바이저가 제시했던 내용을 함께 이야기하기도 한다. 즉, 학생 본인은 공감에 대해서만 집중하고 있었지만, 실습 슈퍼바이저가 공감하면서 경청하는 방법을 더 주의 깊게 하라는 피드백을 주셨다거나 클라이언트 문제에 집중하기보다는 그들의 강점에 초점을 두는 강점관점의 필요성을 제시했다는 등의 이야기를 한다. 이를 통해 실습세미나에서 다루는 각 주제마다 학생들이 언급하는 내용 중 어떤 것들에 대한 슈퍼비전을 받았는지 체크하는 것도 중요한 학습이 될 수 있다. 이 과정에서 학생마다 슈퍼비전을 받는 내용은 당연히 다를 것이다. 따라서 실습세미나를 통해 학생들 간에 받은 슈퍼비전 내용을 공유하고, 내가 알지 못했던 새로운 내용을 추가적으로 학습하는 것 또한 중요한 배움의 한 방법이 될 수 있다.

슈퍼비전과 관련된 내용이 가장 많이 나오는 세션은 사례관리와 프로포절과 관련된 발표 수업이 이루어질 때이다. 학생들은 자신이 담당한 사례에 어떻게 접근했는지를 발표하면서 실습 슈퍼바이저가 각각의 상황에서 어떤 슈퍼비전을 제공했는지 제시한다. 프로포절 발표에서도 마찬가지이다. 프로포절을 기획하고, 이를 실제 운영하는 과정에서 실습 슈퍼바이저가 어떤 슈퍼비전을 제공했는지 설명하는 경우가 많다. 이처럼 실습 과정에서 이루어지는 다양한 형태의 슈퍼비전 내용에 대한 공유는 유사한 활동을 경험하지 않은 학생들에게 상당히 도움이 된다.

앞에서 언급한 내용이 슈퍼비전의 질적인 측면이라고 한다면, 구조적인 측면에서 얼마나 많은 슈퍼비전이 이루어지고 있고, 누구에 의해, 어떻게 이루어지고 있는지 등에 대해서는 실습기관과 관련된 발표를 통해 공유될 수 있다. 일반적으로 슈퍼비전은 학생이 속한 부서의 담당 사회복지사 선생님 한 분이 담당하게 된다. 또한 한 분의 슈퍼바이저 선생님이 다수의 실습생을 맡는 일도 있고, 기관의 기준에 따라 일정 수의 학생까지만 담당하도록 하는 경우도 있다. 어떤 실습 슈퍼바이저는 매일 실습일지에 대한 피드백을 주는 경우도 있지만, 어떤 실습 슈퍼바이저는 일주일에 한 번 실습일지에 대한 피드백을 주기도 한다. 이처럼 슈퍼비전과 관련해서는 일정한 기준이 없기 때문에 기관 소개 발표를 통해 학생들이 자신이 속한 기관 상황에 대해 언급하면서 슈퍼비전의 중요성과 필요성 등을 논의하는 것은 중요하다. 실습을 처음 나가는 학생의 경우, 본인이 받는 슈퍼비전이 정석이라고 생각할 수 있지만, 실습세미나를 통해 그것이 아님을 깨닫기도 하는 것이다. 따라서 슈퍼비전에는 다양성이 존재할 수 있음을 강조할 필요가 있다. 이와 더불어 보다 체계적이고 공식화된 슈퍼비전 체계가 구축될 필요는 있어 보인다.

3. 현장과 이론의 통합을 위한 슈퍼비전

사회복지현장실습에서는 현장에서의 경험을 기반으로 다양한 슈퍼비전이 제공된다. 하지만 간혹 현장 경험 중심의 슈퍼비전에 치중하다 보면 이론과의 연계를 통한 경험과 이론의 통합에 이르지 못할 수도 있다. 이처럼 현장에서 얻은 경험을 이론으로 연결하게 하고 통합할 수 있도록 도와주는 것이 실습세미나에서 제공되는 슈퍼비전일 수 있다. 따라서 현장에서 학생들이 들은 피드백과 슈퍼비전 내용을 꼼꼼하게 파악하고, 이를 이론과 접목할 수 있는 부분을 강조하면서 통합으로 가는 과정을 도와줄 필요가 있다.

예를 들면, 사례관리실천을 할 때 현장에서의 슈퍼바이저는 클라이언트와의 관계에 초점을 두면서 슈퍼비전을 제공할 수 있다. 그 과정에서 개별 면담을 통해 이루어지는 다양한 기초 및 면담 기술을 이야기하고, 학생들의 성격 등을 고려해서 강조 또는 변화

될 필요가 있는 부분을 언급하는 경우가 있다. 이처럼 기술에 초점을 둔 슈퍼비전을 제공할 경우에는 사례관리를 제공하는 전반적인 절차 및 방법 등에 대한 피드백을 통해 이론과 실천의 통합에 적합한 슈퍼비전을 제공하는 것도 도움이 될 수 있다.

4. 학습 활동

사회복지현장실습에서의 슈퍼비전은 세미나를 하는 동안 지속적으로 이루어져야 한다. 일반적으로 실습세미나는 실습이 끝난 이후에 이루어지기 때문에 실습하는 동안에도 1~2회 정도의 실습세미나를 열어 학생들이 실습을 잘하고 있는지 점검할 필요가 있다. 이때 슈퍼비전과 관련된 이야기를 듣는 것은 매우 중요하다. 특히 실습을 처음 하는 학생들이 대다수이기 때문에 일반적으로 슈퍼비전이 어떻게 이루어지는지 모르는 경우가 많다. 따라서 실습 기간에 이루어지는 실습세미나를 통해 다른 학생들의 이야기를 들으면서 내가 적절한 슈퍼비전을 받고 있는지, 그렇지 않은지를 평가할 필요가 있다. 만약 적절한 슈퍼비전을 받고 있지 않다면, 그와 관련해서 앞으로 남아 있는 실습 동안 어떻게 해야 하는지에 대한 팁을 제공해 줄 수 있다. 물론 실습담당교수가 제안해도 좋고, 다른 학생들이 자신의 사례를 들어 제안해 줄 수도 있다. 슈퍼비전과 관련해서 상당한 불안감과 불편감을 가지고 있는 학생의 경우에는 실습세미나가 끝난 이후, 실습세미나에서 나온 내용을 실습 슈퍼바이저에게 제안했는지, 이후 실습 슈퍼바이저에게 변화가 있었는지 등을 한 번 더 확인하기 위해 학생에게 연락하여 사후관리를 하는 것도 필요하다.

실습이 종료된 이후 이루어지는 실습세미나에서는 각각의 세션을 진행하면서 필요할 경우, 기관에서 피드백 받은 내용을 함께 검토해 보는 것은 중요하다. 실습 슈퍼바이저로부터 받은 피드백과 관련해서는 이론적 측면에 관한 내용 보충뿐만 아니라, 구조적인 측면에서 바람직한 슈퍼비전이 무엇인지 학생들과 함께 토론을 진행하는 것은 학생들의 실천 역량을 증진하는 데 많은 도움이 될 수 있다.

5. 학습 활동 예시

현장실습에서 슈퍼비전과 관련해서 가장 많이 나오는 질문 또는 내용은 다음과 같다. 각각의 사례를 읽고 이런 이슈들을 어떻게 해결하는 것이 좋을지 논의해 볼 필요가 있다.

1) 예시 1

"실습 슈퍼바이저 선생님이 제 실습일지를 전혀 읽지를 않아요. 다른 슈퍼바이저 선생님들은 매일 실습일지를 읽고 거기에 피드백을 써 주기도 하고, 한 시간씩 따로 불러서 슈퍼비전을 주는데 저는 그런 게 전혀 없어요. 어떻게 하면 좋죠? 슈퍼바이저 선생님께 말하면 곧 해 줄 테니까 걱정하지 말라고 하는데……. 말만 그렇게 하고 계속 안 해 주세요."

- 실습세미나를 하면 위와 같은 사례를 많이 들을 수 있다. 이와 같은 사례를 학생이 실습하는 동안 이루어지는 실습세미나에서 들으면 다양한 형태의 조언을 제공해 줄 수 있다. 하지만 실습이 끝난 이후에는 이와 관련된 조언이 큰 도움이 되지 않을 수 있다. 그럼에도 불구하고, 향후 예비 사회복지사로서 실습 슈퍼바이저의 역할을 이해하기 위해서는 이런 상황에서 어떻게 슈퍼비전을 주어야 하고, 어떻게 대처해야 하는지 충분한 논의를 통해 해결할 필요가 있다.
- 위와 같은 상황을 토론할 때 가장 많이 나오는 제안은 실습 슈퍼바이저에게 직접 실습일지 검토의 필요성을 다른 형태를 활용해서 이야기하라는 것이다. 이때 소극적인 자세보다는 적극적인 자세를 취하는 것도 도움이 될 수 있다. 즉, 단순히 실습일지를 제출하기보다는 그 안에 있는 내용 중 정말 슈퍼비전을 받고 싶은 내용을 직접 물어보는 것이다. 필요할 때 질문하고 그에 대한 대답을 얻는 것이 단순히 실습일지를 검토받는 것보다 더 많은 것을 얻을 수 있다. 또한 실습 슈퍼바이저가 무엇을 시켰을 때 단순히 그것을 수행하는 것에 그치지 말고 배우는 사람으로서 먼저 적극적으로 나아가는 것이 더 많은 슈퍼비전을 얻을 수 있음을 토론에서는 강조하고 있다.

2) 예시 2

"저는 슈퍼비전을 두 분한테 받아요. 지금 순환 실습을 하고 있는데 A 선생님이 제 진짜 슈퍼바이저 선생님이고, B 선생님은 현재 순환 실습을 하면서 제가 맡은 부서의 팀장님이세요. 문제는 똑같은 상황에 대해서 A 선생님과 B 선생님이 말씀하시는 게 너무 달라요. 제가 어떤 선생님의 말씀을 듣고 따라야 할지 모르겠어요. 저의 실습을 총괄 관리하시는 분은 A 선생님이신데 지금 업무는 B 선생님이 계신 부서의 업무를 하고 있고, 심지어 그 선생님은 팀장님이시니. 정말 모르겠습니다."

- 가끔 기관 내 실습 체계에 대한 문제 때문에 많이 힘들어하는 학생들이 있다. 물론, 이와 관련해서도 토론을 통해 학생들의 의견을 듣고, 어떤 것이 가장 바람직한 접근 방법인지를 논의하고 결론을 짓는 것은 중요하다.
- 위와 같은 상황에서 가장 많이 나오는 피드백은 일단 나의 직속 슈퍼바이저가 누구인지를 명확하게 하는 것이다. 실습기관에는 당연히 많은 사회복지사가 있고, 업무를 수행하는 것은 각자의 성향에 따라 접근하는 방식이 모두 다를 수 있다. 하지만 그들의 방식을 모두 따를 수는 없다. 따라서 나를 책임지는 담당 실습 슈퍼바이저의 피드백에 귀를 기울여야 하며, 상황에 따라서는 다른 사회복지사가 나에게 준 피드백에 대해 담당 슈퍼바이저와 함께 논의하는 과정을 거치는 것도 필요하다. 즉, 담당 실습 슈퍼바이저에게 이와 같은 상황에 대해서 먼저 질문하고, 해결 방안을 함께 찾는 것도 하나의 중요한 접근일 수 있다.

참고문헌

보건복지부, 한국사회복지사협회(2017). 사회복지 현장실습 매뉴얼.
석말숙, 김정진(2022). 사회복지 현장실습 A to Z. 학지사.
주석진(2024). 성공적인 실습을 위한 사회복지 현장실습과 세미나. 양서원.

제12장

사회복지현장실습과 윤리

학습목표

1. 사회복지 현장에서 요구되는 윤리적 실천에 대한 이해를 갖춘다.
2. 사회복지 전문가의 윤리강령과 실습생의 윤리적 태도에 대한 이해를 갖춘다.
3. 사회복지 현장에서 발생하는 윤리적 문제해결 과정을 이해한다.
4. 사례별 실습을 수행한다.

사회복지실천은 가치 기반 실천이라고 명명한다. 사회복지 가치가 실천의 근간이 되기 때문이다. 그런 의미에서 사회복지 전문직은 가치 지향적 전문직이라고도 불린다. 중립적인 입장이 아닌 명확한 입장을 견지해야 하는 것이다. 인권과 사회적 약자, 실천적 배분 정의가 사회복지 주요 실천 가치임은 널리 알려져 있다. 여기에서 나아가 사회복지실천 대상자의 다양성으로 인한 문화적 차이에 대한 편견과 차별 이슈가 강조된다. 사회 구조적인 문제로 인한 배제와 편견의 대상이 되는 모든 대상이 사회복지실천의 주요 초점이다. 그러한 영향력에 놓여 있는 대상자가 사회복지실천의 클라이언트라고 보는 것이다. 이런 의미에서 각 상황에 놓인 입장에 따라 편견과 차별에 대한 해석이 달라질 수밖에 없다. 이러한 미묘함과 다양성의 선상에서 오늘 사회복지실천 현장은 그 역할을 해 나가고 있다. 이 장에서는 사회복지실천 현장에서 상시 발생하는 윤리적 실천 수행 과업과 그에 따르는 이슈에 어떻게 대응해야 할지 지식을 점검하고, 해결해 나가는 과정을 살펴보고자 한다.

1. 사회복지현장실습생의 윤리적 실천

사회복지실천 전문가는 사회복지 신념과 가치에 기반하여 서비스를 수행하게 된다. 윤리는 가치와 신념을 행동으로 이행할 때 기준이 되는 지침이다. 현대 사회는 급격한 변화의 시대이고 사회와 클라이언트의 욕구와 문제도 다양화되고 있다. 사회복지실천 현장에서의 윤리적 실천은 전문가의 의무이나, 이를 어떻게 이행할 것인가는 시대의 변화와 클라이언트의 욕구의 다양화로 인한 도전과 갈등이 따르기도 한다. 사회복지현장실습은 학생이 현장을 접하는 기회로 윤리적 실천을 수행하는 역량을 키우는 훈련의 장이기도 하다. 사회와 클라이언트의 욕구를 파악하고 다양한 입장에 대한 이해를 기반으로 사회복지실천 가치를 수행 서비스로 반영하는 과정은 매우 어려운 과정이다. 실제로 현장에서는 종종 충돌되는 가치가 대두되어 윤리적 딜레마에 접하게 된다.

한국사회복지사협회와 한국사회복지교육협의회는 사회복지사 윤리강령과 사회복지 실습생의 자세를 제시하여 기준점을 주고자 한다. 그러나 이러한 기준점에 대한 지식의 습득이 곧 윤리적 실천 역량으로 이어지는 것은 아니라는 점을 실습생과 실습생을 교육하는 학교와 기관이 늘 염두에 두어야 할 것이다. 사례별 윤리적 결정에 대한 연습과 훈련이 중요한 것은 이러한 연유에서이다.

사회복지 실습생은 사회복지 전문가는 아니지만 현장에서 클라이언트를 만날 수 있다고 인정되는 교육과정을 이수한 자이다. 윤리적 실천에 대한 교과과정 내용은 기초과목인 〈사회복지개론〉에서부터 각 분야론 교과목에 이론과 사례로 다루고 있다. 이론에 대한 숙지가 현장에서의 윤리적 실천 수행으로 이어지도록 하는 것이 현장실습에서의 과제이다. 사회복지현장실습생은 사회복지 윤리강령을 따라야 한다. 실습생은 현장실습을 오기 전에 교과목을 통하여 윤리적 실천을 접해 왔다면 이제 현장에서 이론과 실천이 통합되는 윤리적 실천을 수행해야 한다. 사회복지교육협의회는 사회복지현장실습의 자세를 제시하고 있다. 사회복지교육협의회는 실습생은 기본적으로 사회복지사 윤리강령을 따라야 하며, 사회복지사 윤리강령에 기반하여 세부적으로 실습생이 갖추어야 하는 자세에 대하여 소개한다고 적시하고 있다.

사회복지사 윤리강령 중에서 현장실습에서 주목해야 하는 실제적인 업무수행에 관련된 부분을 숙지할 필요가 있다. 사회복지사 윤리강령 파트는 네 가지 영역으로 구성되어 있다.

1) 사회복지사 윤리강령

사회복지사 윤리강령에서 현장실습에서 실습생이 집중적으로 유의해야 하는 '사회복지사의 윤리 기준' 파트를 소개하겠다.[1)]

먼저 기본적 윤리 기준에서는 다음의 내용을 제시하고 있다.

- **전문가로서의 자세**
  - 인간 존엄성 존중
  - 사회정의 실현
- **전문성 개발을 위한 노력**
  - 직무 능력 개발
  - 지식 기반의 실천 증진
- **전문가로서의 실천**
  - 품위와 자질 유지
  - 자기관리
  - 이행 충돌에 대한 대처
  - 경제적 이득에 대한 실천

다음으로는 클라이언트에 대한 윤리 기준을 소개하겠다.

- 클라이언트의 권익 옹호
- 클라이언트의 자기결정권 존중
- 클라이언트의 사생활 보호 및 비밀보장
- 정보에 입각한 동의

---

1) 자세한 내용은 한국사회복지사협회에서 제공하는 원문을 참고하기를 추천한다.

- 기록 · 정보 관리
- 직업적 경계 유지
- 서비스의 종결

2) 사회복지현장실습생의 자세

사회복지현장실습생은 사회복지사 윤리강령을 준수한다는 기본 전제 아래 다음의 내용을 숙지해야 한다고 제시하고 있다. 사회복지현장실습생의 자세에서는 학교에서 나와 현장에서 실무를 경험하는 실습생의 입장을 충분히 고려하여, 실제적인 근무 수행에 초점을 두어 소개하고 있다.

우리는 사회복지 실습생으로서 사회복지사 윤리강령과 다음 사항을 준수한다.[2)]

- 실습의 목적과 중요성을 충분히 이해하고 실습 계약 사항을 이행하기 위하여 최선의 자세로 실습에 임한다.
- 실습은 대학에서 학습된 이론을 구체적으로 적용하는 과정임을 인식하여 이에 최선을 다한다.
- 실습교육기관의 구성원이라는 생각으로 타 구성원과 협력하며 친화적인 태도를 취한다.
- 기관의 정책을 이해하고 수용하며 실습 과정에서 준수하도록 한다.
- 근무시간은 기관의 규정에 준하며 직원과 동일한 자세로 근무시간에 임하도록 한다.
- 실습 시작 최소 10분 전에 출근하여 출근을 확인하며, 업무에 관계된 사항을 사전에 준비하도록 한다.
- 결근, 조퇴, 지각 등 근태와 관련된 사항은 반드시 실습지도자에게 사전에 보고하여 허락받도록 한다.
- 실습지도자의 지시뿐 아니라 타 직원의 지도를 잘 이행하므로 실습 효과를 최대화하도록 한다.
- 직무에 강한 책임감과 열의를 갖고 적극적으로 임하며 타인에게 책임을 전가하거

2) 한국사회복지교육협의회(2019). 사회복지 현장실습 운영방안 및 영역별 사회복지사 자격제도 연구. 연구과제 1: 사회복지 현장실습 표준 운영방안 연구.

나 태만하게 행동하지 않는다.

- 실습으로 인하여 알게 된 클라이언트의 사적인 정보를 교육적 목적(대학실습지도 등) 이외에는 절대 발설하지 않으며, 교육적 목적이라 하더라도 가명을 사용하여 개인의 비밀이 침해되지 않도록 한다. 실습 종료 후, 실습 관련 내용을 학회지 등에 게재하고자 할 때는 반드시 실습지도자와 상의하여 허락을 받아야 한다.
- 실습지도자의 지도 혹은 타 실습생의 실습을 견학, 관찰할 경우, 배우는 자세로 진지한 태도를 취한다.
- 기관의 직원, 클라이언트 등에 대해 예의를 지킨다.
- 복장, 소지품은 실습기관의 특성과 상황에 맞게 취하되 가능한 화려한 것을 피하고 검소하며 단정한 것으로 착용하도록 한다.
- 안전사고에 만반을 기하도록 하며 안전사고와 관련된 기관의 규정을 사전에 숙지하여 그에 준해 처리하도록 한다.
- 실습일지를 비롯한 각종 실습 기록은 사실에 근거하여 정확하고 구체적으로 정리하여 실습 시 실습지도자와 실습 지도교수의 강평을 받는다.
- 과제에 관하여 연구하고 그 결과물에 대해 실습지도자의 강평을 받는다.
- 실습 과정 중 어떤 경우라도 사례금 등의 금품을 절대 주거나 받지 않는다.
- 과제물은 정해진 기일에 제출하고 출근 전에 작성을 마친다.
- 기관의 명칭을 사적으로 활용하지 않으며 실습생의 신분을 지킨다.
- 기관을 대표한다는 자세로 실습교육기관의 직원들과 동일한 업무 태도와 자세를 취한다.

3) 실습생의 인권

실습생은 안전한 환경에서 권리를 존중받으면서 실습 활동을 수행해야 한다. 이 장에서는 한국사회복지교육협의회(2019)의 지침을 기반으로 주요 내용을 정리해 보았다.

(1) 안전한 실습 환경

현장실습기관은 실습생이 안전한 환경에서 실습을 진행할 수 있도록 관련 지침과 교육을 제공해야 한다.

- 기관의 안전 정책을 실습생에게 안내해야 한다.
- 위험한 클라이언트 혹은 잠재적 위험이 존재하는 클라이언트와 직접적으로 관련된 업무는 실습생에게 되도록 할당하지 않도록 한다.
- 폭력 전과나 위협적인 행동을 보여 주는 클라이언트를 대상으로 실습이 진행될 경우는 실습지도자나 기관 직원이 동반해야 한다.
- 업무 환경에서 무기와 같은 도구 역할을 할 수 있는 물건들에 대한 주의 사항을 고지한다.
- 위험 상황 대처 방법 및 진행 절차(예: 매뉴얼 교육, 실습지도자 보고 체계, 비상연락망)에 대한 고지 및 교육을 제공한다.

(2) 실습 과정에서의 권리

실습생의 권리는 인권과 학습권으로 제시하고 있다.

- **실습생의 인권**
  - 실습생은 학생 신분으로 실습교육기관인 현장에서도 신분 보장이 되어야 한다.
  - 실습생에게 현장에서 학습하기 위한 기회를 제공해야 한다.
  - 실습생은 실습지도자의 업무 보조나 기관 업무 담당이 아니라 학습자로 교육받는 것이다.
- **실습생의 학습권**
  - 사회복지실천 현장 경력자인 실습지도자에게 교육과 훈련을 받아야 한다.
  - 실습생은 현장에서 수행되는 사회복지 전문 지식과 기술을 교육받고 훈련받아야 한다.
  - 실천 현장에서 진행되는 업무와 사례를 접할 수 있는 기회가 제공되어야 한다.
  - 안전하고 쾌적한 환경에서 실습이 진행되어야 한다.
  - 실습 교육은 인격적이고 존중받는 분위기에서 진행되어야 한다.

2. 윤리적 실천과 문제해결 과정

1) 윤리적 실천 원리[3)]

윤리는 가치를 실행하는 데 기준점이 된다고 앞서 설명하였다. 사회복지는 국제적인 전문직 영역으로 공유되는 사회복지 전문직 가치와 실천 수행하고 있다. 이런 의미에서 윤리적 사회복지실천의 기준점을 제시하는 국제사회복지사협회의 윤리적 실천 원리를 소개하고자 한다.

- 인간의 다양성을 인정한다.
- 인권을 고양시킨다.
- 사회정의를 고양한다.
  - 제도적인 억압과 차별에 도전한다.
  - 다양성에 대하여 존중한다.
  - 자원에 평등하게 접근할 수 있도록 한다.
  - 부당한 정책과 실천에 도전한다.
  - 연대를 쌓아 함께 노력한다.
- 자기결정권을 행사할 수 있도록 고양한다.
- 참여의 권리를 행사할 수 있도록 고양한다.
- 비밀보장과 사생활 존중에 힘쓴다.
- 클라이언트를 전인적인 인격체로 바라본다.
- 과학기술과 미디어 매체를 윤리적으로 사용한다.
  - 이는 사회복지실천의 모든 영역에 해당한다. 교육, 조사연구, 서비스 현장이 여기에 해당한다. 대면 접촉, 디지털 테크놀로지, 소셜미디어를 사용하는가에 관계없이 윤리적 사용은 필수이다.
  - 사회복지사는 디지털 테크놀로지나 소셜미디어를 사용하는 것이 비밀보장이나 사생활 보호 측면에서 윤리적 실천 기준에 위배될 수 있다는 점을 인지해야

---

3) 이 장에서는 축약된 내용을 소개하므로 상세한 내용은 관련 홈페이지(https://www.ifsw.org)를 참고하기 바란다.

한다. 사회복지 전문가는 디지털 테크놀로지나 소셜미디어 사용이 윤리적 실천에 위배되지 않을 수 있도록 필요한 지식과 기술을 갖추어야 한다.

- 전문직으로서의 통합적 인격을 갖추도록 노력해야 한다.
  - 사회복지사는 현행 윤리강령과 지침에 따라 서비스를 수행해야 한다.
  - 사회복지사는 자격제도에 따라 자격증을 획득해야 한다. 서비스를 수행하는데 필요한 기술과 역량을 갖추어야 한다.
  - 사회복지사는 평화와 비폭력을 지지한다.
  - 사회복지사는 인격적 통합체로 서비스에 임해야 한다. 자신의 지위를 활용하여 권력이나 신뢰 관계를 남용해서는 안 된다. 전문가로서의 삶과 사적인 개인으로서의 삶 사이의 경계를 분명하게 설정해야 한다. 사회복지사 지위를 활용하여 물질적인 이득을 취하지 말아야 한다.
  - 사회복지사는 소정의 작은 선물을 주고받는 행위도 윤리강령에 의거하여 진행해야 한다.
  - 자기관리는 사회복지사의 의무이다.
  - 사회복지사와 기관, 그리고 관련 협력 조직체 모두가 사회복지사의 근무 환경이 윤리강령을 잘 수행할 수 있는 환경이 될 수 있도록 노력해야 한다.

2) 윤리적 문제해결 과정[4)]

사회복지 현장에서 윤리적 문제는 상시 발생하는데, 전문가의 수행이 체계적이고, 사회복지실천 가치 기반에 의거해야 한다. 다음에 소개하는 가이드라인은 윤리적 문제가 발생할 때 보편적으로 적용할 수 있는 기준을 제시하고 있다. 단계별로 사회복지 전문가가 무엇을 다루어야 하는지, 각 단계에서는 어떤 과업을 진행해야 하는지를 제시하고 있다.

- 윤리적 문제나 딜레마가 발생하고 있는 상황인지 파악한다. 구체적으로 가치 충돌이 발생하는지를 파악한다. 예로, 약물 중독 어머니가 아동 양육을 원할 때 모성 보호와 아동보호라는 가치가 충돌하게 된다.

4) https://www.naswma.org

- 충돌하고 있는 주요 가치가 무엇인지 확인한다. 충돌되는 가치가 의미하는 바는 무엇이며, 각각의 한계점이 무엇인지를 파악한다.
- 가치의 순위나 윤리적 지침의 비중을 순위로 매겨 본다.
- 충돌되는 상황에서 어느 윤리적 지침이 우선순위가 되어야 하는지를 정하고 행동 계획을 기획한다. 행동 계획을 기획할 때 클라이언트에게나, 동료들과 어떤 위험성이 있는지, 그리고 예상되는 결과에 대하여 논의해야 한다.
- 계획을 수행한다. 전문가로서 역량과 실천 기술을 최적의 수준으로 동원하여야 한다. 여기에서 실행할 사회복지실천 기술에 대한 준비, 정교한 의사소통이나, 조정을 위한 노력, 클라이언트가 놓인 문화적 배경에 대한 민감성을 갖추는 것이 필요하다.
- 윤리적 문제해결 과정의 결과를 분석하고 그 과정을 성찰해 본다. 윤리적 문제해결 과정은 참여한 클라이언트, 전문가, 기관에게 어떤 영향을 미쳤는지를 분석해 본다. 이 과정이 사회복지 전문가의 윤리적 실천 역량에 향상에 기여할 수 있도록 교육의 자료나 전문가 훈련에 반영될 수 있도록 노력한다.

3. 학습 활동

사회복지현장실습에서 실습생은 다양한 윤리적 실천의 경험을 하게 된다. 실습세미나에서는 각각의 경험과 기관에서의 접근을 나누면서 예비 전문가로서 갖추어야 할 윤리적 실천 역량을 쌓아 나가야 한다. 학교의 슈퍼바이저는 실습생들이 기관에 대한 이해, 클라이언트와 클라이언트 체계와 연관된 다양한 체계에 대한 이해, 정책과 법의 영향력 까지 분석할 수 있도록 촉진자(facilitator) 역할을 수행하게 된다.

1) Response Paper 작성을 통한 사회복지실천 현장에서의 윤리적 이슈 이해하기

실습생은 현장실습 기간 동안 경험한 윤리적 이슈가 무엇이었는지 Response Paper 작성을 준비하면서 점검하는 시간을 갖는다. 사례가 정리되면 실습생은 윤리적 문제해결 과정을 다시 숙지하고 단계별로 자신은 어떠한 과정을 거쳐 왔는지에 대하여 분석한다. 실습생은 앞에 제시된 윤리적 문제해결 과정 각 단계를 숙지하고 제시된 사례에 적용하여 분석해 본다.

2) 동료와 생각과 느낌을 공유하고 실습 활동에 따른 차이를 인식하기

실습생은 윤리적 실천의 원리를 재점검하고 현장에서 적용된 윤리적 실천의 현실은 어떠했는가에 대하여 토의한다. 실습생은 이론으로 학습한 원리와 딜레마 발생 시의 대응이 실제 현실에서 드러난 양상에 대하여 분석한다. 이 과정에서 실습생은 자신이 소속된 기관의 특성과 기능, 목적에 따라 어떻게 차이를 보이는가를 분석해 나갈 수 있다. 윤리적 딜레마는 가치 상충으로 클라이언트의 욕구, 시대적 · 사회적 욕구에 따라 가치 판단의 차이를 보일 수 있어, 이러한 세미한 관점의 차이를 감지하고 감수성이 높은 집중도를 요구하기도 한다.

3) 주제 토론을 위한 방법

주제 토론은 기본적으로 조별 토론 형식으로 수행하는 것이 일반적이다. 각 조별로 토론한 내용을 조장 혹은 발표자가 조의 입장을 정리하여 발표하는 방식이다. 실습세미나에서는 창의적인 운영이 필요한데, 윤리적 실천의 경우는 더욱 다양한 방식으로 조별 발표를 수행할 수 있다. 각기 다른 입장의 가치에 서있는 경우를 설정해서 토론 배틀의 방식을 취하는 방법도 생각해 볼 수 있다. 혹은 윤리적 딜레마에 대한 성찰 일지를 작성하여 발표하는 방식도 흥미로운 제안이 될 것이다. 윤리적 딜레마는 가치 충돌에도 불구하고 전문가 결정을 요하는 상황이다. 실습생은 각각의 가치의 충돌을 충분히 인지하고, 과정과 결과에 이르는 단계별로 전문가적 결정을 수행하는 역할을 수행해야 할 것이다.

4. 학습 활동 예시

1) 윤리적 문제해결 과정 연습해 보기

다음의 예시를 기반으로 윤리적 문제를 파악하고, 적용해야 할 윤리적 실천 원리를 분석하여 진행해 보시오.

(1) 예시 1: 종합사회복지관에서 실습한 예시

○○ 종합사회복지관에서 실습을 하게 된 여학생 A 모 학생은 기초생활수급자 남성 독거노인 B 모 씨(85세) 대상 독거노인 도시락 지원 서비스를 수행하게 되었다. 실습생 A 씨는 가정방문을 수행하던 중, B 클라이언트가 손자 C에게 언어적인 학대를 당할 뿐만 아니라 금전 제공을 한다는 사실을 알게 된다. 실습생 A 씨는 이 상황을 노인학대로 판정하고, B 클라이언트에게 현재 상황은 학대를 받고 있는 상황이라는 의견을 제공한다. B 클라이언트는 화를 내면서, 내 손자가 말만 그렇게 하지, 내가 아플 때 가장 먼저 병원에 데려가고 하는 착한 아이라며 변호한다. 자신이 돈을 주고 싶어서 주는데 무슨 간섭이냐며, "네가 뭔데 간섭이냐. 새파랗게 어린 것이……. 어린 여자아이가 어디 나서서 건방지게 이래라저래라 무슨 버르장머리냐!"라며 험한 표정으로 위협적인 언사를 행사하였다. 나아가 이제 오지 말라고 서비스를 거부하는 상황까지 이르게 된다. 실습생 A 씨는 가정방문 과정에서 상담을 잘 수행하기 위하여 핸드폰으로 녹음을 하였다. B 클라이언트에게 사전 동의를 얻을 계획이었으나, 학대와 관련된 의견을 주고받는 과정에서 예기치 못한 감정적인 충돌이 생겨 시행하지 못한 상태였다. 실습생 A 씨는 노인학대 사례이기 때문에, 사전 동의하지 않은 녹음이라도 활용해야 한다는 생각을 하게 되었다. B 클라이언트가 언어적 폭력과 정서적 폭력을 모두 자신에게 행사하였다는 느낌도 가지게 되었다.

(2) 예시 2: 정신장애인 센터에서 실습한 예시

김○○(여, 23세) 실습생은 실습 기간 동안 박○○(남, 45세) 클라이언트와 라포 형성이 잘 이루어져 왔다. 현재 담당하는 사례관리 개입에서도 협조적인 진행을 수행해 왔다. 박○○ 클라이언트는 중년 독거가구 정신장애인으로 현재 자활에 힘쓰고 있는 중이다. 박○○ 클라이언트는 김○○ 실습생이 조만간에 실습을 종결하고 학교로 돌아간다는 사실을 알게 되면서, 실습 이후에도 만나고 싶다는 희망을 표현하였다. 김○○ 실습생이 자신에 대하여 이해를 잘해 주기 때문에, 실습 이후에도 상담받으면 자활 과정에 큰 도움이 될 것이라 말하곤 한다. 김○○ 실습생은 실습이 종결되면서 지금까지 좋은 관계를 형성하면서 자활의 의지를 보이는 박○○ 클라이언트를 떠나는 과정이 심리적으로 매우 부담이 되는 상황이다. 자신이 도움이 된다는 박○○ 클라이언트의 희망을 무시하는 것이 아닌가 하는 갈등을 가지고 있다.

참고문헌

엄명용, 김성천, 윤혜미(2020). 사회복지실천의 이해. 학지사.
정선영, 손덕순, 오영림(2017). 사례로 배우는 사회복지실천기술론. 학지사.
한국사회복지교육협의회(2019). 사회복지 현장실습 운영방안 및 영역별 사회복지사 자격제도 연구.
한국사회복지사협회(2023. 4. 11.). 사회복지사 윤리강령.

https://www.ifsw.org. Global Social Work Statement of Ethical Principles

제13장

사회복지현장실습에서 사회복지사의 정체성과 자기인식

학습목표

1. 사회복지 전문가의 정체성에 대하여 이해한다.
2. 실습생은 자신의 가치관 점검과 자기인식 성찰을 수행해 본다.
3. 실습 과정에서 경험한 사회복지사 정체성과 자기인식 사례를 분석해 본다.

사회복지현장실습에서 실습생은 학교에서 배운 이론과 기술을 사회복지실천 현장에서 적용하는 과정을 교육받게 된다. 실습생은 제도적으로 인증받은 사회복지실천 전문가는 아니지만, 현장에서 사회복지실천을 수행할 수 있다고 인정받는 교육생이다. 실습생은 현장실습을 통하여 사회복지실천 수행에서 요구되는 전문성을 쌓아 가는 과업과 사회복지 전문가로서의 정체성을 쌓아 가는 과업을 동시에 안게 된다. 사회복지실천은 대인 서비스로 전문가가 핵심 도구로서의 역할을 하게 된다. 핵심 도구로서 역할을 다하기 위해서는 실천 수행 과정에서 사회복지 가치와 관점을 적용하고 내재화하는 전문적 정체성을 쌓아야 한다. 여기에서의 과정은 끊임없는 자기인식 들여다보기와 성찰 과정을 거치게 된다. 실습생은 사회복지실천 전문직 정체성이 현장에서 어떻게 구현되는가를 관찰하고 경험하게 된다. 실습생은 전문직 정체성 수립이라는 과제를 위해 지속적

인 자기인식의 과정과 성찰의 과정을 수행하게 된다,

사회복지 전문가는 사회복지 관점과 가치를 기반으로 서비스 수행을 하게 된다. 사회복지 전문가는 자연인으로서의 개인적 철학이나 관점보다 전문적 정체성이 우선되어야 한다는 것이다. 사회복지실천 기본 관점으로 '환경 속의 인간' '생태체계적 관점'을 들 수 있다. 주요 가치로는 '인간의 존엄성'과 '사회정의'를 제시할 수 있다(엄명용 외, 2020). 사회복지관점과 가치는 사회복지 전문가가 수행하는 모든 활동 면면에 반영되어야 하는 것이다. 복잡 다양한 사회문제에 놓인 클라이언트와 클라이언트가 처해 있는 사회구조적 맥락에서 사회복지 전문가는 클라이언트를 위한 최고의 서비스를 제공하고, 사회구성원의 정의가 실현되도록 힘써야 한다. 현실의 실천 현장에서는 가치 충돌과 이해 당사자나 타 전문직 간의 상이한 관점과 이해가 대두된다. 이 과정에서 사회복지사의 전문적 정체성은 클라이언트가 놓여 있는 문제에 대한 관점, 해결 방안, 추구하는 변화의 결과 및 사회 전반에 미치는 영향 등을 고려하는 기초로 역할을 하게 된다. 사회 변화와 문제에 부응해야 하는 사회복지실천의 특성상 전문적 정체성은 지속적으로 점검이 요구된다. 실습생은 현장실습 교육을 통하여 전문적 정체성 확립에 대한 과제와 도전에 직면하게 되며, 스스로 돌아보고 자기분석을 통하여 자기인식의 성찰 과정을 경험하게 된다.

이 장에서는 실습생의 전문적 정체성과 자기인식과 관련된 이해와 관련 사례 분석을 진행하고자 한다.

1. 사회복지 전문가의 정체성

사회복지실천 현장에서 접하게 되는 문제는 클라이언트 개인, 주변 환경, 사회구조적인 환경의 영향이 상호작용을 하는 복잡하고 다양한 면모를 가지고 있다. 사회복지 주요 가치로 '인간에 대한 존중'과 '사회정의'를 들고 있는데, 사회복지 전문가가 수행하는 과정에도 결과물에도 이 가치들이 적용되는가에 대한 과제와 도전을 항상 안고 있는 것이다. 주요 가치에 대한 해석 또한 시대와 문화에 따라 달리하는 측면이 있어, 사회복지 전문가의 정체성 과업은 지속적으로 진화하고 성장해야 하는 과업이기도 하다. 이를 위한 노력으로 먼저 전문가 정체성 형성에 기반이 되는 사회복지실천에서의 주요 가치체계들에 대하여 살펴보고자 한다.

다음으로는 전문직 정체성 형성 과정에 관한 내용을 살펴보겠다. 전문가 정체성 형성 과정은 시간과 노력이 걸리는 과정이고, 부단한 점검의 시간이 요구된다. 여기에서는 가치관 점검 과정을 통해 자신에 대한 이해와 전문가로서의 가치관 형성하기 과업을 이루고자 하는 과정 등을 살펴보고자 한다.

1) 사회복지실천의 주요 가치체계들

사회복지 전문가가 고려해야 할 가치체계들은 개인으로서 지닌 가치, 사회복지 전문가가 갖추어야 할 전문직 가치, 사회 구성원들이 중요하게 생각하는 가치, 소속되어 일하는 기관에서 준수하는 가치, 함께 일하게 되는 클라이언트가 소장하고 있는 가치 등 다양한 가치체계를 들 수 있다(석말숙, 김정진, 2022).

- 개인의 가치
- 전문직의 가치
- 사회적 가치
- 사회복지실천 기관의 가치
- 클라이언트의 가치

2) 사회복지 전문가 정체성과 성찰적 실천

사회복지실천은 사회의 변화와 다양한 문화적 배경의 존중을 바탕으로 한다. 사회복지실천 가치는 인류 모두에게 적용되는 보편적 가치를 수호하고 있으나, 해석과 적용은 시대와 문화를 거치면서 진화해 왔다. 현대 사회의 특징으로 급속한 변화와 예측의 어려움 등을 들 수 있다. 사회복지 전문가는 '인권'과 '사회정의'라는 기본 가치를 수호하면서 사회문제에 대한 개입과 예방, 그리고 사회변화를 이끌어 나가야 하는 사회적 책무를 안고 있다. 이를 수행하기 위해 늘 도전하고, 성장하고, 변화해야 하는 전문직의 책임이 주어진다. 변화는 행동만으로 이루어지지 않는다. 자신에 대한 이해와 점검, 과정에 대한 분석과 향후 변화를 위한 노력과 계획 등이 수반되어야 한다. 성찰적 실천은 비판적 사고를 이끌어 내는 유용한 도구로, 사회복지 전문직의 정체성 성장의 도구로 활용되고 있다(엄명용 외, 2020).

다음에 사회복지 전문직의 성찰적 실천이 요구되는 주요 요인에 대하여 정리해 보았다.

- **현대 사회의 변화에 따른 사회복지 전문직의 정체성 과제:** 현대 사회의 특징으로 급격한 변화에 따른 사회문제 양상과 구성원의 욕구 다양화를 들 수 있다. 이러한 변화로 인하여 각각의 이해와 관점이 상이하게 드러나고 있다. 사회복지 전문직의 가치 적용에서 고려해야 할 사안도 복잡해지고 있다. 비판적 사고 역량은 그 어느 때보다 사회복지실천에서 요구되고 있다.
- **사회복지 교육:** 현행 사회복지 교육은 사회복지 전문가를 양성하는 데 목적을 두고 있다. 사회복지 교육이 이론을 제공한다면, 현장에서의 적용은 비판적 사고와 유연한 실천이 요구된다. 사회복지 전문직은 현장에서 개별 사례별로 접근하게 되는데, 수행 과정에 대한 비판적 사고를 적용하게 된다.
- **사회복지실천 이론:** 복잡하고 다양한 사회문제에 대한 개입을 수행하는 사회복지 전문직은 기존의 이론의 적용을 실천하면서 절충적인 입장에 서기도 하고, 계획한 바와 달리 진행될 경우, 대안적인 접근을 위하여 실천 지혜를 동원하기도 한다. 이 과정에서 사회복지 전문직은 실천에 적용한 이론에 대하여 점검과 대안적 모색을 분석하는 과정을 수행해야 한다.
- **클라이언트의 기대:** 클라이언트 집단이 다양화되어 가면서, 사회복지 전문직은 개별화된 클라이언트의 욕구에 부응해야 한다. 개별화와 자기결정권 등의 상황별로 어떻게 접근해야 하는가에 대한 과제가 사회복지 전문직에게 주어진다. 이 과정에서 관련 자료에 대한 점검, 실천 수행에 대한 점검 등의 비판적 사고 과정은 필수라고 할 수 있다.
- **사회의 기대:** 사회복지 전문직에 대한 사회적 기대는 매우 높다. 전문성과 인격 측면 모두에서 그러하다. 사회의 기대에 대하여 바라보는 관점과 태도에 대한 자기분석과 스스로의 실천 수행에 미치는 영향에 대한 점검과 분석이 필요하다.
- **전문직으로서의 유능함:** 전문직의 특성으로 독립적인 판단의 수행과 존중을 들 수 있다. 자신이 행한 판단과 수행에 대하여 늘 점검하고 분석하는 비판적 사고가 동반되어야 성공적인 실천으로 이어질 수 있다. 이러한 과정에서 전문직이 갖추어야 할 실천에 대한 진정성을 발전시키고 부족한 것에 대한 인정, 잘한 것에 대한 스스로의 보상 등을 경험하는 유능한 전문직으로 성장할 수 있다.

2. 실습생의 가치관과 정체성

실습생은 사회복지 전공 학생으로 예비 사회복지사로 간주하여 기관에서 사회복지 업무를 경험하게 된다. 학생으로서의 사회복지 전공 선택이 향후 사회복지사로의 진로 선택으로 이어지는 데에는 현장실습의 경험이 큰 영향을 미치게 된다.

1) 가치관에 대한 전반적인 자기인식

- 나에게 소중한 가치는 무엇이라고 생각하는지 살펴보자.
- 나의 가족에게 소중한 가치는 무엇이라고 생각하는지 살펴보자.
- 나의 동료(친구)에게 소중한 가치는 무엇이라고 생각하는지 살펴보자.
- 우리 사회에 소중한 가치는 무엇이라고 생각하는지 살펴보자.
- 사회복지 전공 학생으로 소중한 가치는 무엇이라고 생각하는지 살펴보자.
- 현장실습 실습생으로 소중한 가치는 무엇이라고 생각하는지 살펴보자.
- 사회복지사는 어떤 가치를 가져야 한다고 생각하는지 살펴보자.
- 클라이언트에게 소중한 가치는 무엇이라고 생각하는지 살펴보자.
- 사회복지기관에 소중한 가치는 무엇이라고 생각하는지 살펴보자.

2) 실습생의 가치관에 대한 자기인식 수행해 보기[1)]

실습생은 전문적 정체성을 형성해 나가는 선상에 놓여 있다. 사회복지 전문가로서 갖추어야 할 전문적 정체성을 키워 나가는 과정에서 개인의 가치관에 대한 점검을 위한 자기인식 들여다보기 과정이 필요하다.

- 실습생은 자신의 가치관을 형성한 배경에 대하여 점검해 본다.
- 실습생은 자신의 성장 배경과 환경이 현재 자신이 지닌 가치관에 어떻게 영향을 미치고 있는지 점검해 본다.

1) 실습생의 가치관 점검은 석말숙과 김정진(2022)의 가치관에 대한 자기인식 부분을 참조하여 구성하였다.

- 실습생은 자신은 어떤 편견이 있는지를 점검해 본다.
- 실습생은 자신의 가치관을 객관적으로 파악하고 평가해 본다.
- 실습생은 자신의 가치관에서 변화되어야 할 부분이 무엇인지 점검해 본다.
- 실습생은 자신이 만나게 되는 클라이언트가 성장 배경, 생활양식과 태도, 판단 등에 있어 다름이 있을 수 있다는 점을 인식해 본다.
- 실습생은 자신의 가치관과 다른 다양한 부류의 사람들을 직간접적으로 접해 보고, 자신의 반응에 대하여 인식해 본다.
- 실습생은 개인의 가치관과 사회복지사로서의 가치관 사이에서 잘 맞는 요소와 갈등의 요소에 대하여 점검해 본다.
- 실습생은 자신의 가치관이 현장실습에 임할 때 사회복지 전문가로서 갖추어야 하는 전문적 가치관과 어떻게 조율되는가에 대하여 점검해 본다.
- 실습생은 사회복지 전문가의 가치관을 반영할 때 클라이언트와 관련 환경에 어떻게 영향을 미치는지에 대하여 점검해 본다.
- 실습생은 현장실습을 통하여 전문적 가치관이 어떻게 성장하는가에 대하여 점검해 본다.

3) 현장실습과 성찰일지

자신에 대한 이해는 사회복지 전문가의 정체성 형성 과정에서 출발점이 된다. 실습생은 개인 자격으로서의 자신에 대한 이해를 점검하는 수준에서 그쳐서는 안 된다. 전문직의 정체성을 찾아 나가는 과정으로 나아가야 한다. 실습 과정에서의 경험을 성찰 일지를 수행함으로써 사회복지 전문직의 정체성을 갖추어 나가는 다음 단계를 탐험해 볼 수 있다.

여기에서는 실습생의 성찰 지침을 엄명용과 연구자들(2022)이 소개한 성찰일치 지침을 기반으로 제시하였다.

(1) 실습 활동에서 일어난 일에 대하여 기술한다

① 실습 과정에서 일어난 일에 대하여 기술해 본다.

② 예상하지 못한 사건은 무엇이었는지 기술해 본다.

(2) 자신이 경험한 느낌을 점검해 본다

① 이 상황에 대한 자신의 생각과 느낌을 기술해 본다.

② 자신의 느낌은 무엇으로부터 연유되었는지 점검해 본다.

③ 진행된 상황의 결과에 대하여 자신이 어떻게 느끼고 있는지 점검해 본다.

(3) 활동 수행에 대하여 평가를 진행해 본다

① 실천 수행 과정에서 성취하고자 한 것은 무엇이었는지 점검해 본다.

② 실천 수행 과정에서 잘한 점과 부족한 점은 무엇이었는지 점검해 본다.

③ 실천 수행 과정에서 의도한 것이 결과로 이어졌는지에 대하여 점검해 본다.

④ 실천 수행의 결과로 무엇이 잘되었는지 점검해 본다.

⑤ 성공적으로 했다고 생각되는 점은 무엇인지 점검해 본다(동료의 관점, 클라이언트의 관점, 실천가의 관점으로 각각 살펴본다).

⑥ 전문가 입장에 서서 가치 있다고 생각되는 점들이 무엇이었는지 점검해 본다.

⑦ 전문가 입장에서 개선되어야 할 점들이 무엇이었는지 점검해 본다.

(4) 활동 수행에 대하여 분석을 진행해 본다

① 활동 수행이 이루어진 상황에서 어떤 의미를 부여할 수 있는 지 점검해 본다.

② 성공에 기여한 점들은 무엇이었는지 점검해 본다.

③ 이전과 달리 시도한 점은 무엇이었는지 점검해 본다(달리 시도했다고 볼 수 있는 근거는 무엇인가?).

④ 이번 경험을 통해서 배운 점은 무엇인지 점검해 본다.

⑤ 어떤 윤리적 원칙을 적용하였는지 점검해 본다.

⑥ 의사결정의 근거는 무엇이었는지 점검해 본다.

(5) 활동 수행에 대한 결과를 점검해 본다

① 내가 수행한 활동은 어떤 결과를 가져왔는지를 점검해 본다.

② 가능한 대안들은 무엇이었는지 점검해 본다.

(6) 앞으로의 활동에 대하여 예상을 해 본다

① 유사한 상황에 접하게 되면 어떻게 활동을 수행할지에 대하여 구상해 본다.

② 나의 실천 수행 경험이 앞으로의 실천 수행에 어떤 영향을 미칠 것이라 생각하는지 점검해 본다.

3. 학습 활동

사회복지현장실습에서 실습생은 다양한 클라이언트를 만나게 된다. 준비하고 예상했던 대로 활동을 수행하기도 하고, 예측하지 못한 상황에 부딪히기도 한다. 이때 경험을 어떻게 분석하고 반성하는가는 곧 전문가로서의 성장 궤적을 그리는 것이라고 본다. 그런 의미에서 자기인식에 대한 분석과 비판적 사고로 상황을 바라보는 성찰적 실천은 사회복지 전문직으로 성장해 나가는 과정이자 사회복지의 가치를 내재화해 가는 도전이라 하겠다.

1) Response Paper 작성을 통한 사회복지사의 정체성과 자기인식 수행하기

사회복지사의 정체성은 자기인식과 비판적 사고의 과정이 면면히 이어질 때 형성되고 진화된다. 실습생은 현장실습 경험을 통하여 사회복지 전문직에 대하여 막연히 가지고 있었던 동경이나 두려움을 확인해 보는 과정을 경험하게 된다. 이 과정에서 자신의 반응에 대하여 직면하고 거리를 두고 바라보는 역량이 필요하다. 자신에 대한 깊은 관심과 사회복지 영역에 대한 가치관을 어떻게 두고 있는 가는 전문직의 정체성 기반이 되는 부분이다. 이러한 부분에 대한 내면의 깊이까지 스며들어 있는 자신의 개인적인 가치관은 무엇인지, 자신을 사회복지 전문가로 성장시키는 요인은 무엇인지, 가로막는 장벽이 무엇인지를 살펴보는 과정은 즐겁기만 한 과정이 아닐 것이다. 진솔한 자기와의 대면이 필요하고, 현장의 현실에 대한 비판적 사고도 필요하다. 실습생은 이 과정을 통해 장래의 사회복지사로서 성장할 것인가를 가늠하기도 한다.

2) 동료와의 생각과 느낌을 공유하고 실습 활동 별 차이를 인식해 보기

개인으로서의 가치에 대한 생각을 공유하는 것은 친밀한 관계에서 주로 이루어진다. 전문가적 정체성은 전문가로서의 가치 기반에 대하여 살펴보는 과정이라, 동료의 피드백, 기관 슈퍼바이저의 피드백과 실습 과정에서 발생하는 다양한 상호작용의 영향을 받게 된다.

실습생은 자신의 인식에 대하여 진솔하게 개방하고, 타 실습생의 자기인식 성장 과정에 민감성을 가지고 그 과정에 간접적으로 동참해야 한다. 여기에서 개인의 가치관에 대한 논의가 아닌 만큼, 자신의 입장이나 가치관에 몰두하지 않도록 경계를 두는 것이 중요하다. 현장에서 자신의 반응을 거리를 두고 살펴보는 과정은 즉각적인 반응과는 차이가 있다. 시간을 두고 다시 생각해 보기 등 시간차를 활용하는 것이 필요하다. 현장실습 일정이 바쁘고 힘든 과정이니만큼, 자신의 경험과 반응에 대하여 시간과 거리를 두고 다시 살펴보는 것은 쉽지 않은 일이다. 그런 만큼 실습세미나를 통하여 재점검의 기회를 마련하는 것은 의미 있다. 특히 개인적 배경이 다를 뿐만 아니라. 경험한 실습 현장의 차이, 클라이언트와 클라이언트에게 중요한 환경과 사회적 맥락이 모두 상이한 만큼, 동료들의 시선과 경험을 통하여 차이점을 발견하고, 공감할 부분을 공감해 나가는 과정에서 전문적 정체성이 갖추어야 할 감수성과 다양성, 그리고 차이에 대한 편견 없는 수용 등을 경험하게 될 것이다.

3) 주제 토론을 위한 방법

실습생은 해당 주차에는 실습 기간 동안 경험한 전문가로서의 가치관 인식에 대한 경험에 대하여 토론하는 과제를 수행하게 된다. 다음의 사례를 기반으로 가치관 분석을 수행해 보자. 조별 토론을 구성하여 진행해 보자. 조별 발표에서 사용하는 매체는 다양하게 구성하는 것을 제안한다. 조별 발표에서 선정한 시나 그림을 가지고 전문적 성찰에 대한 경험을 소개하는 방식을 들 수 있다. 혹은 클라이언트와 활동한 심볼(기관의 사진 혹은 클라이언트와 활동하면서 전문직의 정체성에 도전받았던 경험을 상징할 수 있는 매체)[2] 을 상징할 수 있는 방식을 채택하는 것도 추천할 수 있는 방식이다.

---

2) 방식을 선정하는 데 철저하게 익명성이 보장될 수 있는 매체를 선정해야 한다. 매체를 해석하는 데 상징적으로 의미가 전달되는 데 주안점이 있다.

4. 학습 활동 예시

1) 예시 1: 노인종합복지관에서 실습한 예시

노인이나 장애인에 대한 사전 경험이 없는 상태에서 주 서비스 대상이 노인과 장애인인 종합사회복지관에 들어가게 됐다. 실습을 하면서 스스로 고정 관념과 편견이 있다고 느끼게 되었다. 실습기관 슈퍼바이저 선생님은 전문자로서의 자세와 역량을 갖춘 분이었다. 클라이언트를 모두 평등하게 바라보며 "억척스러운 이미지를 가진 노인에게도 배울 점이 있다."라는 것을 알려 주었다.

모든 것이 완벽해 보이는 그들도 매주 복지 뉴스를 확인하고, 시대의 흐름을 파악하면서 전문가로서의 역량을 강화하는 데 힘썼다. 이러한 모습들을 옆에서 바라보면서, 사회복지사로서의 전문성이 무엇인지, 사회복지사를 전문가라고 칭하는지, 나에게 부족한 점이 무엇인지에 대해 성찰해 볼 수 있었다.

복지관 종사자들을 보면서, 스스로의 부족한 점에 대해 깨달을 수 있었다. 특히, 사회복지를 전공하면서 요즘 흘러가는 복지 트렌드나 복지 이슈 등과 같은 일에 대해 무지하다는 점이 스스로를 부끄럽게 만들었다. 현재까지도 사회복지사로서의 정체성과 방향성을 잡지 못했다. 복지 흐름에 대해 파악하고, 탐구하면서, 스스로의 정체성에 대해 알아 가고, 정립해 가는 시간을 보내고자 한다.

2) 예시 2: 병원에서 실습한 예시

올해부터 정신건강센터를 이용하기 시작한 회원분이 프로그램에 집중하기 어려워하시고 답답하다고 하시며 자주 교육실이나 센터에서 나가고 싶어 하는 경향을 보였다. 문화예술 프로그램 시간에는 그림을 잠깐 그리고 나가고 싶어 하셨다. 교육실 밖을 못 나가게 막으면 다른 회원에게 방해가 되고 당사자의 의견을 존중해서 교육실 밖으로 나가게 하면, 센터 적응이 더 어려워질 것이라 판단되는 상황이어서 남아서 계속 참여하기를 권하였다.

참고문헌

석말숙, 김정진(2022). 사회복지 현장실습 A to Z. 학지사.

엄명용, 김성천, 윤혜미(2020). 사회복지실천의 이해. 학지사.

정선영, 손덕순, 오영림(2017). 사례로 배우는 사회복지실천기술론. 학지사.

한국사회복지교육협의회(2019). 사회복지 현장실습 운영방안 및 영역별 사회복지사 자격제도 연구.

한국사회복지사협회(2023. 4. 11.). 사회복지사 윤리강령.

실습세미나 관련 다양한 학습 활동

 학습목표

1. 실습기관 및 실습 내용을 분석하여 요약 정리한 파워포인트 자료를 제작하고 발표할 수 있다.
2. 제작한 발표 자료를 동료 실습생과 현장실습을 준비하는 재학생들에게 공유하는 실습 박람회에 참여할 수 있다.
3. 학생의 욕구에 합치되는 현장 전문가 특강을 기획하고 참여할 수 있다.
4. 현장실습에서 작업한 결과물(프로그램 또는 사업 기획서)의 고도화 작업과 경진대회 참여를 목표로 하는 집단 활동에 협력할 수 있다.

이 장에서는 실습세미나에서 운영할 수 있는 다채로운 학습 활동을 소개하고자 한다. 실습생은 현장실습 준비단계-진행단계-종결 후의 경험을 요약 정리한 발표 자료를 준비하여 실습세미나에서 실습지도교수 및 동료 실습생들과 공유하는 활동을 통해 학생들의 간접 경험의 영역을 확장할 수 있다. 실습세미나에서 발표한 자료에 대하여 얻은 1차 피드백을 토대로 수정 보완하여 현장실습에 대한 정보를 필요로 하는 재학생에게 경험자로서 상세한 팁을 공유하는 실습 박람회는 사회복지 전공생들 간의 네트워크를 돈독하게 만드는 기회가 될 수 있다. 또한 실습생의 욕구에 따라 현장 전문가로 활동하는 동문 특강을 진행하여 학생이 궁금하게 여기는 질문 사항에 대하여 현장 전문가의 식견과 정보를 받을 수 있다. 그 외 프로포절 경진대회를 통하여 현장실습에서 학습한 내용과 결과물을 중심으로 완성도를 높이는 기회를 갖는 것도 실습생끼리의 네트워크 형성과 노하우 공유의 측면에서 도움이 될 수 있다.

1. 실습세미나의 기능과 학습 활동

실습세미나의 주요한 기능은 현장실습에서 수행한 학습내용을 성찰하고, 반영적 고찰의 기회를 제공하는 것이다. 따라서 실습지도교수와 동료 실습생에게 자신의 실습 내용을 정리 요약하여 공유하고, 실습 과업을 수행하는 과정에서 갖게 된 고민이나 혼란을 겪었던 경험에 대하여 비판과 비난으로부터 안전한 환경에서 진솔하게 소통하며 환기와 재확신의 기회를 갖는 것은 매우 중요하다. 또한 현장실습을 성공적으로 완료한 선배 실습생으로서 실습을 준비하는 재학생들에게 자신의 경험적 자산을 대물림하여 사회복지 전공생들 간 네트워크 형성에 기여할 수 있도록 성장하는 것도 중요하다.

현장실습을 완료한 이후에는 보다 더 심화된 진로 계획과 취업에 대한 현실적인 심사숙고가 요구된다. 따라서 현장 전문가로서 후배들의 고민을 함께 경청하고, 실천 현장의 현황과 미래 전망을 제시함으로써 학생들의 진로 설정에 도움을 줄 수 있는 동문 특강 세미나를 운영하는 것이 바람직하다.

프로포절 경진대회는 학생들이 실습 과정에서 작성한 프로그램(또는 사업) 기획서를 이론적으로 보완하고 실천적 근거를 추가함으로써 근거기반실천의 패러다임을 실제로 적용하는 기회로 운영될 수 있으며, 실습생들 간 유대관계를 돈독하게 형성하고, 성취감을 경험할 수 있는 기회가 될 수 있다. 또한 발표를 듣는 학생들은 프로포절 심사자의 역할을 담당하여 심사 기준을 숙지하고, 자신들의 평가 점수가 반영된 결과를 토대로 경진대회 수상작을 선정하도록 운영할 수 있다. 실습지도교수와 학생 심사자들의 평가 점수 반영도를 사전에 공지하여 보다 공정한 평가가 이루어지도록 체계화할 수 있다.

※ 준비: 실습 박람회 - 실습기관 분석 발표 자료

- 토의 1: 실습 준비-실행-종결-평가의 과정은 실습 목표를 달성하기에 적절하였는가?
- 토의 2: 실습기관, 교육훈련 및 슈퍼비전에 대한 전반적 만족도는 어떠한가?

※ 준비: 현장 전문가 특강 - 특강사에게 묻고 싶은 질문 리스트

- 토의 1: 자신의 특장점과 진로 목표를 고려할 때 어떠한 역량이 요구되는가?
- 토의 2: 자신의 성향, 성격, 역량에 대한 다면적 성찰과 사회복지 전문직의 정체성은 부합되는가?

※ 준비: 프로포절 경진대회 - 프로그램 (또는 사업) 기획서

- 토의 1: 근거에 기반한 프로포절 작성의 노하우는 무엇인가?
- 토의 2: 프로포절 심사자로서의 경험은 작성자일 때와 어떤 점에서 어떻게 다른가?

2. 실습기관 및 실습 내용 분석과 발표 자료 제작

실습생은 현장실습을 수행한 기관의 기본 정보와 구체적이고 상세한 실습 내용, 그리고 전반적 만족도를 담은 파워포인트 자료를 제작하여 실습세미나에서 실습지도교수와 동료 실습생에게 발표하고 피드백을 얻는다. 제작한 발표 자료는 피드백을 토대로 수정, 보완하여 추후 후배 재학생들과 소통하는 실습 박람회의 게시물(예: 포스터 형식)로 활용한다.

실습 박람회의 게시판 크기를 고려하여 파워포인트 자료의 분량을 조정할 수 있으나 대략 8장 분량이 적절하며, 자료에 기록될 상세 내용은 다음과 같은 순서로 작성한다.

1) 1장: 기관 소개

- 기관명과 운영법인, 설립 연도, 주소와 연락처
- 미션과 비전
- 시설 및 인력 규모: 상주 사회복지사 수

2) 2장: 이용자 특성/지역 특성

- **이용자 특성:** 연령, 성별, 학력 등 인구사회학적 특성과 경제적 수준, 주요 욕구의 우선순위 등
- **지역 특성:** 기관의 지리적 위치와 접근성, 기초 지차제의 전체 지역주민 특성 대비 본 기관이 속한 지역사회의 특이점(강점과 장애물 등)

3) 3장: 실습의 전체 일정 및 내용 소개(각 단계별 소요 기간 포함)

- **실습 시작 전:** 실습기관 탐색 방법과 지원신청서 제출 및 면접 참여 등의 경험, 실습생 선정 통보 이후 실습기관 오리엔테이션 및 첫 출근일까지의 준비 사항 등
- **실습 진행:** 실습 첫 출근부터 종결까지의 주요 일정
- 실습 기간, 실습비, 실습생 수

4) 4~6장: 실습 세부 내용 소개

- **주차별 실습 내용:** 오리엔테이션부터 각 주차별 상세 실습 내용
- **주요 활동 내용:** 개인, 가족, 소집단, 지역주민과의 개입 활동, 프로그램 기획, 운영 및 평가, 사례관리, 후원 모금 활동과 성과
- 실습 과제와 도움이 된 슈퍼비전

5) 7장: 실습 총평과 전반적 만족도

- **좋았던 점:** 자신에 대한 성찰, 실습 내용, 실습생 집단 내 역동, 실습지도자의 슈퍼비전, 실습기관의 지원 등
- **아쉬웠던 점:** 자신에 대한 성찰, 실습 내용, 실습생 집단 내 역동, 실습지도자의 슈퍼비전, 실습기관의 지원 등
- **전반적 만족도:** 5점 대비 만족도를 별표로 표기(주관적 평가임을 명시)

6) 8장: 예비 실습생에게 유용한 팁(사전, 실습 과정 중, 종결 후)

- **사전 단계:** 현장실습기관 탐색 팁과 준비 사항, 실습 지원 신청서 작성 및 면접에 임하는 요령과 자세, 실습기관 선택 기준 등
- **실습 과정 중:** 실습생 집단과 기관의 조직문화 적응 요령, 실습 활동과 질문에 적극적 참여, 과제 준비와 시간 내 제출, 체력 관리, 클라이언트와의 종결 시 유의 사항 등
- **종결 이후:** 실습지도자와 실습생들 간 지속적 · 긍정적 관계 유지

3. 실습 박람회

현장실습을 앞둔 재학생들은 자기주도적으로 실습기관을 검색하고, 실습에 지원할 수 있는 자격요건을 확인하고, 실습 지원신청서 및 면접에 임해야 하는 일련의 과정에 대하여 막연한 두려움을 호소한다. 이에 학교에서는 실습 오리엔테이션을 정기적으로 제공하며 정확한 정보를 시의적절하게 제공하고자 노력하고 있으나 사회복지학부의 주전공 학생뿐 아니라 복수전공, 부전공 학생들에게 실습 오리엔테이션 일시에 대한 정보가 충분히 전달되지 못하는 경우가 발생한다. 따라서 실습을 경험한 선배들의 생생한 경험을 자유로운 공간에서 후배 재학생들이 파워포인트 요약자료를 통해 습득하고, 관심 있는 기관에서 실습을 완료한 선배에게 질의하고 응답을 얻을 수 있는 실습 박람회는 현장실습을 위한 준비 단계로 매우 효율적이고 효과적인 학습환경이 된다.

실습 박람회 발표자로서 실습생은 포스터 발표 자료를 제작하고, 발표자로서 임하는 경험을 습득할 수 있고, 후배 재학생은 선배들이 어떠한 유형의 실습기관에서 어떠한 내용의 현장실습을 주로 수행하는지 사전 정보를 얻을 수 있기에 실습 박람회는 '윈윈'의 학습환경이라 할 수 있다. 실습 박람회를 준비하기 위해서는 일정 수준의 행정적 지원이 필요하다. 박람회를 진행할 수 있는 공간의 확보, 포스터 형식의 발표 자료를 게시할 수 있는 도구 준비와 재학생들의 참여를 독려하는 홍보전략 등이 그 예이다. 이러한 행정적 지원활동을 전담할 수 있는 소집단을 학기 초에 형성하되 실습생 중 자원자들로 구성하도록 한다. 선배와 후배를 연결하는 고리라는 의미로 '고리 기획단'의 명칭을 활용하여 이들의 활동을 교내에서 공식적으로 예산을 지원하거나 실습세미나 성적에 가

산점을 부여하는 인센티브 제도를 운영할 수 있다. 가칭 '고리 기획단'의 과업은 다음과 같다.

- 재학생들의 접근성과 유동성이 높은 공간과 시간을 확보하여 박람회 장소로 예약한다.
- 박람회 일시로 정한 당일 실습생 1인당 이젤을 제공하고, 실습생이 각자 출력한 기관 및 실습 내용의 파워포인트 자료를 포스터 형식으로 준비하여 게시하도록 지원한다.
- 실습을 준비하는 재학생들이 자료를 관람하고, 실습생과 자유롭게 질의응답 및 담소를 나누며 소통할 수 있도록 박람회를 진행한다.
- 재학생들의 참여를 독려하기 위한 다양하고 흥미로운 이벤트를 함께 진행한다(예: 경품 추첨 등).

4. 현장 전문가(동문) 특강

현장실습을 완료한 학생들은 다음 단계로 심화 진로와 취업에 대한 욕구를 갖게 된다. 학교에서 학습한 지식을 실천 현장에서 일정 기간 동안 직, 간접적으로 경험하고 학교로 복귀한 상황에서 사회복지에 대한 진로와 사회복지사로서의 정체성을 확고히 하는 학생이 있는 한편, 오히려 사회복지 관련 진로와 취업에 대한 회의감에 혼란을 경험하는 학생도 존재한다. 현장실습의 경험은 사회복지사로서 훈련받는 교육과정에 있어 가장 중요한 전환점이 되기에 학생은 실습 이후 자신의 적성과 진로, 취업 방향에 대하여 진지하게 고민하고, 심사숙고할 필요가 있다.

이에 실습세미나에서는 사회복지실천 현장에서 일하는 현장 전문가(가능하다면 동문)의 특강을 기획하여 학생들의 다양한 고민과 미래에 대한 전망을 공유하고 소통하는 장을 마련할 필요가 있다. 학생집단의 욕구를 사전에 파악하여 이에 의견을 공유할 수 있는 적합한 현장 전문가를 탐색하고 섭외하도록 한다. 또한 특강을 시행한 후 현장 전문가와 학생들이 의견을 교환할 수 있는 기회를 확보하고, 실습생들끼리 또는 실습지도교수와 함께 소감과 피드백을 공유할 수 있는 시간을 갖도록 한다. 다음은 학생들의 욕구에 따라 섭외할 현장 전문가의 직급을 제시한 예시이다.

구분	학생들의 욕구	섭외 대상 현장 전문가
1	취업 준비 및 면접 노하우	최근 3년 이내 취업 성공담을 공유해 줄 수 있는 현장가
2	사회복지실천 현장의 현황과 미래 전망	분야별 중간관리자급 경력직 현장가
3	현장에서 요구하는 사회복지 인재상	분야별 기관장급 현장가

5. 프로그램 기획서 경진대회

다수의 실습생은 현장실습 교육과정에서 프로그램 (또는 사업) 기획서를 작성하는 과업을 수행한다. 〈프로그램 개발과 평가〉 교과목에서 작성한 프로포절보다는 더욱 현장 친화적인 제안서(예: 예산 편성)를 작업하도록 훈련받기도 한다. 그럼에도 프로그램 기획서는 근거기반실천의 맥락에서 진행되어야 하는 과업이기에 학교에서는 면밀한 이론적 배경과 현장의 노하우를 접목하여 학생을 교육해야 할 필요가 있다. 따라서 현장실습에서 작성한 프로그램 기획서를 보다 이론적으로 보완하고 실천적 근거를 추가하여 완성도를 높이는 작업을 수행하도록 경진대회를 운영할 수 있다.

실습생을 관심 분야 또는 실습 현장 분야별 소집단으로 편성하여 구성원 중 프로그램 (또는 사업) 기획서 작성 경험이 있는 실습생의 프로포절 중 하나를 선택하여 2~3주간 업그레이드하는 작업을 실습세미나에서 수행한다. 프로포절 심사 기준을 마련하고, 실습세미나 참여 학생들이 평가자가 되어 프로포절 발표 내용을 토대로 경진대회의 우수작(최우수, 우수, 장려)을 수상한다.

이러한 활동은 함께 프로포절을 수정하고 경진대회를 준비하는 과정에서 학생들 간 유대관계를 돈독하게 하는 기회가 될 수 있고, 집단 내 갈등 상황을 중재하고 해소하는 역량을 키우는 기회가 되기도 한다. 그럼에도 본 경진대회의 가장 중요한 핵심은 학교의 이론적 지식과 현장의 실천 역량이 통합되는 학습의 기회를 제공하는 것이다.

6. 학습 활동 예시

1) 예시 1: 기관분석 및 실습 박람회 사례 - 노인종합복지관

[슬라이드 1]

- 기관 개요
  ① 기관명: ○○노인종합복지관
  ② 운영법인: ○○○복지재단
  ③ 개관일: 202△. △△. △△.
  ④ 연락처와 홈페이지 주소:
  ⑤ 시설 규모: 지하 2층~지상 3층, 옥상
  ⑥ 인력 규모: 관장 포함 21명 사회복지사 근무
  ⑦ 미션: 아름다운 어르신의 활기찬 노후를 위해
  ⑧ 비전: BRAVO

[슬라이드 2]

지역적 특성

- 성남시 중 가장 넓은 분당구에 위치
- 주변 교통 이용에 용이함.
- 사회적, 경제적으로 차별화된 계층이 구성원을 이룸.
- 아파트 단지가 주를 이루어 임대 단지가 존재하고 있고 단지 내에는 종합사회복지관이 위치함.
- 하지만 외곽지역 구 내부의 주택단지와는 지역적 편차를 보임.

이용자 특성

- 성남시 다른 지역에 비해 대체로 학식 및 지위 수준이 높음.
- 2019.06.19 기준 총 20,192명 중 남 46.6%, 여 53.4%
- 이들 중 약 92%가 일반 어르신임.
  *일반 어르신은 수급권자, 장애인, 국가유공자를 제외한 어르신임.
- 건강한 노후생활 및 여가선용을 위해 복지관을 찾음.

[슬라이드 3]

실습기관 탐색 및 선택

각 복지관 홈페이지 및
한국사회복지사협회 실습 공지로 탐색

선택 요인으로 기관의 비전 및 종교,
거리가 주요함.

서류 및 면접 과정

필요 서류 : 자기소개서 형식의 실습신청서 작성

서류 접수 후 각 부서별 면접 일자 통보

면접 : 1:3 혹은 2:5 면접으로 진행
각 팀의 팀장이 면접관이 되어 실습신청서를 바탕으로 진행
-Tip! 면접 질문 중 같이 일하게 될 실습생의 이름을 마지막에 물어봄!
(팀워크를 중시하는 문화가 있어요!)-

실습 내용

7월 1일 ~ 7월 12일 (1,2 주차)
: 기관 사업에 관한 공통 교육 및
공통 프로그램(후원캠페인) 기획, 실행
관련기관 방문, 스크립 토의, 모의면접 진행

7월 15일 ~ 7월 26일 (3,4 주차)
: 각 부서별 사업 진행

<평생교육팀>
경로당 세대통합 프로그램 진행
3학기 평생교육 특강 프로그램 욕구 조사
평생교육 프로그램 참관 및 기록

실습 기간 : 7월 1일 ~ 7월 26일 (총 20일, 160시간)
실습비 : 8만원 (식비는 미포함, 경로식당 이용 가능, 경로식당: 2500원 / 총[식비+교통비+실습비] : 15만원 정도 지출)
실습 인원 : 총 10명

[슬라이드 4]

공통 교육 주간

- 7월 1일부터 7월 11일까지 교육
- 평생교육팀, 기획홍보팀, 사례관리팀, 사회참여팀, 총무과, 주간보호센터 총 6개의 팀에서 운영되는 각종 사업에 대한 소개 및 교육 실시
- 치매안심센터, 실버타운(청원속숲궁전), 고령친화체험관 등 관련 기관 방문
- 기관분석보고서 작성 및 공통 프로그램 기획 및 실행
- 노인 관련 이슈에 대한 스크랩 토의 및 모의면접 진행

(노인 연령 올려야 하는가? / 노인 부양 문제, 사회의 책임인가 개인의 책임인가 등)

공통 프로그램 (후원 캠페인)

- 아이디어 회의 및 기획
- 바자회, 캠페인 진행, 정기후원자 모집 부스 시간대별 진행

[슬라이드 5]

욕구조사

- 3학기 평생교육 특강 프로그램 욕구조사 실시
- 총 10개의 컨텐츠를 가지고 스티커를 붙이는 형식
- 이해가 되지 않는 프로그램은 부연 설명을 함.

청강 기록

- 프로그램 실행에 대한 이해의 세부목표 과제
- 프로그램 청강 후 평생교육 프로그램의 전반적인 흐름에 대해 이해할 수 있었음.
- 프로그램 청강 기록지를 작성함으로써 프로그램의 보완점에 대해 슈퍼바이저에게 슈퍼비전을 받을 수 있었음

[슬라이드 6]

경로당 세대통합 프로그램

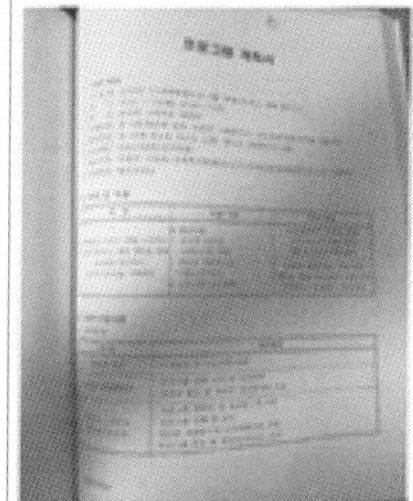

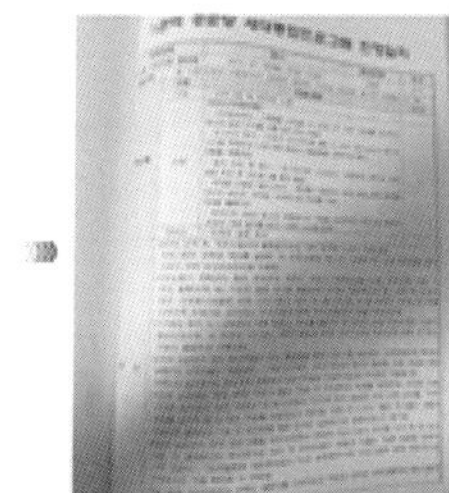

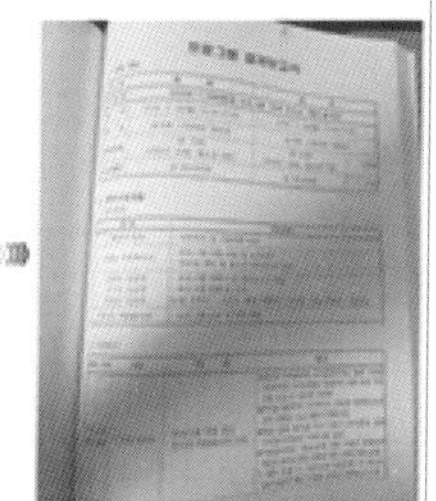

- 1.3세대 통합에 초점을 맞춘 프로그램을 계획, 실행, 평가
- 경로당 어르신 20명, 청소년 자원봉사자 7명, 실습생 3명, 담당 사회복지사 1명 투입
- 청소년 자원봉사자 교육 준비 및 실시, 자기소개, 아이스 브레이킹, 본 프로그램, 만족도 조사 실시 순으로 진행
- 교과목 중 '프로그램 개발과 평가'의 실제적 반영을 알 수 있음.

[슬라이드 7]

좋았던 점

- 비난이 없는 팀 분위기
- 넘쳐나는 아이디어로 좋은 아이템의 기획 가능
- 실습생들의 열의가 뛰어남.
- 책임감이 있고 개별성을 존중하는 슈퍼바이저

아쉬웠던 점

- 2주라는 기간동안 배워야 할 공통 교육 이수
- 부서별 실습이기에 다른 부서의 일을 직접적으로 경험하지 못함.
- 노인 관련 봉사 경험 부족으로 인한 노인 특성의 이해 부족 및 면접 기술 부족

[슬라이드 8]

1. 평소 자신의 강점(like 매력, 장단점 등) 탐색 및 근거 마련
2. 사회복지실천론, 실천기술론 **대충**이라도 읽어보기
3. 실습 신청서 작성 및 면접에 중요한 것은 **일관성**과 **정직함**!!!

실습 중

1. 실습생들끼리 어색함을 빨리 풀고 싶다면 내가 먼저 다가가기(밝은 인사, 첫날 회식 주도 등)
2. 해야 할 과제는 미리미리!!!
3. 모르는 것이 있다면 주저하지 말고 사회복지사 선생님들께 묻기!

: 슈퍼바이저와 그들이 뽑는 실습생들이 믿을 수 있음, 짧은 기간이나 무엇인가 하나 얻어가고자 한다면 충분히 가능함.
다만, 여름에는 더위로 인해 지치기 때문 체력관리가 필요함.

2) 예시 2: 기관분석 및 실습 박람회 사례 – 종합병원

[슬라이드 1]

01
기관 소개
- OO병원에 대하여

◆ **기관명 :** OO병원
◆ **소재지 :** OO시 OO구 OO동
◆ **운영 법인 :** 의료법인 OO의료재단
◆ **개관 일 :** 19xx년 xx월
◆ **시설 규모 :** 본관을 중심으로 건물들이 둘러싸여 있음

➤ **미션 :** 생명을 존중하고 사랑을 실천하며 창의와 도전정신으로 인류의 건강한 삶에 기여한다.

➤ **비전 :** BEST 21

➤ **실습 부서(OO병원 사회사업실)**

◆ **위 치 :** OO병원 어린이병원 지하 2층
◆ **전 화 :** xxx-xxx-xxxx

[슬라이드 2]

02
지역적 특성 / 이용자 특성

1) 지역적 특성

1. 병원 주변에 OO지방경찰청, OO경찰서, OO소방서, OO문화예술회관, OO시청, OO시교육청, OO시의회, OO중앙도서관, OO청소년활동센터, 주위 몇몇의 초등학교와 몇몇의 중학교들이라는 다양한 자원에 둘러싸여 있다는 장점을 갖고 있음.
2. 또한 지하철 역과 근접해 있어 교통의 요충지라고 할 수 있음.
3. OO시 OO구의 장애인 등록 현황은 20xx년 기준 22,560명으로 지역별 2순위, OO시 등록 외국인 현황은 11,760명으로 지역별 1순위, OO시 국민기초생활보장 수급자 현황도 13,302명으로 지역별 2순위를 차지하고 있음.

2) 이용자 특성

1. 종합병원이기에 특성상 질환과 증상이 심한 이용자 분들이 많음.
2. 어떤 비율이 뚜렷이 높기보다는 아동, 청소년, 노인 등 다양한 계층으로 이루어져있음. 또한 가정을 구분 해보면 앞에 통계에 나왔던 사실처럼 요즘 들어 병원에서도 다문화 가정인 이용자도 실제 높아지고 있는 추세를 보임.
3. 또한 병원으로 오는 환자들은 복지관과 다르게 주로 큰 틀인 OO시에서 여러 환자들이 찾아오는 상황이라 저소득층, 중산층, 고소득층 계층이 고르게 존재하지만 심리사회적 상담도 그렇고, 경제적 상담이 진행되는 이용자 계층은 저소득층인 경우가 다수임. 경제적 상담이 진행될 경우에는 특히 지원이 가능한 대상자이어야 하기 때문임.

[슬라이드 3]

03
실습 전 일정 및 내용 소개

20xx년 OO병원 동계 실습

① **모집 공고 :** 대한의료사회복지사협회에 10 ~ 12월 사이에 공고가 뜸!

→ 실습했던 OO병원은 20xx년 11월 18일에 올라왔음!

② **서류 심사(1차) :** 신청 학생 해당 학교 '실습 의뢰 공문'
+
'실습생 자기소개서'

= E-Mail로 제출 (20xx. 12. 12~ 20xx. 12.23)

③ **답신 및 서류 심사 합격자 발표 :** 답신 – 3일 / 답신 후 1일 지나 합격 통보

= 제출 후 총 4일 걸림

④ **실습생 첫 O.T 및 최종 선발 :** O.T (1월 4일 오전 10시)를 들으며

면접 심사 (2차) 및 최종 합격자 선정!

[슬라이드 4]

04

실습 세부 내용 소개 (1주차 ~ 5주차)

1. OO병원 및 연혁과 사회사업실 소개, 원내 부서별 이해(업무 소개 등 부서 교육), OO병원 진료과의 이해
2. 자원봉사 및 업무의 이해, 자원봉사자 관리자 소양 책자 관련 교육, 청소년봉사학교 프로그램 실습
3. 주요 질환별 사회복지적 개입, 의료사회복지 실무: 질환별 이해 - 암 및 학대 개입 사례 교육과 재활 관련 교육, 당뇨 관련 교육, 장기이식 관련 교육, 국내외 의료봉사 관련 교육
4. 의료사회복지사의 역할과 기능의 이해, 의료사회복지의 전반적인 내용 이해 (의료 사회복지사의 실천 영역 및 원내 사업의 이해)
5. 병원 실습의 이해 : 전화 응대 요령(업무 처리), 행정 업무(상담 방문 기록장 확인 및 엑셀화 작업, 자원봉사자 봉사 시간 입력 등), 전화상담 기록과 작성(내담자 최초 면담지 기록), 만족도 조사 설문지 작성

[슬라이드 5]

05

실습 세부 내용 소개 (1주차 ~ 5주차)

6. 신청 서식지 작성법 교육 및 실제(예: 긴급 지원 의료비 신청서 등)
7. 사례관리 환자 소개 및 배정, 사례관리 진행
8. ABC 사회봉사회 이웃사랑 현물지원 판넬 제작(사회공헌 업무 실습), 본관 8층 도서관 방문, 소아병동 방문 및 환아들 놀이 실제 참여
9. 재활의학과 관련 뇌경색에 대한 조사 발표, 재활의학과(PM) Conference, 재활의학 병동 순회 참여, P 사랑회 신년회 및 치료 종결 잔치 참여
10. 의학 용어 TEST 및 의학용어 공부, 실습 과제 수행 (예: 지역사회와 활용자원에 대한 조사 발표 및 Discussion, 발달 단계별 자신에 대한 이해와 도서 발표 등)
11. 최종 보고회

[슬라이드 6]

06
실습 총평

1. 자원봉사자와 함께 공간을 쓰고 특별히 교육 받을 장소가 없을 뿐더러 실습생들만의 공간이 없었던 점이 아쉬움
2. 바쁜 시기라 병원 내외에 연계된 기관 컨텍이 어려워 방문하지 못했던 점 예) 방문하고 싶었던 기관: OO시 광역치매센터
3. 오히려 기관 실습의 아쉬움보다 스스로에 대한 아쉬움이 큼. 개인차가 있겠지만 실습 도중 자아존중감이 점차 낮아지다 보니 성격상의 적극성을 좀 더 발휘하지 못한 점이 있기도 했었음. 실습을 할 때 위축되기보다 강한 자신감으로 임하면 좋을 듯!

1. 관심 있는 분야인 재활의학과 사례관리를 진행한 점
2. 재활의학과 Conference와 P사랑회라는 백혈병/소아암병동 선생님들과 부모들의 모임에 참석할 수 있는 기회가 생겼던 점
3. 사회복지사로서 전화 받는 요령, 자원봉사 관리 등 행정 업무와 일지나 과제 등의 글 쓰는 방법을 익히고 사례관리에 있어서 대화와 갖고 있는 생각에 대한 조언을 많이 해주셨음
4. 실용성 있고 보다 의미 있는 과제를 실행해볼 수 있어 좋았음
5. 일지 등에 대한 피드백을 시간 날 때마다 꾸준히 주신다는 점

[슬라이드 7]

07
예비 실습생들을 위한 Tips

< 병원 실습을 위한 1~3학년이 거쳐야 할 준비 과정 >

1. 병원 실습의 시작은 봉사로부터! 병원 한 곳을 정해 정기 봉사를 시작하면, 그 병원에서 기회를 줄 수도 있고 기회가 없다면 다른 병원에 지원을 할 때도 우대권 습득!
   예) 본인도 서울대병원 의료사회복지팀에서 봉사하다가 실습 면접까지 기회가 주어졌었음.
2. 병원에서 봉사든, 실습이든 마찬가지인데 1시간 반 이상은 무리, 1시간 내에 있는 위치, 즉 거리를 고려하여 갈 것!
3. 자신이 활동한 것이 부족하다 느낄 때는 대한의료사회복지사협회에서 운영하는 대학생 아카데미, 춘계와 추계 심포지움에 참여하고 의료사회복지 분야 스터디 등을 하면 자신의 관심과 노력, 적극성을 보여줌으로써 자기소개서에 몇 줄 어필하기 가능!

< 병원에서 실습 전 필수 조건 >

1. '의료사회복지론'이라는 과목을 꼭 이수하고, 배운 '의료사회복지론' 수업교재와 프린트들과 했던 과제들을 다시 한번 복습하여 보고 실습을 시작할 것! 기초적인 지식 숙지 필수!
2. 최소한의 성적을 적당히 유지하고 있을 것!
   (Feat. 거의 병원은 자기소개서와 함께 보낸 성적증명서를 통해 성적을 체크)
3. 병원을 결정할 때는 병원의 성격, 분위기 등을 미리 선배들과 교류를 통해 기본적인 정보를 파악해두고 지원할 것! → 자신이 적응하기 어려운 곳이 있을 수도 있음.

[슬라이드 8]

08
예비 실습생들을 위한 Tips

< 실습 지원서 제출하기 몇 분 전 >

1. 실습생 자기소개서는 여러 번 볼 수록 완성도가 높아지는 법! (Feat. 칭찬 받음)
2. 실습 자기소개서와 더불어 학생 추천 공문을 미리 같이 보내달라는 경우에는 잘 도착했는지의 여부를 본인이 직접 전화해서 필히 확인할 것!
3. 우편이 아닌 메일로 실습생 자기소개서를 낼 때 메일 빈 공란에 예의를 차리고 간단한 글이라도 남겨서 보낼 것. → 성의 있는 학생이라고 +++ 요소가 되기도 함.

< 병원에서 실습하는 와중에 알아두어야 할 점 >

1. 환한 웃음은 이용자 분들을 맞이할 때 필수 아이템!
2. 실습 중에 정신 없어 바쁘다는 이유로 민낯, 입술 색 없는 상태 금지!
3. 실습생이라는 신분이지만 보수적이고 폐쇄적인 문화이기에 운동화나 청바지 X, 병원 안에서는 옷 위에 단정하게 가디건을 입으면 Good!
4. 병원은 시간과 빠른 일 처리가 가장 중요!
   → 과제나 실습일지 등은 주어진 기한 내에 제출
   → 정해진 시간 안보다 미리 실습지에 도착해 준비할 것.
5. 내가 편한 시간이 아닌 환자의 치료 전으로 맞추어 연락을 드리는 등 전적으로 환자의 시간표에 맞춰 사례관리를 진행할 것!
6. 사례관리를 진행할 때도 개인의 전화가 아닌 기관의 전화로 연락을 드릴 것.
7. 환하게 그리고 올바르게 인사를 하기.
8. 선생님들이 비교적 기가 세거나 날카로운 분들도 계신데 궁금한데 무섭다고 가만히 있지 말고 계속 소통하고 끊임없이 그것에 관해 질문할 것!

3) 예시 3: 현장 전문가 특강 사례 - 기획안

202○-○학기 사회복지 실습생 역량 강화를 위한 현장 전문가 특강

1. 프로그램 목적
   가. 기관장급 동문 현장 전문가의 관점에서 취업 준비 및 성공적인 사회진출을 위한 노하우를 전수받고, 공유한다.
   나. 지역사회 내 사회복지실천가의 강연을 통해 우리나라 복지 현장의 현황과 과제에 대하여 논의한다.
   다. 변화하는 한국 사회를 대비하여 복지 현장에서 요구되는 인재상과 역량에 대한 정보를 습득한다.

2. 프로그램 필요성
   가. 지역 내 아동/청소년/가족을 대상으로 한 실천의 현황을 이해함으로써 향후 우리나라에 적합한 사회복지실천과 운영 모형, 실천가의 역할들을 정립
   나. 기관장급 동문 현장 전문가와의 대화를 통해 개인적 네트워크 형성의 기회 마련

3. 프로그램 개요
   가. 일시: 202○년 ○○월 ○○일 시간
   나. 장소: ○○대학교 ○○관 ○○호
   다. 강의자: ○○○ 관장 (○○○○관)
   라. 내용: 미래 한국사회와 실천 현장에서 요구하는 복지인의 역량(가제)
   마. 대상인원: 사회복지현장실습 전체 수강생 및 관심 있는 사회복지학 전공생
   바. 지도교수: ○○○

4. 기대효과
   가. 미래 한국사회와 복지현장의 변화에 대하여 설명할 수 있다.
   나. 한국 사회복지의 역사에서 활약한 동문의 예시를 이야기할 수 있다.
   다. 취업준비 및 성공적인 사회진출을 위한 노하우 예시를 발표할 수 있다.
   라. 미래사회에서 요구되는 역량을 갖추고자 노력하는 자세를 성찰할 수 있다.

5. 소요예산

구분	산출기초	금액	비고
강사료	인건비 △△△△△원 * 1회	△△△△△ 원	
총계		△△△△△ 원	

4) 예시 4: 프로포절 경진대회 사례

(1) 실습세미나 프로포절 경진대회 심사표

사회복지현장실습 수강생의 관심 분야별로 조 편성: 5개 조로 구성

평가대상 / 평가항목 (배점)	아동 · 청소년 1조 제목:	장애인복지 2조 제목:	정신건강 · 의료 3조 제목:	노인복지 4조 제목:	기업의 사회공헌 5조 제목:
자료의 준비 정도 (20)					
필요성 (20)					
창의성 (20)					
실현가능성 (20)					
타당성 (20)					
총계(100)					

(2) 실습세미나 수업 일정 및 프로포절 제출 일정

- 10주: 조별 프로포절(제안서) 자체 준비모임
- 11~12주: 조별 프로포절 발표, 발표 시간 10분 엄수 및 전체 평가
  - 담당교수 이메일로 한글 보고서 △△월 △△일까지 제출, PPT 자료는 당일 조별로 준비하여 발표 진행
  - 각 실습세미나 분반에서 최고 득점한 2개 팀이 전체 프로포절 경연대회 본선 진출
- 13주: 전체 프로포절 경연대회 본선 진행 후 우수작(최우수, 우수, 장려 총 3개 팀) 수상
  - 포상은 팀원들이 함께 누릴 수 있는 식사권이나 기프티콘으로 증정

참고문헌

강남대학교 사회복지 현장실습 실습 박람회 발표 자료(2017, 2019).

강남대학교 실습세미나 현장 전문가 특강 기획서.

강남대학교 프로포절 경진대회 심사표 및 실습세미나 일정.

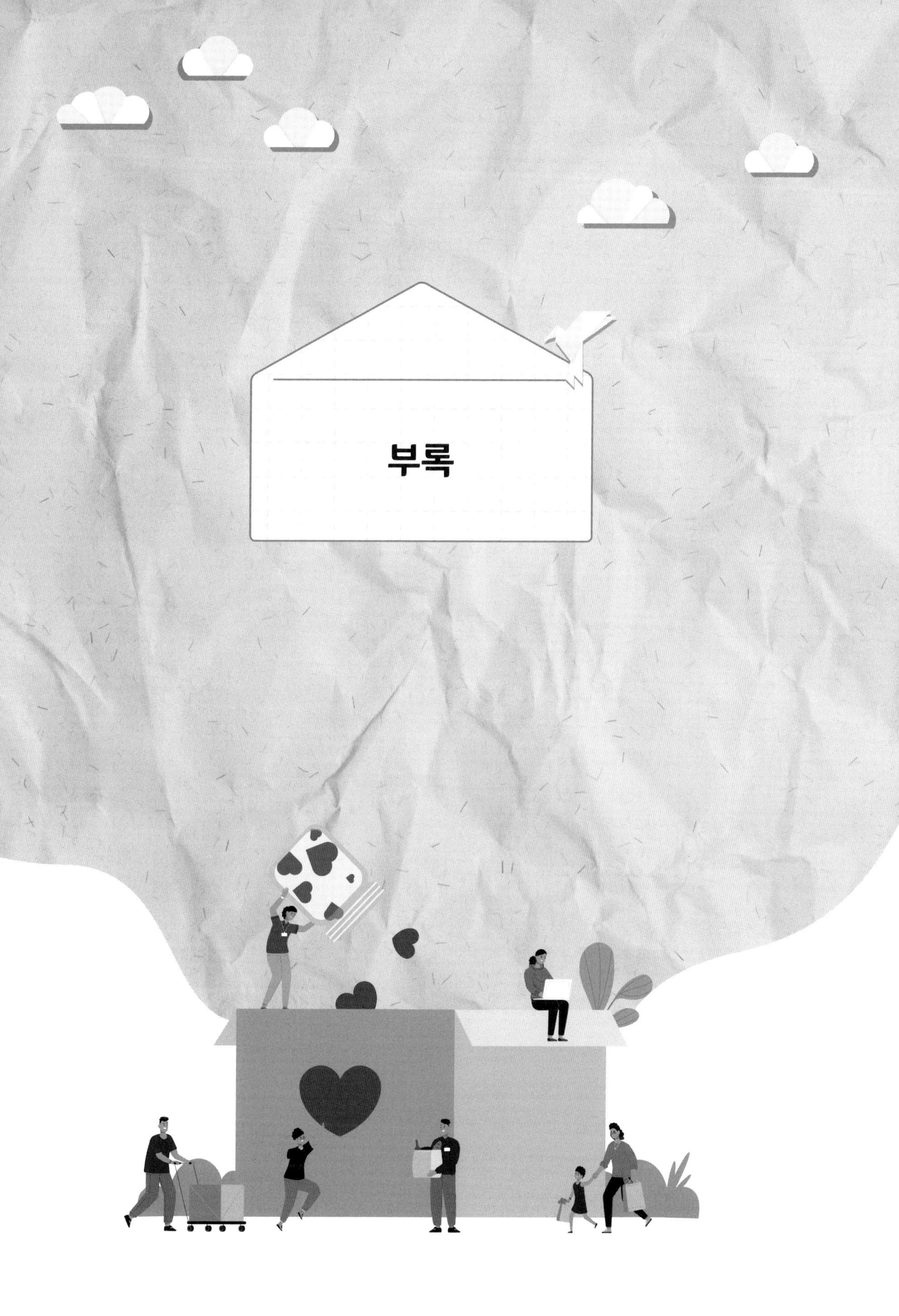

부록

부록 1. 실습 규정에 대한 이해

1. 사회복지현장실습

1) 사회복지현장실습의 개요

사회복지현장실습은 사회복지사업법의 사회복지사 자격취득 조항에 따라 학생이 향후 관련 실습기관에 종사하는 데 필요한 지식 · 기술 · 태도를 습득할 수 있게 하는 것을 목적으로 한다. 사회복지현장실습은 다음의 내용을 포함한다.

- 기관, 지역사회, 클라이언트에 대한 이해
- 기관과 관련된 정책 및 제도(지침), 자원 네트워킹에 대한 이해
- 기관의 사회복지 실천 또는 정책 및 행정 분야에 대한 직간접적인 경험
- 기관의 행정 및 기록에 관한 교육
- 사회복지사로서의 윤리적 실천 및 가치, 안전 지침에 대한 교육
- 실습 내용에 대한 피드백 및 정기적인 슈퍼비전 제공, 실습 중간평가 진행 및 평가 내용의 반영, 종결평가 진행 및 실습평가서 작성

2) 기관실습과 실습세미나

사회복지현장실습은 사회복지 현장에서 실시하는 기관실습과 학교 수업으로 이루어지는 실습세미나로 구성된다.

2. 사회복지현장실습에 관한 기준

1) 기관실습

기관실습에 관한 내용은 다음과 같다.

- 기관실습 시간은 160시간 이상으로 한다.
- 기관실습 실시기관은 다음의 요건을 모두 갖춘 기관에서 진행한다.
  - 사회복지사업을 수행하는 기관, 법인, 시설 또는 단체일 것
  - 보건복지부 장관으로부터 선정되었을 것
  - 다음의 요건을 모두 갖춘 기관실습 지도자가 2명 이상 상근할 것
    - ✓ 1급 사회복지사 자격증을 취득한 이후 3년 이상의 사회복지사업 실무 경험이 있거나 2급 사회복지사 자격증을 취득한 이후 5년 이상의 사회복지사업 실무 경험이 있을 것
    - ✓ 기관실습이 시행되는 연도의 전년도에 8시간 이상의 보수교육을 받았을 것
- 기관실습 지도자 1명이 동시에 지도할 수 있는 학생 수는 5명 이내이다.
- 기관실습은 사회복지현장실습 교과목 개설 전(前) 학기 방학 중 또는 개설된 학기 중에 160시간을 시행한다. 1학기는 전년도 12월 초~당해연도 6월 말까지, 2학기는 6월 초~12월 말까지 시행한다.
- 기관실습은 실습지도자의 근로시간 내에 실시하며, 하루에 이수 가능한 시간은 최소 4시간 이상 최대 8시간 이하로 한다.
- 현장실습은 휴게시간을 제외하고 1일 8시간, 1주간 40시간을 초과하지 않는 것을 원칙으로 하며, 오후 10시부터 이튿날 오전 6시까지의 야간 현장실습 및 공휴일 실습은 운영할 수 없다.
- 실습기관과 학교에서는 교육부의 대학생 현장실습 운영 규정을 준수하여 현장실습에 참여하는 학생에 대해 현장실습의 목적·범위를 벗어난 업무 등에 실습이 진행되지 않도록 하여야 한다.

2) 실습세미나

- 1회당 2시간 이상의 실습세미나를 총 15회 이상 실시한다.
- 학사, 석사 또는 박사 학위 중 2개 이상의 학위를 사회복지학 전공으로 취득한 사람으로서 3년 이상의 사회복지학 교육 경험 또는 3년 이상의 사회복지사업 실무 경험이 있는 교수가 지도한다.
- 한 세미나에 참여하는 학생 수는 30명 이내여야 하며, 30명 이상일 때 분반한다.

3. 사회복지현장실습 선 이수 교과목 권고

구분	교과목
실습 전 필수 교과목	〈사회복지학개론〉〈사회복지실천론〉〈사회복지실천기술론〉〈인간행동과 사회환경〉의 4개 교과목
실습 전 선택 교과목	법정필수 및 선택과목 중 3개 교과목(사회복지현장실습은 제외) ※〈프로그램 개발과 평가〉〈사례관리론〉은 실습하기 전에 수강할 것을 권고함
특정영역 실습을 위한 선 이수 권고	• 의료 분야 실습: 의료사회복지론, 정신건강사회복지론, 정신건강론 • 정신건강 분야 실습: 정신건강사회복지론, 정신건강론 • 아동/청소년 분야 실습: 아동복지론, 학교사회복지론, 청소년복지론 • 노인 분야 실습: 노인복지론 • 장애인 분야 실습: 장애인복지론 • 다문화 분야 실습: 사회복지와 문화다양성 • 여성 분야 실습: 여성복지론

부록 2. 사회복지현장실습 각종 양식

1. 실습 신청서

실습 신청서

○ 실습기관:

1. 실습생 인적 사항

<table>
<tr><td>이름</td><td colspan="2"></td><td colspan="2">생년월일</td><td colspan="2"></td></tr>
<tr><td>소속</td><td></td><td>학과/
전공</td><td colspan="2"></td><td>학년/
학기</td><td></td></tr>
<tr><td>현주소</td><td colspan="6"></td></tr>
<tr><td>전화번호</td><td colspan="2">집:</td><td colspan="4">휴대폰:</td></tr>
<tr><td>E-Mail</td><td colspan="6"></td></tr>
</table>

2. 실습 의뢰 내용

실습 부서	
실습 분야	
실습 내용	
실습 기간	

* 상기 내용으로 귀 기관에 실습 신청을 의뢰하며 실습생 프로파일을 동봉합니다.

신청인(학생명) : __________인

실습지도교수 : __________인

학과장/대학원장: __________인

2. 실습생 프로필

실습생 프로필

1. 인적 사항

(사진)	실습생명		성별		생년월일	
	소속	대학교(원)	전공	학년(학기)		
	주소					
	전화번호	집:	핸드폰:			
	E-mail					

2. 이수 전공과목

교과목명	이수 완료	현재 이수	교과목명	이수 완료	현재 이수	교과목명	이수 완료	현재 이수
사회복지학개론			인간행동과 사회환경			사회복지실천론		
사회복지실천기술론			지역사회복지론			사회복지정책론		
사회복지행정론			사회복지법제와 실천			사회복지조사론		
가족복지론			사회문제론			산업복지론		
가족상담 및 가족치료			사회보장론			아동복지론		
교정복지론			사회복지역사			여성복지론		
국제사회복지론			사회복지와 문화다양성			의료사회복지론		
노인복지론			사회복지와 인권			자원봉사론		
복지국가론			사회복지윤리와 철학			장애인복지론		
빈곤론			사회복지자료분석론			정신건강론		
사례관리론			사회복지지도감독론			정신건강사회복지론		
청소년복지론			프로그램 개발과 평가			학교사회복지론		
사회복지현장실습								

3. 경력

구분 (취업,실습,봉사)	기관	기간	내용

4. 사회복지를 전공하게 된 동기

5. 실습기관 선택 이유

6. 실습을 통해서 성취하고자 하는 목표

7. 실습을 마친 후 목표 달성 정도를 파악할 수 있는 기준

8. 사회복지를 실천하는 데 있어 자신의 강점과 약점

1) 사회복지 지식 및 기술의 측면	2) 개인적인 특성 측면

9. 취미 및 특기

10. 실습기관, 실습지도자 및 실습지도교수에게 바라는 점

3. 실습생 서약서

실습생 서약서

본인은 ○○ 기관의 실습생으로서 다음의 사항을 준수할 것을 서약합니다.

1. 사회복지사 윤리강령
2. 클라이언트와 기관에 대한 비밀 유지
3. 실습교육기관 및 실습지도자의 요구 사항

년 월 일

실습생: (인)

○○ 기관 귀중

4. 실습 계약서

실습 계약서

실습생명		소속 대학	
기관명		주소/전화번호	
실습지도자		실습지도교수	

1. 일반적 사항
   1) 실습 기간: ______년 ______월 ______일부터
      ______년 ______월 ______일 까지 총 ______일
   2) 업무 시간: 주 ______일 근무, ______시 부터 ______시 까지
   3) 대학 실습세미나 시간: ______요일, ______시 부터 ______시 까지
   4) 결석에 대한 조치

2. 실습의 목적과 목표
   1) 목적:
   2) 목표:

3. 실습생의 의무와 책임

4. 실습지도자의 의무와 책임

5. 실습지도교수의 의무와 책임

상기 사항을 성실하게 이행하여 실습을 진행하도록 하겠습니다.

년 월 일

실 습 생 __________ 인
실습지도자 __________ 인
실습지도교수 __________ 인

5. 실습지도 계획서

실습지도 계획서

실습지도자: ________(인)

1. 실습 목적:
2. 실습 목표:
3. 실습 분야:
4. 실습 기간:
5. 실습 대상: ________(인)
6. 교육 계획

단위시간	내용	담당	비고

7. 실습지도 방법
   1) 개별실습지도 계획:
   2) 집단실습지도 계획:
   3) 기타 계획:

8. 실습 일정

주	월/일	시간	실습 내용	담당	과제물

9. 실습생의 책임과 과제

10. 참고도서

6. 실습지도자 프로필

실습지도자 프로필

1. 인적 사항

성명		성별	
기관명/부서		직책	
담당 업무		전화	
이메일		팩스	
최종 학력		최종 학력의 전공	
사회복지사 자격번호		사회복지 총 실무 경험 기간	년 개월

2. 실습지도 및 실습 분야 관련 주요 교육 배경

교육명	주관 단체	기간	수료/자격 여부

3. 사회복지분야 근무 경력

기관명	기간	직책	담당 업무

4. 본인의 전공 분야(현재 자신의 관심 분야, 실천모델, 실천 기술과 기법)

5. 실습지도자로서 자신의 특성(강 · 약점)

6. 실습생에게 바라는 점

7. 실습기관 분석 보고서

실습기관 분석 보고서

실습생명		기관명	
기관 주소	(전화:)		
기관소개자	(부서: 직책:)		

1. 기관의 역사
   1) 기관 설립 동기 및 설립 목적:
   2) 기관 사업의 역사적 변천:
   3) 기관 역사에 대한 실습생의 평가:

2. 기관의 목적

3. 기관의 주요사업 및 프로그램
   1) 클라이언트 및 대상 지역:
   2) 주요 사업:
   3) 서비스 전달체계:
   4) 기관의 대상층 및 주요 사업에 대한 실습생의 평가:

4. 기관의 행정 사항
   1) 기관의 조직구조:
   2) 예산, 후원 및 지원 사항:
   3) 기관의 행정구조와 예산 사용 및 후원에 대한 실습생의 평가:

5. 기관이 속한 지역사회, 물리적 환경의 특징
   1) 지역사회:
   2) 물리적 환경(시설, 공간 등):

6. 사회복지기관으로서 지역 내 타 기관들과의 연계
   1) 관계 유형 및 내용:
   2) 기관의 타 기관과의 관계 유지에 대한 실습생의 평가:

7. 기관의 특별한 면이나 전반적인 사항에 대한 인상이나 느낌

8. 실습생 출근부

실습생 출근부

☐ 성명: 긴급연락처: 전자우편:

월/일	출근 시간	퇴근 시간	실습생 확인	실습 지도자 확인	지각, 조퇴, 결근 여부	사유

* 기입 요령: 출근 시간, 퇴근 시간 표시-퇴근 시 실습생 및 실습지도자가 확인하며, 지각, 조퇴, 결근 시 그 사유를 함께 기록함

9. 실습일지

실습일지

1. 실습생명: __________(인)
2. 실습일:
3. 오늘의 목표:

4. 진행 내용(시간, 내용 등을 중심으로 기록)

5. 실습생 의견(배운 점, 의문 사항, 건의 등 포함)

6. 실습지도자 의견: __________(인)

부록 3. 사회복지현장실습평가서 양식

1. 실습 중간평가서

실습 중간평가서

* 본 평가서는 사회복지현장실습 지침서를 참고하여 실습생 본인이 작성하며, 서술 양식으로 작성한 뒤 실습지도자와 평가회를 갖는 것을 추천함

실습생명		기관명	
실습 기간		실습지도자	
실습평가일		실습지도교수	

1. 실습 목표와 관련된 실습 내용 및 역할에 대한 평가
   1) 수행한 실습 내용 및 역할의 요약:
   2) 평가:
   3) 앞으로의 계획:

2. 실습에 임한 자세 및 노력

3. 실습을 통해 배운 점

4. 앞으로 더 필요한 지식과 기술

5. 실습에서 어려웠던 점

6. 기관 및 실습지도자에게 건의할 점

실습자 __________(인)

2. 실습 종결평가서

실습 종결평가서

* 본 평가서는 사회복지현장실습 지침서를 참고하여 종결평가 내용을 실습생 본인이 작성하며, 서술 양식으로 작성한 뒤 실습지도자와 평가회를 갖는 것을 추천함

실습생명		기관명	
실습 기간		실습지도자	
실습평가일		실습지도교수	

1. 실습 일정에 대한 평가

2. 실습 내용 및 역할에 대한 평가

3. 실습 목표에 대한 평가
   1) 구체적이고 적절한 목표 설정 여부
   2) 목표의 달성 여부

4. 서비스 실천 과정에 대한 평가/정책 및 행정 실습에 대한 평가
   1) 문제 파악 및 자료수집 능력/문제 인식 능력
   2) 문제 사정 능력/문제 분석 능력
   3) 개입 기술/문제해결을 위한 대안 제시 능력
   4) 면접 기술/기존 지식과 정보의 사용 능력
   5) 기록 기술/기록 기술
   6) 클라이언트와의 전문적인 관계 형성/유관기관 및 관련된 사람들과 전문적인 관계 형성

5. 실습생의 자원 활용에 대한 평가(인적 · 물적 자원)
   1) 기관 외의 자원 활용
   2) 실습과 관련된 참고서적의 활용

6. 실습에 임하는 자세에 대한 평가
   1) 업무관리
      (1) 시간 준수, 과제 제출
      (2) 주어진 일에 대한 업무 조절 능력
   2) 직원과의 관계(실습지도자, 타 직원, 타 전문직 직원)
   3) 다른 실습생과의 관계
   4) 실습에 있어서 적극성 및 자발성

7. 전문적 태도에 대한 평가
   1) 사회복지사로서 실습생 자신의 장단점에 대한 인식
   2) 전문가로서 윤리 및 가치관의 이행

8. 실습지도 활용 정도에 대한 평가
   1) 실습생 자신의 실습지도 활용 정도에 대한 평가
      (1) 기관 실습지도
      (2) 대학 실습지도
   2) 실습지도 자체에 대한 평가
      (1) 기관 실습지도
      (2) 대학 실습지도

9. 기관 이해도에 대한 평가
   1) 실습생의 과업과 관련된 기관의 목적, 정책, 행정 절차에 대한 이해
   2) 실습생으로서의 기관 내의 권한과 한계에 대한 인식

10. 실습 기간 중 가장 유익했던 내용

11. 실습 기간 중 가장 안 좋았던 내용

12. 실습기관, 실습 지도자, 대학에 대한 건의 사항

13. 기타 하고 싶은 말

실습자 __________(인)

3. 실습기관 평가서

실습기관 평가서(교육기관 발송용)

기관명		실습지도자	
실습부서		실습지도교수	
실습 기간			
실습생		평가 일시	

• 출석 상황

□ 무단결석 없음 □ 무단결석 1회 □ 무단결석 2회 □ 무단결석 3회 이상

• 다음은 실습생에 관한 평가입니다. 실습생이 실습지도 기간 동안 보여 주었던 태도와 행동을 기준으로 다음 항목에 솔직하게 평가해 주시기 바랍니다.

실습 내용에 포함되어 있는 사항에 관해서만 평가하여 주시고, 평균에는 평가 항목 총점을 평가 항목 개수로 나눈 점수를 기입하면 됩니다.

(1점: 매우 그렇지 못하다, 5점: 매우 그렇다)

항목	내용	1	2	3	4	5
실습 지도에 대한 태도	1. 실습지도 시간을 엄수한다.					
	2. 적극적이고 긍정적인 자세로 실습 지도에 참여한다.					
	3. 실습지도에서 지적된 내용을 수용한다.					
	4. 배우는 입장에서 진지하게 노력하고 발전하려는 태도를 갖는다.					
	5. 실습지도자와 실습생으로서 공식적 관계를 형성한다.					
기관 이해 및 관계 유지	6. 동료 실습생과 긍정적이고 원만한 협력관계를 유지한다.					
	7. 기관의 목적, 정책, 규칙, 사업 내용을 이해한다.					
	8. 기관 내에서 실습생으로서의 권한과 한계를 알고 일한다.					
	9. 기관 내 타직원과 협조적인 대인관계를 형성, 유지하여 업무를 처리한다.					
기본적 태도와 자질	10. 일의 우선순위를 결정하는 능력이 있다.					
	11. 할당된 시간 안에 일을 계획하고 수행한다.					
	12. 자신의 장단점을 잘 인식하고 대응한다.					
	13. 사회복지실천 지식을 실습 내용에 적용한다.					
	14. 사회복지실천의 가치와 윤리를 갖고 임한다.					
	15. 전문가로서의 편견, 선입견, 고정 관념을 인식하고 객관성을 유지한다.					
	16. 실습지도 내용을 실행에 옮긴다.					
	17. 실습 과정을 책임감 있게 수행한다.					

항목	내용	1	2	3	4	5
기록	18. 기록, 보고서 등을 정해진 일시에 제출한다.					
	19. 실습 내용을 사실에 근거하여 정확하게 기록한다.					
	20. 실습 내용을 체계적이고 구체적으로 기록한다.					
	21. 클라이언트와의 상호작용 및 실습생의 사고와 감정을 기록한다.					
	22. 실습지도를 통해 지적된 사항 및 배운 것을 정확히 기록한다.					
전문적 태도와 관계 형성	23. 클라이언트와 전문적 관계를 형성하고 활용한다					
	24. 전문적 관계 형성에서 동정과 감정이입을 구별하여 적용한다.					
	25. 주변의 자원을 파악하고 그것을 활용하려고 노력한다.					
	26. 비심판적이며 경청과 수용의 태도를 갖는다.					
	27. 클라이언트의 능력과 동기의 한계를 수용한다.					
	28. 실습지도자가 지시한 것을 잘 파악하여 실행에 옮긴다.					
개인에 대한 개입	29. 클라이언트가 표현한 의사소통과 암시적인 의사소통을 이해한다.					
	30. 실습생이 의도한 바를 클라이언트에게 명확하게 전달한다.					
	31. 클라이언트의 문제와 상황에 관련된 정확한 자료를 수집한다.					
	32. 수집된 자료를 체계적으로 종합하고 이론에 기초하여 사정한다.					
	33. 클라이언트 가족 등 주변의 지지자원을 활용한다.					
	34. 클라이언트와 환경의 상호 역동성의 이해 아래 개입 목표와 전략을 수립한다.					
	35. 개입 목표에 따라 클라이언트의 긍정적인 변화를 유도한다.					
가족에 대한 개입	36. 가족의 역동성을 파악하고 가족 상황에 관련된 정확한 자료를 수집한다.					
	37. 가족의 구조를 명확히 이해하여 필요한 가족 개입의 기술을 활용한다.					
	38. 가족의 상호 역동성의 이해 아래 개입 목표와 전략을 수립한다.					
	39. 가족 구성원을 개별화하고 성원들이 긍정적으로 변화하도록 유도한다.					

항목	내용	1	2	3	4	5
집단에 대한 개입	40. 집단 역동을 파악하여 의미있는 개입으로 집단을 지도한다.					
	41. 집단에서 주 진행자와 보조진행자의 의미와 역할을 알고 실천한다.					
	42. 집단의 구조를 명확히 하고 필요한 집단지도의 기술을 활용한다.					
	43. 집단 구성원을 개별화하고 구성원 간 의미 있는 관계를 형성하도록 한다.					
	44. 집단의 목적에 대해 정확히 사정한다.					
	45. 정확한 사정에 입각하여 적절한 프로그램을 계획하고 실행한다.					
	46. 집단의 상호작용이 목적 지향적이고 성원들이 긍정적으로 변화하도록 한다.					
지역사회에 대한 개입	47. 지역주민들이 지역사회의 요구와 문제를 파악하도록 돕는다.					
	48. 파악된 지역사회 요구를 사회행동으로 계획하고 실행한다.					
	49. 지역사회구조와 권력에 대해 이해하고 그 지역사회 상황을 정확히 파악한다.					
	50. 지역사회자원을 정확히 파악하고 접근한다.					
정책 및 행정 분야	51. 정책 형성 및 개선과 관련된 이해집단들의 문제 상황 및 요구와 정책발의자들 및 집행자들의 이해관계를 정확하고 객관적으로 이해한다.					
	52. 정책 형성 및 개선과 관련된 이해집단과 건설적이고 전문적인 관계를 맺는다.					
	53. 문제 상황에 적합한 정책대안을 개발하는 데 적극적으로 참여한다.					
	54. 기본 정보를 정확히 사용하며 실증적인 자료 분석의 지식을 갖고 문제를 분석한다.					
	55. 사회복지 행정체계 및 전달체계에 대해 정확하게 이해한다.					
기관 고유 항목*	56.					
	57.					
	58.					
	59.					
	60.					

* 기관 고유 항목에는 기관의 특성과 실습 상황에 맞는 평가 항목을 실습지도자가 추가적으로 직접 기입하고 평가할 수 있습니다.

<table>
<tr><td>총평</td><td colspan="5">(※ 실습생의 실천가로서의 장단점 및 대학에 대한 건의)</td></tr>
<tr><td>평가 문항 개수</td><td colspan="2"></td><td>총점</td><td colspan="2"></td></tr>
<tr><td>평균
(총점 ÷
평가 문항 개수)</td><td colspan="5">(※ 기록 후 테이프 부착 후 실습지도자 서명 요망)</td></tr>
<tr><td rowspan="4">평점 부여</td><td colspan="5">※ 여기에 부여하는 평점은 실습생이 받게 되는 성적표상의 최종 평점은 아닙니다. 교육기관 실습지도 점수과 함께 사회복지현장실습 평점 부여 시, 주요 고려 사항이 됩니다.</td></tr>
<tr><td>□ A^{+}</td><td>□ B^{+}</td><td>□ C^{+}</td><td>□ D^{+}</td><td rowspan="3">□ F</td></tr>
<tr><td>□ A^{0}</td><td>□ B^{0}</td><td>□ C^{0}</td><td>□ D^{0}</td></tr>
<tr><td>□ A^{-}</td><td>□ B^{-}</td><td>□ C^{-}</td><td>□ D^{-}</td></tr>
</table>

4. 실습지도교수 평가서

실습지도교수 평가서

총평	

실 습 자: ______________ 인

기 관 장: ______________ 인

실습지도교수: ______________ 인

부록 4. 사회복지현장실습 확인서

사회복지현장실습 확인서

[　]신규발급, [　]재발급 (앞쪽)

구분	항목	내용	항목	내용
실 습 생 인적 사항	성명		생년월일	※「주민등록번호」 앞자리 6자리를 기재 바랍니다.
	휴대폰 번호		학교명	※ 현재 소속중인 학교명을 기재 바랍니다.
실습기관 및 실습지도자	실습기관명		실습기관 관리번호	※ 실습기관 선정 시 부여된 등록번호 기재
	기관 주소	※「도로명 주소」로 기입해 주세요	전화번호	
	실습 지도자명	※ 실습생의 실습을 지도한 지도자명 기재	사회복지사 자격번호 (취득일자)	제 - 호 (　.　.　.)
실습기간	실습 기간	20○○년 ○○월 ○○일 ~ 20○○년 ○○월 ○○일		
	실습 시간	총 시간 (총 회, 1일 평균 시간)		

실습기관은「사회복지사업법 시행규칙」제3조 [별표1]의 규정에 따라 자격요건을 갖춘 실습기관과 실습지도자에 의해 기관 실습을 진행하였으며, 상기 실습생이 위와 같이 기관실습을 하였음을 확인합니다.

20○○년 ○○월 ○○일

기관실습 지도자 : (서명 또는 인) 기관실습 실시기관 : (직인)

구분	항목	내용	항목	내용
교육기관 및 세미나교수	교육기관 유형	[ ]오프라인 / [ ]온라인	교육기관명	※ 실습세미나 교육기관명을 기재 바랍니다.
	실습세미나 교수명		학 과 명	
	실습세미나 교수 취득학위 (사회복지학 또는 사회사업학)	[ ]학사, [ ]석사, [ ]박사	교육기관 전화번호	
실습세미나	실습세미나 기간	20○○년 ○○월 ○○일 ~ 20○○년 ○○월 ○○일		
	실습세미나 횟수 (시간)	총 회 (시간)	대면 방식 세미나 횟수(시간)	총 회 (시간)

교육기관은「사회복지사업법 시행규칙」제3조 [별표1]의 규정에 따라 자격요건을 갖춘 실습세미나 지도교수에 의해 실습세미나를 진행하였으며, 상기 실습생은 위와 같이 실습세미나를 이수하였음을 확인합니다.

20○○년 ○○월 ○○일

실습세미나 교수: (서명 또는 인) 학과장: (직인)

한국사회복지사협회장 귀하

재발급 사유	※ 사회복지현장실습 확인서 재발급 시 재발급 사유 기재 바랍니다.

[사회복지현장실습에 관한 기준] - 사회복지사업법 시행규칙[별표1] 사회복지관련 교과목(제3조 관련)

① 기관실습 실시 기관: 보건복지부 장관으로부터 선정된 사회복지사업을 수행하는 기관, 법인, 시설 또는 단체

② 기관실습 지도자: 사회복지사 1급 자격증을 취득한 이후 3년 이상 또는 사회복지사 2급 자격증을 취득한 이후 5년 이상 사회복지사업의 실무 경험이 있는 자로 기관실습이 실시되는 연도의 전년도에 8시간 이상의 보수교육을 받은 자

③ 기관실습 시간: 160시간 이상으로 한다. (단, 시행일 2020. 1. 1. 기준일 2019. 12. 31. 사회복지학 전공교과목과 사회복지 관련 교과목의 전부 또는 일부 이수하였거나 수강하고 있는 사람은 120시간 이상)

④ 실습세미나: 1회당 2시간 이상의 실습세미나를 총 15회 이상 실시하며, 정보통신망을 이용한 온라인 교육을 실시하는 교육기관의 실습세미나에는 대면 방식의 세미나가 총 3회 이상 포함되어야 하며, 한 세미나에 참여하는 학생 수는 30명 이내일 것

⑤ 실습세미나 교수: 학사, 석사 또는 박사 학위 중 2개 이상의 학위를 사회복지학 또는 사회사업학 전공으로 취득한 사람으로서 3년 이상의 사회복지학 교육 경험 또는 3년 이상의 사회복지사업 실무 경험이 있는 교수가 지도할 것

※ 법령이 정한 상기 기준은 모두 충족해야 하며, 미충족 시 사회복지사자격증을 교부할 수 없습니다.

저자 소개

김혜성(Kim, Hae-Sung)
미국 올버니 뉴욕주립대학교 대학원 사회복지학 박사(Ph.D.)
전 강남대학교 사회복지학부 교수
현 강남대학교 사회복지학부 대우교수
정성노인의 집(사회복지법인 양친사회복지회) 원장

〈주요 저서 및 논문〉
정신건강론(공저, 2021, 학지사)
사례관리 전문가 심화과정교육(2판, 공저, 2022, 학지사)
사회복지개론(4판, 공저, 2024, 학지사)
'Aging in Place', 노인요양원에서의 장벽과 가능성에 대한 탐색적 연구(2024) 외 다수

박화옥(Park, Hwa-Ok)
미국 위스콘신 매디슨대학교 사회복지학 박사(Ph.D.)
전 빈곤연구소(Institute for Research on Poverty, UW-Madison) 연구원
현 강남대학교 사회복지학부 교수

〈주요 저서 및 논문〉
노인복지학(공저, 2020, 공동체)
사회복지실천론(2판, 공저, 2021, 학지사)
독거노인을 위한 IoT 센서 기반 돌봄서비스 효과성 평가(2023)
세대를 건너뛴 양육에서 조손가족의 삶의 경험: 세대차이와 어려움(2023) 외 다수

임정원(Lim, Jung-won)
미국 서던캘리포니아대학교 사회복지학 박사(Ph.D.)
전 케이스웨스턴리저브대학교 사회복지학과 조교수
한림대학교 한강성심병원 사회사업팀 의료사회복지사
현 강남대학교 사회복지학부 교수

〈주요 저서 및 논문〉
의료사회복지론(공저, 2021, 학지사)
정신건강론(2판, 공저, 2022, 신정)
정신종양학(공저, 2024, 군자출판사)
위기가구 지원을 위한 의료기관 의료사회복지사와 지역사회기관 사회복지사의 연계 및 협업 경험(2024) 외 다수

천덕희(Chun, Duk-hee)
숭실대학교 대학원 사회복지학 박사(Ph.D.)
전 연세대학교 의과대학 세브란스정신건강병원 사회사업실장
동원대학교 사회복지과 조교수
가톨릭관동대학교 국제성모병원 사회사업팀장
인천대학교 사회복지학과 겸임교수
현 강남대학교 사회복지학부 부교수

〈주요 저서 및 논문〉
정신건강론(5판, 공저, 2021, 양서원)
정신건강사회복지론(3판, 공저, 2024, 양서원)
사회복지현장실습 요인이 사회복지전공생의 구직효능감에 미치는 영향(2023)
의료취약계층을 위한 지역사회통합돌봄 실행연구(2023) 외 다수

사회복지현장실습 교과목

사회복지실습세미나

Social Welfare Practicum Seminar

2025년 2월 20일 1판 1쇄 인쇄
2025년 2월 28일 1판 1쇄 발행

지은이 • 김혜성 · 박화옥 · 임정원 · 천덕희
펴낸이 • 김진환
펴낸곳 • (주) 학지사
04031 서울특별시 마포구 양화로 15길 20 마인드월드빌딩
대표전화 • 02)330-5114 팩스 • 02)324-2345
등록번호 • 제313-2006-000265호

홈페이지 • http://www.hakjisa.co.kr
인스타그램 • https://www.instagram.com/hakjisabook

ISBN 978-89-997-3222-5 93330

정가 17,000원

저자와의 협약으로 인지는 생략합니다.
파본은 구입처에서 교환해 드립니다.